Martin Mosimann

Meine Freiheit

Zur Autonomie der Person

Schwabe Verlag

MIX
Papier aus verantwor-
tungsvollen Quellen
FSC® C083411

Bibliografische Information der Deutschen Nationalbibliothek
Die Deutsche Nationalbibliothek verzeichnet diese Publikation in der Deutschen Nationalbibliografie;
detaillierte bibliografische Daten sind im Internet über http://dnb.dnb.de abrufbar.

Abbildung Umschlag: icona basel, Christoph Gysin
Korrektorat: Anna Ertel, Göttingen
Cover: icona basel gmbh, Basel
Layout: icona basel gmbh, Basel
Satz: 3w+p, Rimpar
Printed in Germany
ISBN Printausgabe 978-3-7965-4483-5
ISBN eBook (PDF) 978-3-7965-4484-2
DOI 10.24894/978-3-7965-4484-2
Das eBook ist seitenidentisch mit der gedruckten Ausgabe und erlaubt Volltextsuche. Zudem sind
Inhaltsverzeichnis und Überschriften verlinkt.

rights@schwabe.ch
www.schwabe.ch

Rein und in seiner Endabsicht betrachtet, ist [des Menschen] Denken immer nur ein Versuch seines Geistes, vor sich selbst verständlich, sein Handeln ein Versuch seines Willens, in sich frei und unabhängig zu werden, seine ganze äußere Geschäftigkeit überhaupt aber nur ein Streben, nicht in sich müßig zu bleiben.

Wilhelm von Humboldt, *Theorie der Bildung des Menschen*

Inhalt

I. Autonomie 9

1. Banale Autonomie 9

2. Schwierigkeiten im Zusammenhang mit Autonomie 17

3. Ein Zwischenhalt: Kants Aufforderung 20

4. Befreiung allein begründet keine Persönlichkeit 31

II. Scheinlösungen 39

1. Autonomie als Selbstverpflichtung 39

2. Institutionalisiertes Ungenügen 46

3. Der Prozess von Joseph K. 49

4. Ohnmacht und Macht als Ersatz-Verortungen 56

III. Angeblich ewig Wahres als Behinderung der Bestrebung
     zu Autonomie 63

1. Das Doppelgesicht von «Bildung» – Perfektion, «Reife» 63

2. Individualität als Defizitprodukt 78

3. Ein (Trug-)Schluss 83

IV. Schubumkehr 85

1. Standortbestimmung 85

2. «Sich durchsetzen» 94

3. Ein abstossender Abgesang 100

4.   ... und Verdrehung und Unredlichkeit zum Schluss   104

5.   Liebe, Neugier, Interesse, Phantasie   108

V. Persönlichkeit   117

1.   Eine Persönlichkeit zu sein bedeutet, eine *bestimmte* Person
     zu sein   117

2.   Coda   131

VI. ... und ein Bild   135

Anmerkungen   137

Literatur   183

I. Autonomie

1. Banale Autonomie

Moderne Menschen in westlichen Industriegesellschaften pochen gerne auf etwas, was sie hochtrabend ihr «Recht auf Autonomie» nennen. Darunter verstehen sie weder, wie man annehmen könnte, eine wie auch immer geartete Würde ihres Daseins noch ein Recht auf Freiheit ins Grosse hinein, sondern, auf der Basis eines engen persönlichen Blickwinkels, dabei aber immer eher vage, die Vorstellung, dass sie ein Recht darauf hätten, «sie selbst» zu sein (ohne dass sie genau in Worte fassen könnten, worin dieses Sie-selbst-Sein bestehen könnte, geschweige denn, inwiefern ihnen ein solches Recht zuerkannt werden müsste). Dabei haben sie nicht eigentlich grosse Ziele im Auge, geschweige denn, dass sie sich überindividuellen Idealen zuwendeten, sondern sie fassen das, was sie «Autonomie» nennen, vor allem als ihnen zustehenden Anspruch darauf auf, in ihrem eigenen Tun nicht *eingeschränkt* werden zu dürfen. Sie wollen zum Beispiel frei von Verpflichtungen aller Art sein, frei von Ansprüchen anderer gegenüber ihnen, frei endlich von allen «Zwängen», etwas anderes meinen und wollen zu müssen als das, was sie meinen und wollen. (Gerne greifen sie dabei zu allerlei drastischen Redeweisen, mittels derer sie wortreich beschwören, wie sehr sie, wenn ihnen eine solche «Autonomie» verwehrt würde, Opfer eines furchtbaren Unrechts würden.)

Dabei liegt das Augenmerk, recht betrachtet, immer mehr auf dem Frei-sein *von* etwas als auf dem Freisein *zu* etwas.[1] (Dass Freiheit zwei Aspekte hat, ist ihnen gar nicht bewusst.) Moderne Menschen beanspruchen das Recht (wie sie dann etwa sagen), «ihrem eigenen Bauch» folgen zu dürfen (ohne zu wissen, wozu sie ihr «Bauch» dann eigentlich drängte), und eine umfangreiche Werbewirtschaft unterstützt sie unterdessen zielgerichtet in diesem Wunsch. Diese preist nicht eigentlich bestimmte Inhalte an, die Ge-

genstand eines Begehrens sein könnten,[2] sondern bedient den Wunsch, Beschränkungen aus dem Weg zu gehen, mit Slogans, die genau auf das beschriebene Begehren nach Freiheit *von* etwas Bezug nehmen. Sie tun dies im
Kleinen dadurch, dass sie ihre Angebote zum Beispiel sexualisieren, so unter-
schwellig den Wunsch auch nach Befreiung von Kontrolle durch eine ein-
engende (Sexual-)Moral befriedigen und ein freies Hingucken (bzw. Starren)
und Sich-Inszenieren (bzw. den Genuss des die Blicke von Starrern Auf-sich-
Lenkens) erlauben, die nicht in die Gefahr einer wirklichen sexuellen Begegnung oder in die Mühen einer partnerschaftlichen Beziehung münden müssen.[3] Ein Plakat verkündet weiter auf bezeichnende Weise *Hol dir das neue
[xy]!* – das Produkt ist dabei gar nicht wichtig, sondern die in einem solchen
Spruch Gestalt annehmende Freiheitsgeste: dass alle Verzicht-Gebote und
die aus diesen folgenden Hemmungen über Bord geworfen werden dürften
und ebendas «vernünftig» sei.[4] Oder dann suggerieren Werbebotschaften im
Grossen, dass die im Zentrum stehenden Produkte den Weg zu grenzenloser
Freiheit wiesen: etwa in Form von Autowerbespots, in denen die angepriese-
nen Modelle in unermesslich weiten (seltsamerweise immer nicht nur auto-
leeren, sondern auch menschenleeren) Wüsten herumkurven (ohne dass einem dabei klar würde, was eigentlich das *Ziel* eines solchen Herumkurvens
sein könnte – irgendwelche Bezugspunkte gibt es in diesen ja nicht).

Freiheit meinen moderne Menschen ausserdem dadurch zu gewinnen,
dass sie sich in allen Lebenslagen pragmatisch-schlau verhalten, die vorteil-
haftesten Angebote zu finden wissen oder ihr Handeln so optimieren, dass
ihre Unternehmungen möglichst wenig Anstrengung verlangen. Zum Beispiel sind sie stolz darauf, ihre Ferien dort zu verbringen, wo das «Preis-Leis-
tungs-Verhältnis» am besten ist – ein solches ökonomisches Ausnützenkön-
nen erscheint ihnen als grössere Freiheit, als dorthin in die Ferien zu fahren,
wo es sie hinziehen würde, wenn sie ihrem Gefühl oder ihrer Sehnsucht folgen würden; und sie mögen es sinnvoll finden, nur dort in Gefühle und Lie-
benwollen zu «investieren» oder sich dort einzubringen, wo es sich «lohnt».
Dabei ist es der Akt des taktisch schlauen Ausnützens mit dem in ihm ste-
ckenden Schein der Selbstermächtigung, der als Inbegriff der Freiheit erscheint. Und ohne das in ihrer Selbstbezüglichkeit zu merken, nehmen es
moderne, auf die Herstellung oder Wahrung ihrer «Autonomie» bedachte
Menschen auf der Suche nach ihrer Freiheit dann auch ohne Bedenken in
Kauf, ihre Nebenmenschen zu schädigen, also an *deren* Entfaltung zu hin-

dern, indem sie ihre eigenen Pläne und Vorhaben etwa über die von Partnern und Partnerinnen oder Kindern stellen. *Deren* Ansprüche erscheinen dabei nur wie abermalige Versuche, sie daran zu hindern, ihre eigene Autonomie leben zu können, und sie so einzuengen (was die anderen doch irgendwie «einsehen» müssten). Oder sie ergehen sich endlich in Träumen von unendlichem Reichtum, bei dem es immerzu darum geht, sich «alles kaufen» zu können (also wieder: keinerlei Beschränkungen mehr unterworfen zu sein), nicht *bestimmte* Ziele wahr werden zu lassen. (Im Wunsch, «alles kaufen» zu können, nimmt, solange nicht gesagt wird, *was* man «kaufen» würde, wieder allein die Freiheitsphantasie Gestalt an.) Als eine Art von Zielen erscheinen dabei höchstens Dinge, die wieder keinen bestimmten Charakter haben, sondern abermals allein Symbole von Freiheit *von* darstellen, wie nicht weiter spezifizierte Villen am Meer, Segelyachten, das angeblich freie Leben auf einer Insel auf der einen Seite, die Befreiung vom Erwerbsleben auf der anderen Seite. Kaum jemand will dabei «reich» werden, weil er damit die Möglichkeit in die Hand bekäme, sich ganz seinen Interessen zu widmen oder zu studieren oder etwa Künstler zu unterstützen, die Grosses schaffen könnten, humanitäre Projekte zu inaugurieren, Universitäten zu gründen oder dann all jenen Projekten zum Durchbruch oder Überleben zu verhelfen, die sich wirtschaftlich nicht lohnen – oder auch nur einen einzigen *bestimmten* und zugeschärften individuellen Plan zu verfolgen. Und am Ende sehnen sie sich sogar über die Beschränkungen ihres gegebenen Soseins hinaus. Mit Bodybuilding und Schönheitsoperationen einerseits, mit ihrer Unterdrückung eigener «störender» Gefühle und mit Selbstinszenierungen aller Art andererseits versuchen sie, die Beschränkungen, die mit jedem individuellen Sein verbunden sind, zu überwinden. (Und erst recht würden sie kategorisch von sich weisen, dass sie, wenn sie die Freiheit der «Autonomie» erreicht hätten, irgendwie ihre Anlagen und Talente ernst nehmen und zur Entfaltung bringen *müssten* – weil das wieder mit Verpflichtungen einhergehen würde, mag ihnen das wie ein erneuter Verlust ihrer «Autonomie» erscheinen.[5])

(Um der Vollständigkeit willen muss man festhalten, dass es zu einem solchen Anspruch auf «Autonomie» auch ein Korrelat gibt, ja geben muss: in Form jener Menschen, welche die Ansprüche anderer, also von Partnerinnen, Kindern, Untergebenen, Schülern und Schülerinnen, bedingungslos erfüllen und sich selbst ganz aufgeben, als hätten sie kein Recht auf ein eigenes

Sein. Dabei mögen sie sich der Macht jener, die sich in den Vordergrund spielen, unterstellen, weil sie sich im Zustand der Abhängigkeit befinden oder weil sie nicht durchschauen, was gespielt wird (und sich im Zusammenhang damit nie die Frage stellen, ob und inwiefern der Anspruch jener, denen sie sich unterwerfen, irgendwie berechtigter sei als der ihre), oder weil sie, geleitet von einer fehlgeleiteten Erziehung, sich ihnen gar auf geheime Weise darin überlegen fühlen, sich im Unterschied zu hemmungslos auf Kosten anderer Lebender in der einen oder anderen Weise «im Griff» zu haben oder «verzichten» zu können. Aber selbstverständlich ist ihre Demut so leer wie etwa der hohle Anspruch der anderen, ihrem «Bauch» folgen zu dürfen, dem sie sich unterwerfen – wenn der Anspruch leer ist, ist auch eine Haltung, welche sich einem solchen Anspruch unterwirft, leer. Sie mag gefordert oder umgekehrt gar freiwillig geleistet werden, aber auch sie dient nicht einem Grösseren: Sich unterwerfen allein ist nicht an sich schon gross.[6])

Dass mit der beschriebenen Beanspruchung von «Autonomie» etwas nicht stimmt und moderne Menschen dabei entgegen ihrem wortmächtigen Gerede nicht wirklich ganz davon überzeugt sind, dass sie Autonomie wirklich «verdienen», zeigt die Tatsache, dass sie schnell einbrechen, wenn es mit ihr ernst wird, indem sich aus ihr etwas Bestimmtes ergäbe; und der Katzenjammer ist dann nicht fern.[7] Ihre Forderung nach Befreiung trifft auf der anderen Seite nämlich auf allerlei moralische Warnungen; und am Ende mögen sogar die Menschen, die Befreiung suchen, das heimliche Gefühl haben, über die Stränge zu hauen, und dann auch überraschend offen sein für allerlei allgemeine Selbstanklagen (freilich immer ohne konkrete Handlungsfolgen)[8] oder sich, wie das die Covid-Massnahmen der Jahre 2020 und 2021 gezeigt haben, überraschend bereitwillig unter (zum Teil mehr als fragwürdige) «Massnahmen» von Regierenden und Behörden ducken oder am Ende bereitwillig oder gar auf abstossende Weise willfährig sogar auf die ihnen als Menschen zustehenden Grundrechte verzichten.

Natürlich ist es nicht schwierig, Verhaltensweisen und Sehnsüchte der Menschen in unendlichen Litaneien über Schrankenlosigkeit, in die Irre gehenden Individualismus, Abwendung von Gott etc. etc. als verfehlt darzustellen und ein nicht näher spezifiziertes Umkehren zu verlangen (immer mit dem Zusatz: bevor es «zu spät» sei[9]). Mit jenem wortreichen Anklagegestus, mit dem solche Vorwürfe vorgebracht werden, ist es aber natürlich nicht getan. Solange man nicht geltend machen kann, was für Ordnungen der Dinge absolut gerechtfertigt sein könnten – das ist im Bereich *materieller* Ordnungen unmöglich[10] – oder ob ein unterstellter idealer Zustand überhaupt möglich sein könne, bleibt es auch bei den wortreichsten Bekundungen einfach bei Behauptungen, die ebenso fragwürdig sind wie anmassende Forderungen nach Autonomie.[11] Die dann allenfalls ins Spiel gebrachten Alternativen: sich «wieder» ganz einem herrschenden Gott zu unterwerfen (die herkömmliche Variante), sich den Anordnungen eines «weisen» Führers oder eines «Experten der Wissenschaft» oder einer alles zu Ende gestaltenden Staatsideologie zu fügen (wie sie das 19. und 20. Jahrhundert hervorgebracht haben) oder endlich sich bedingungslos und besinnungslos der «Natur» zu unterstellen, weil sie sonst «zurückschlagen» werde (das ist die modernste Variante),[12] können nicht den Anspruch erheben, mehr Geltung für sich zu beanspruchen als der Anspruch eines Einzelnen nach persönlicher Freiheit. Auch bei ihnen handelt es sich immer allein um Geltungs*behauptungen,* nicht um Gewissheiten, so unbezweifelbar die Instanzen erscheinen, auf die sie sich berufen mögen. Sie können ja nie mehr als *Interpretationen* darstellen, und als Interpretationen gelten sie so wenig *absolut* wie die Ansprüche eines Einzelnen.

Und gewiss können auch jene Formen von Versuchen, den Wunsch nach Autonomie in eine konventionelle Moral einzubinden, welche das christliche wie das bürgerliche oder kleinbürgerliche Denken hervorgebracht haben, nicht genügen. Natürlich mag man zum Beispiel – wieder wortreich – bekunden, dass, wie man das dann nennen mag, «wahre» Autonomie (die man dann gern «Reife» nennt) in der Befreiung von bösen, einen in Besitz nehmenden Leidenschaften bestehe. Die Folgebehauptung dann aber, dass sich Autonomie in einem solchen kollektiven Ziel *erschöpfe,* macht offenbar, dass der Wunsch nach Autonomie in ihrem Rahmen nicht wirklich ernst genommen wird. Wirkliche Autonomie will viel mehr als blosse Überwindung von angeblich üblen Leidenschaften bzw. den Aufstieg zu einem (nie genau bestimmten) reinen Denken oder zu «Reife» (oder wie immer ein solches Ziel dann genannt wird) – sie will immer wieder ganz neu und ganz neu bestimmt sein.[13] Anders handelte es sich bei ihr ja nicht um Autonomie, sondern um eine Form von Selbsterziehung im Lichte von sich absolut setzenden Vorstellungen.

Eine vielleicht hohl wirkende Anmassung des Einzelnen nun, «er selbst» sein zu dürfen, auf der einen Seite wie die Unterstellung, dass es einen gegen den Einzelnen und seine Wünsche gerichteten höheren Standpunkt geben könnte, auf der anderen Seite mögen als Ausdruck einer Sehnsucht nach Bedeutung und Verankerung in etwas Unbezweifelbarem hingenommen werden. Diese Sehnsucht bleibt aber leer – und unerfüllt –, solange sie nicht *in die Vorstellung eines prospektiven, verantworteten und auf der Basis von Phantasie erarbeiteten neuen Guten mündet.*[14]

Dass die Forderung des modernen Individuums nach seiner «Autonomie» anmassend, unbeholfen, unbedacht oder auch zuweilen einfach einfältig oder egozentrisch erscheint, ist kein Argument gegen die Forderung an sich. Dass etwas einen verfehlten Weg einschlägt, stellt kein endgültiges Argument gegen eine so zu Tage tretende Sehnsucht dar. Es ist ja auch möglich, dass eine Verhaltensweise *noch* nicht recht funktioniert. Wie ja auch die Tatsache, dass man lernen und reifen kann, zeigt, ist es möglich, dass man etwas zu einem gewissen Zeitraum noch nicht kann, wohl aber später, oder dass man etwas gewissermassen in ungenügender Weise oder irgendwie noch nicht recht vollzieht, später aber schon. Das, was einem als *Verfehlung* erscheint, ist ja nur dann problematisch, wenn sich aus ihm gewiss nicht etwas Besseres entwickeln kann.

Die ihrer selbst nicht recht bewusste Sehnsucht des modernen Menschen nach Autonomie ist aber nicht einfach verfehlt, sondern in ihrer Ausrichtung vielmehr *ungenau*. Im Grunde zeigt sich in ihr bloss der eine Aspekt dessen, was man unter Autonomie, also Selbstgesetzlichkeit, versteht. Es geht in ihr zunächst einmal um das «selbst» (*autos*) – um die Abwendung von, wie man früher gesagt hätte, Heteronomie, also von Nötigung durch ausserhalb von einem selbst stehende Instanzen. Indem man sich von Heteronomie abwendet, gewinnt man aber, wie ja eigentlich offenbar sein müsste, erst die *eine Hälfte* der Freiheit. Man ist nicht mehr gebunden, aber man hat damit allein noch nichts Inhaltliches oder gar Neues gewonnen. Man hat sich, anders gesagt, erst die *Möglichkeit* dazu erworben, seinen eigenen Weg einzuschlagen. Die eroberte Freiheit besteht aber zunächst allein aus Offenheit, nichts anderem.[15]

Das mag zu der beschriebenen Unsicherheit des sich befreien wollenden Menschen führen. Indem er sich gegen alle Verpflichtungen wehrt, wendet er sich *gegen* etwas, etwa gegen Gott, gegen Traditionen, gegen die Forderungen seiner Erziehung etc., aber er wüsste nicht (oder noch nicht) zu sagen, *wieso* er das tut; *darüber hinaus,* dass er nicht eingeschränkt werden will. Über die Behauptung eines Anspruchs darauf, er selbst zu sein, hinaus kann er nichts geltend machen; etwas Besseres sowieso nicht, eigentlich überhaupt nichts, weil er ja nicht einen Gehalt schafft, allein indem er sich zu befreien suchte, sondern sich allein *befreien will.* Er mag dabei sogar die Leere, die sich nun vor ihm auftut, dumpf erspüren (und ebenso dumpf erahnen, dass er, indem er sich zum Beispiel in die Arme der Werbung wirft oder das tut, was die anderen, sich angeblich ebenfalls befreiend, tun, seine Freiheit gleich wieder wegwirft) – nun steht er aber allein vor Offenheit.

Im Akt des jeweiligen Befreiens selbst mag er sich gross und selbstbestimmt vorkommen – dieser Akt findet aber irgendwann einmal seinen Abschluss. Dann ist der sich Befreiende frei, und was soll er jetzt tun? Alles liegt offen vor ihm. Das mag grossartig sein. In dieser offenen Welt finden sich aber entweder keine oder Tausende von Wegweisern.[16]

(Übrigens zeigt schon die Form, in der er sich nun fragt, was er tun *solle,* dass er sich nicht von der Vorstellung des *Sollens* entfernt hat: Indem er sich fragt, was er nun tun *solle,* erweist er sich aber abermals als jemand, der in Vorstellungen des Zwangs und der Unfreiheit gebunden ist. Und wenn er gar, etwa als junger Mensch, dazu aufgefordert wird, zu erklären, was er mit seiner Freiheit anfangen wolle oder wie er begründe, was er anstrebe, mag er sich gleich wieder als ein seiner selbst nicht sicherer Mensch vorkommen.)

Auch an diesem Punkt ist freilich – das muss deutlich gesagt werden – Kritik am Wunsch des modernen Menschen, sich von ihm als nicht zulässig erscheinenden Beschränkungen seiner Freiheit loszusagen, verfehlt; so orientierungslos ihn sein Bestreben auch (zunächst) erscheinen lassen mag.[17] Natürlich ist es für Menschen, die in einem religiösen, traditionellen oder gesellschaftlichen System fest verortet sind, mittels der mit einer solchen Verortung einhergehenden Scheinsicherheit ein Leichtes, auf die angebliche Unsicherheit, von der sie sich befreien möchten, hinzuweisen bzw. ihr Bestreben dazu zu entwerten. Abermals geht dieses Argument aber in die Irre. Es ist nicht eine wie immer geartete Sehnsucht nach Freiheit oder das Gefühl der Verlorenheit, das sich für freie Menschen einstellen mag, was bedenklich ist – bedenklich ist vielmehr, dass der Begriff der *Freiheit* selbst auch modernen und in modernen Gesellschaften lebenden Menschen so wenig durchdacht entgegentritt.

Erworbene Freiheit mündet – nach dem Akt der Befreiung – notwendigerweise in absolute Offenheit hinein; und es ist dann die Frage, ob und wie diese Offenheit gefüllt werden kann. (Möglicherweise kann sie überhaupt nicht gefüllt werden – Freiheit kann zu *allem* führen: Das ist die unangenehme Eigenschaft der Freiheit.) Und das soll nicht durch ein abermaliges *Sollen,* sondern durch einen Gehalt, in dem zwei einander widersprechende Gegebenheiten Gestalt annehmen können, der Fall sein: in einem Gehalt, der eines Freiheitskampfes würdig ist, auf der einen Seite, in einem Gehalt auf der anderen Seite, den zu wählen bzw. dem sich zu überantworten Freiheit *wahrt.*

Ein solcher Gehalt kann nur einen *paradoxen* Charakter haben. Freilich gibt es die bekannte trivialpsychologische und schein-paradoxe Redefigur, dass man erst, indem man sich an etwas binde, Freiheit gewinne, indem man eine absolute Freiheit durch ein engagiertes Einstehen für eine bestimmte Sache ersetze und so zu einem irgendwie «wahren» Handeln komme – eine Redeweise, die einem so lange einleuchten mag, als man erstens annimmt, dass es *an sich* wahre Inhalte gebe oder geben könne, und eine Redeweise, die den Druck der Freiheit von jemandes Schultern nimmt, weil sie einem verspricht, es gebe die Möglichkeit, auch in Freiheit einen sicheren Weg zu finden. (Der Redeweise, dass man eine wie immer geartete «wahre» Freiheit erst durch totale Unterordnung unter den Willen eines Führers gewinne, bedienen sich dann aber bekanntlich auch allerlei Gurus und totalitäre Weltansichten gern.)

Das ist aber nicht gemeint. Wer seine Freiheit sucht und diese Suche ernst nimmt, will sich am Ende, auch begleitet von schönen Worten, nicht wieder unterordnen. Er will und soll Freiheit gewinnen darin, dass er etwas, was vor seinem Auge aufscheint, zu verwirklichen versucht. Dafür mag er allerlei Opfer bringen müssen: Das kann aber allenfalls angesichts dessen, was ihm vor Augen steht, keine Bedeutung haben, was etwas anderes ist. Es würde ihm dann möglicherweise wie dem Wanderer ergehen, der zugegebenermassen Mühe auf sich nehmen muss, wenn er auf einen fernen Gipfel steigt, eine solche Mühe aber selbstverständlich erträgt. Sie kann ihm nicht als Zerstörung seiner Freiheit erscheinen, weil er von seinem Ziel ganz in Beschlag genommen ist. Dabei ist das Produkt der Freiheit das frei gewählte

Ziel – dass dann dazu, dieses zu erreichen, wieder Mühe gehört, ist selbstverständlich.[18]

2. Schwierigkeiten im Zusammenhang mit Autonomie

Eine Auffassung von Autonomie, welche sich auf den *Akt der Befreiung* beschränkt, muss unvollständig sein, weil, wie man sagen könnte, die Geschichte nach der Befreiung *weitergehen* muss: Man muss, wenn man befreit ist, mit der gewonnenen Freiheit nun etwas *anfangen*. Das Theaterstück mag mit der gewonnenen Freiheit enden, und man mag dann hochgemut das Theater verlassen; aber nun fängt gewissermassen das Leben erst an. An die Stelle des Zieles, die Freiheit zu gewinnen, das einem bis zu diesem Punkt der Entwicklung eine Form von Lebensinhalt und Richtung des Handelns gegeben hat, tritt nun Offenheit; und es baut sich nun die ganz neue Herausforderung auf, die gewonnene Freiheit zu etwas zu nutzen. (Darüber, was nun geschieht, schweigt sich das Theaterstück aus![19])

An diesem Punkt der Entwicklung lauert eine ganz neue Gefahr (die kaum je beschrieben worden ist): Der Einzelne steht nun vor der Freiheit, *und die Freiheit hat die unangenehme Eigenschaft, dass sie als Freiheit frei nach allen Seiten hin offen ist;* also eben gerade keine Bindungen und Verbindungen mit Festem hat; mit dem Ergebnis, dass in ihr *alles möglich* ist.[20]

Angesichts einer vor ihm sich öffnenden, ja gähnenden (und wie leer erscheinenden) Weite mag sich der Einzelne, erstaunt darüber, dass sich jetzt nicht von selbst etwas darbiete, was er verfolgen könnte oder gar müsste,[21] dann überraschend schnell in den Hafen einer angeblichen unumstürzbaren Richtigkeit, einer Ideologie oder einer Emotion werfen,[22] die ihm je eine Richtung bieten. Manche von diesen Institutionen mögen ihn ganz offen wieder in ihren Schoss aufnehmen, indem sie (angebliche) Sicherheit gegen Freiheit tauschen und darüber hinaus noch etwas falschen Glanz bieten;[23] andere dagegen erwecken unter dem Deckmantel, ihn zu einem irgendwie «Eigentlichen» zu führen, immer weiter den Eindruck, Freiheit zu gewähren, deuten mit schönen Worten in Wirklichkeit die Vorstellung der Offenheit aber um und nehmen ihn stattdessen unter irgendeinem schön tönenden Titel wieder ganz in Beschlag.

Auch an diesem Punkt ist es leicht, zu allerlei moralischen Klagen aus-
zuholen. In der Tat sind viele Menschen, nachdem sie sich unter Berufung
auf die ihnen zustehende «Autonomie» von Zwängen befreit haben mögen,
von der Offenheit, die sich nun vor ihnen auftut, überfordert; mit dem Ergebnis, dass sie manchmal nur allzu schnell bereit sind, ihre Freiheit entweder nicht einzulösen oder dann schnell wieder wegzuwerfen. Dahinter wieder
verbirgt sich indessen ein genauerer Befund, dem man sich zuwenden muss,
wenn man solche Nöte ernsthaft diskutieren will.

Der Begriff «Autonomie» ist zweigeteilt: Autonomie besteht *einerseits*
aus der Befreiung des Handelns aus Beschränkungen; *andererseits* ist autonom jener Mensch, der sich – um das einmal wörtlich wiederzugeben – ein
eigenes *Gesetz* (*nomos*) geben kann bzw. – um der folgenden Argumentation
willen etwas gemässigter ausgedrückt – eine eigene *Richtlinie* zu geben im-
stande ist. (Und das muss in dem Sinn der Fall sein, wie man gleich anfügen
muss, als ein solches Gesetz oder eine solche Richtlinie nicht einfach willkürlich sein darf – wenn das der Fall wäre, würde Autonomie selbst ja in Leere,
in hohle Selbstbezüglichkeiten oder dann in reines Machtverhalten hineinführen.)

Der Autonomie, die ein Einzelner finden könnte, könnte man erst dann
Würde zusprechen, wenn seine Freiheit in eine wie immer geartete *gehaltvolle* Richtung münden würde. Sich, wie es unterdessen üblich geworden ist, mit
irgendwelchen Idiosynkrasien, Eigenheiten und Vorlieben oder notfalls auch
nur Allergien und körperlichen Empfindlichkeiten aller Art in Szene zu setzen, mag zwar eindrucksvoll und wirkungsmächtig sein,[24] ist aber insofern
würdelos, als Eigenheit *allein* gewiss keinen Wert – und gewiss keinen Wert,
aus dem für *andere* eine Verpflichtung erwachsen könnte – hat.[25] Erst eine
Freiheit, die zu etwas führt, den Weg zu neuen Inhalten und Zielen eröffnet
oder gar Neues zum Leben erweckt, erfüllt sich als Freiheit. Erst so gewinnt
ein Mensch, anders gesagt, aus seiner Freiheit eine Form von Autonomie, die
nicht allein Loslösung ist, sondern eine Richtung weist.

Die Frage ist nun aber, wie man im Angesicht einer offenen Freiheit
eine solche Richtung oder einen solchen Gehalt finden könnte, der Inhalt
wäre, einen aber nicht gleich wieder aufs Neue vereinnahmen würde.

Natürlich gibt es auf diese Frage triviale Antworten: etwa die pauschale
Behauptung, dass es gar keine wirkliche Freiheit gebe, auf der einen Seite; die
Weigerung, *irgendeinen* Weg einzuschlagen, weil es keine Möglichkeit gebe,

seine Freiheit zu wahren, wenn man irgendeine Richtung wähle, auf der anderen Seite.[26] Solche Überlegungen münden aber nie in mehr als blasse formale Lehnstuhlargumente. Natürlich ist jeder Mensch, allein dadurch, dass er so und so ist, unfrei: Er ist gefangen in seinem Vorgefundensein, und auch forcierte Änderungen daran (etwa in Form von Schönheitsoperationen) können die Tatsache, dass er so und so ist und nicht anders, nicht zum Verschwinden bringen. Das ist einfach nicht der Rede wert. Man mag sich klug dabei vorkommen – eine solche Klugheit würde am Ende aber allein in die Erkenntnis führen, dass alles Weiterfragen sinnlos sei, und so in ein unfruchtbares Rechthaben münden. Und natürlich ist es immer möglich, mit einem ebenso über die Massen ausgeweiteten Freiheitsbegriff auch jede Füllung von Freiheit (nach dem Akt der Befreiung) wieder als Beengung darzustellen. Auch einen solchen Beweis kann jeder Pseudophilosoph führen; und auch er mag sich darin überlegen fühlen, dass er eine endgültige Wahrheit gefunden zu haben scheint.

Das Problem darf aber nicht von den Endpunkten aus angesehen werden, sondern muss von den *Möglichkeiten dazwischen* aus betrachtet werden. Es ist erstens möglich, dass ein Einzelner sich von Einschränkungen oder gar Zwängen, die ihm nicht richtig zu leben erlauben, befreit (sei er dann auch immer weiter in sich selbst eingeschlossen). (Wenn man selbst die Tatsache, dass man die und die Person ist, als Einschränkung annimmt, liesse sich ja nicht einmal darüber Klage führen, dass man irgendwie von aussen Zwängen ausgesetzt wäre: Es gäbe dann einfach nichts als Zwang, und woher dieser stammen würde, wäre unerheblich.) Und zweitens hat dieser Einzelne dann die Möglichkeit, sich seiner so gewonnenen Freiheit *entweder* gleich wieder zu entledigen *oder* zu bis jetzt nicht Bedachtem oder Gelebtem aufzubrechen.

Sich bloss, wie auch immer, zu befreien und dann nicht weiterzuwissen ist leer. Sich unter diesen Umständen gleich wieder irgendwie zu binden, entweder aus nackter Angst vor der Freiheit oder weil man gar nicht versteht, was Freiheit ist, ist unwürdig. Würdig allein ist, mit gewonnener Freiheit etwas zu *beginnen;* so, dass daraus etwas erwächst, was nicht einfach willkürlich gewählt, sondern bedeutungsvoll ist. Wie aber soll so etwas möglich sein?

3. Ein Zwischenhalt: Kants Aufforderung

An dieser Stelle mag es sinnvoll sein, einen Blick auf eine berühmte Schrift jenes Philosophen zu werfen, der zu den Begründern des Begriffs der *Autonomie* gehört: auf den Aufsatz mit dem Titel *Beantwortung der Frage: Was ist Aufklärung?* von Immanuel Kant.

Zu Beginn der Schrift sagt Kant:

Aufklärung ist der Ausgang des Menschen aus seiner selbst verschuldeten Unmündigkeit. Unmündigkeit ist das Unvermögen, sich seines Verstandes ohne Leitung eines anderen zu bedienen. Selbstverschuldet ist diese Unmündigkeit, wenn die Ursache derselben nicht am Mangel des Verstandes, sondern der Entschließung und des Mutes liegt, sich seiner ohne Leitung eines andern zu bedienen. Sapere aude! Habe Mut, dich deines eigenen Verstandes zu bedienen! ist also der Wahlspruch der Aufklärung.

Faulheit und Feigheit sind die Ursachen, warum ein so großer Teil der Menschen, nachdem sie die Natur längst von fremder Leitung freigesprochen (naturaliter majorennes), dennoch gerne zeitlebens unmündig bleiben; und warum es anderen so leicht wird, sich zu deren Vormündern aufzuwerfen. Es ist so bequem, unmündig zu sein. Habe ich ein Buch, das für mich Verstand hat, einen Seelsorger, der für mich Gewissen hat, einen Arzt, der für mich die Diät beurteilt u.s.w.: so brauche ich mich ja nicht selbst zu bemühen. Ich habe nicht nötig zu denken, wenn ich nur bezahlen kann; andere werden das verdrießliche Geschäft schon für mich übernehmen. Daß der bei weitem größte Teil der Menschen [...] den Schritt zur Mündigkeit außer dem, daß er beschwerlich ist, auch für sehr gefährlich halte: dafür sorgen schon jene Vormünder, die die Oberaufsicht über sie gütigst auf sich genommen haben. Nachdem sie ihr Hausvieh zuerst dumm gemacht haben, und sorgfältig verhüteten, daß diese ruhigen Geschöpfe ja keinen Schritt außer dem Gängelwagen, darin sie sie einsperreten, wagen durften: so zeigen sie ihnen nachher die Gefahr, die ihnen drohet, wenn sie es versuchen, allein zu gehen. Nun ist diese Gefahr zwar eben so groß nicht, denn sie würden durch einigemal Fallen wohl endlich gehen lernen; allein ein Beispiel von der Art macht doch schüchtern, und schreckt gemeiniglich von allen ferneren Versuchen ab.

Es ist also für jeden einzelnen Menschen schwer, sich aus der ihm beinahe zur Natur gewordenen Unmündigkeit herauszuarbeiten. Er hat sie sogar lieb gewonnen, und ist vor der Hand wirklich unfähig, sich seines eigenen Verstandes zu bedienen, weil man ihn niemals den Versuch davon machen ließ. Satzungen und Formeln, diese mechanischen Werkzeuge eines vernünftigen Gebrauchs oder vielmehr Miß-

brauchs seiner Naturgaben, sind die Fußschellen einer immerwährenden Unmündigkeit. Wer sie auch abwürfe, würde dennoch auch über den schmalesten Graben
einen nur unsicheren Sprung tun, weil er zu dergleichen freier Bewegung nicht gewöhnt ist. Daher gibt es nur wenige, denen es gelungen ist, durch eigene Bearbei-
tung ihres Geistes sich aus der Unmündigkeit heraus zu wickeln, und dennoch einen
sicheren Gang zu tun.[27]

Es sind zunächst drei Gedanken, die man aus diesem Textausschnitt herauslösen kann. Erstens wird in ihm der Einzelne ausdrücklich dazu aufgefordert,
sich von einem Hintergrund von sich als scheinbar unbezweifelbar gebärden-
den Autoritäten zu lösen, die ihm, unter Ausschaltung seiner Persönlichkeit,
vorschreiben, was für einen Weg er einzuschlagen habe oder wie oder was er
denken müsse. Zweitens macht Kant geltend, dass der Einzelne diesen Weg
aus, wie man sagen könnte, «moralischen» Gründen – aus Gründen, die in
einer wie immer gearteten Schwäche des Einzelnen lägen – nicht einzuschlagen wage. Und drittens unterstellt er ohne weitere Argumentation (dass das
der Fall sei, scheint für ihn jenseits von allen Zweifeln zu stehen), dass der
Gebrauch des eigenen Verstandes zu *allgemein anerkannten* Ergebnissen
führe – anders hätte ja die Aufforderung, sich seines Verstandes ohne An-
führung anderer zu bedienen, kaum einen anziehenden Charakter, weil der
Einzelne ja sonst Gefahr laufen müsste, sich, seinem (je) eigenen Verstand
folgend, in Vereinzelung zu verlieren. (Anfügen muss man um der Vollständigkeit willen noch, dass im Rahmen dieser Behauptung auch – erneut ohne
weitere Argumentation – mitbehauptet wird, dass das, was der Verstand er-
kenne, auch *gewiss* sei – wenn das nicht der Fall wäre, wäre der Gebrauch
des Verstandes ja fragwürdig.)
     Generationen von Schülern und Schülerinnen etwa höherer Schulen ha-
ben mit ihrem Kopf gedankenschwer genickt, wenn sie unter dem Einfluss
ebenso tiefsinnig in die Welt schauender Lehrer und Lehrerinnen diesen
Text gelesen und besprochen haben. Genau so muss man sich verhalten:
Man muss selbst denken!, haben sie gelernt. Dabei aber haben sie die Konsequenzen des Gelesenen kaum je bedacht – und haben dann ja oft auf der
Stelle verraten, was sie gelesen haben.[28]
     Grundsätzlich muss man gewiss anerkennen, dass jene Befreiung von
Autoritäten, zu welcher die Aufklärung aufgerufen hat, im Grossen zu einer
umfangreichen Selbstermächtigung von Menschen in Gesellschaften, die sich

selbst befreien konnten, geführt hat. Politik und Gesellschaft, Wissenschaft und Technik haben, wie man weiss, in freien Gesellschaften einen beachtlichen Aufschwung erlebt – als Folge davon, dass sich Menschen ihres Verstandes zu bedienen begannen, neue Fragen stellten und Neues «entdeckten» (während obrigkeitliche Gesellschaften entweder auf der Stelle traten oder sich via Kopieren des von freien Gesellschaften Erreichten über Wasser hielten oder dann immer in Gefahr standen zu erstarren). Solche Entwicklungen sind aber nicht ohne Widerstand verlaufen, und für den Einzelnen ist es auch in ihrem Umfeld immer weiter schwierig gewesen, sich wirklich seines Verstandes zu bedienen, weil er als Einzelner ja immer in einen Rahmen eingebunden blieb, der seine Entfaltung allenfalls doch immer weiter verhinderte.[29] Solche Entwicklungen, so beeindruckend sie erscheinen mögen, zeigen nicht das, wofür sie immer als Beweis herhalten müssen: dass die Aufforderung Kants, der Mensch müsse es wagen, sich seines Verstandes zu bedienen, Wirklichkeit geworden ist, sondern dass es zunächst nur einzelne Menschen geschafft haben, sich geltenden Vorstellungen zu entwinden. Das Ziel Kants ist aber natürlich ein anderes: Er hat die Selbstermächtigung jedes einzelnen Menschen im Auge.

Fragwürdiger wird in einem solchen Zusammenhang deshalb die zweite Behauptung Kants, dass sich der Einzelne nur deswegen nicht seines Verstandes bediene, weil er einen solchen Schritt nicht «wage», weil er sich also davor fürchte, einen solchen Weg einzuschlagen. Das mag natürlich oft der Fall sein, hat aber in vielen Fällen auch andere Ursachen als etwa Mutlosigkeit. Selbstverständlich bewegt sich jeder Mensch in einem gesellschaftlichen Umfeld; und das mag dazu führen, dass er je nach seiner Position in diesem von anderen Menschen abhängig ist; sei es, dass er sich einem Arbeitgeber unterwerfen muss, wenn er seine Stellung nicht verlieren will, sei es (das ist ja oft das Schicksal von Frauen), dass er, selbst in sich frei nennenden Gesellschaften, von Traditionen und geltenden gesellschaftlichen Einrichtungen und Gepflogenheiten mit eiserner Hand in festgefügte Rollen gezwängt wird, sei es endlich, dass er gezwungen wird, einer Staatsideologie, die keine Abweichung duldet, zu folgen. (Dazu kommt, dass es sich, wie man einräumen muss, natürlich auch in manchen Fällen mangels Kenntnissen verbietet, sich seines eigenen Verstandes zu bedienen. Das führt freilich schnell in Fragwürdigkeiten hinein, indem eine Klasse von Menschen diese Kenntnisse für sich allein reklamiert, wozu dann auch die zusätzliche Behauptung gehört, auch nur sie allein könne beurteilen, dass sie selbst kompetent sei – und so scheinbar auf die gütigste und rationalste Weise der Welt den Einzelnen auszuschalten versucht.[30])

Was freilich die unterstellte Furcht betrifft, so hat sie offensichtlich zwei ganz verschiedene Quellen. Auf der einen Seite (an diese mag Kant vor allem gedacht haben) mag sich der Einzelne davor fürchten, gegenüber anderen Menschen für sich einzustehen, weil ihn das in menschliche Schwierigkeiten führen würde, indem er sich gegen Respektspersonen oder ihm einfach liebe Menschen wenden müsste, wenn er es wagte, sich seines Verstandes zu bedienen, oder er sich dann gegen machtvolle Gebilde zur Wehr setzen müsste, die ihn allenfalls auch einschüchtern oder gar bedrohen mögen, etwa religiöse «Autoritäten» oder politische Mächte; sei es, dass er es selbst vorzieht, jemandem, etwa einem Vorgesetzten oder Lehrer oder Professor, «schlau» nach dem Munde zu reden, weil so die eigenen Ziele besser erreicht werden können; sei es endlich, dass er sich nicht getraut, einen anderen Weg einzuschlagen als «die anderen».[31]

Die wirkliche Quelle der Furcht vor einer Befreiung von der Leitung durch einen anderen stellt aber natürlich wohl die Tatsache dar, dass der Einzelne, der sich seines Verstandes bedienen möchte, nicht (oder noch nicht) gewiss sein kann, dass er, indem er das tut, das «Richtige» tue; also eine Richtung einschlage, die berechtigter ist als das, was ihm jene Institutionen, die vorgeben, das Wahre zu repräsentieren, vorsagen (und ihm die Angst einjagen, dass er sich verirren könnte, wenn er sich selbst folgt). Weil er sich ja auf dem Weg zu (noch nicht) Anerkanntem befindet, kann er nicht *beweisen,* dass er dazu berechtigt ist, herkömmliche Vorstellungen von sich zu weisen. In dem Augenblick, da sich der Einzelne von gängigen Denk- und Auffassungsmustern abwendet, kann er ja nicht irgendwie *wissen,* ob der Weg, den er *nun* einschlägt, zu etwas Gutem oder Sinnvollem führt. Wie ein Entdecker oder Erfinder muss er sich in unbekannte Weiten wagen, und seine Entdeckungsreise kann glücken oder nicht: Darin besteht ja eben der Charakter des Aufbrechens in das Unbekannte hinein, dass nun alles unsicher wird und dass es in Bezug auf Unbekanntes und Neues ja auch keinen Beurteilungsmassstab gibt, an dem man messen könnte, was man erreicht.[32]

Überblickt man den zitierten Text als Ganzes, so fällt einem sofort auf, dass Kant zwar ausführlich beschreibt, *wovon* man sich befreien solle, was für eine Gestalt das hat, von dem man sich befreien solle, und wieso das von

Menschen allenfalls nicht gewagt wird. Was dann aber den *Verstand* betrifft, den man (stattdessen) einsetzen soll, und was die *Ziele* seien, die man mittels des Verstandes erreichen soll – geschweige denn, worin die *Gehalte* bestehen könnten, die es wert wären, mittels des Verstandes verfolgt zu werden –, so verliert er in Bezug auf diese Fragen dann kaum Worte; als ob der *Verstand* selbst bzw. die Behauptung, dass er (im Gegensatz zu den Vorstellungen und Instanzen, denen er entgegentritt) zu gewissen (und gehaltvollen) Ergebnissen führe, die sicherste Sache der Welt wäre.[33]

Entscheidend für die hier geführte Diskussion ist nun aber, dass Kant mit der Aufforderung, seinen *Verstand* zu gebrauchen, die *Öffnung in die Unbestimmtheit hinein*, die mit der Befreiung von herkömmlichen Erklärungsmustern einhergeht, nicht zur Sprache bringt, sodass das Beunruhigende darin nicht offenbar werden kann. So schlucken die Botschaft Kants auch die Gymnasiasten und Gymnasiastinnen (und ihre Lehrer und Lehrerinnen) schnell – sie verstehen sie zunächst einmal vor allem als Kritik an moralischem Verhalten von Menschen (und als in einem christlichen Paradigma Aufgewachsene glauben sie etwas, was mit der Unterstellung menschlicher Trägheit oder Bosheit einhergeht, sowieso auf der Stelle). Und was den «Verstand» betrifft, so denken sie sich einen solchen – ohne viel zu überlegen – als ein Instrument, das etwa wie mathematisches Denken, wenn es richtig angewendet wird, den Weg zu richtigen Lösungen zeigt, also in sich völlig unproblematisch ist.

Die Berufung auf den «Verstand» unterstellt (bei jenem ungenauen Gebrauch dieses Begriffs, der aus seiner reflektierten Verwendung resultiert), dass eigene Denkarten oder Lösungen, die jeder Einzelne finden mag, wenn er den Verstand einsetzt, *in ein gemeinsames Richtiges* münden. Sie suggeriert, dass der Einzelne, wenn er seinen Verstand einsetze, sofern er das «richtig», also korrekt, tue, mit den anderen Einzelnen übereinstimmen werde; so wie etwa jedermann, der ein mathematisches Problem richtig angeht, am Ende auf die eine gleiche Lösung wie andere stossen wird.[34] Wenn das aber nicht der Fall wäre, würde sich mit der Aufforderung an den Einzelnen, sich seines Verstandes zu bedienen, die Möglichkeit einer Öffnung in eine unendliche Vielfalt hinein ergeben. Nichts würde ja zum Voraus garantieren, dass das nicht der Fall sein würde. Und dann würde alles wahrlich unübersichtlich, selbst das Reden der Menschen miteinander würde allenfalls verunmöglicht – da erscheint sich an herkömmliche Vorstellungen zu halten als weniger gefährlich.[35]

Pauschal anzunehmen, dass der Mensch via Verstand zu perspektivlosen an sich bestehenden Wahrheiten vorstossen könne, ist aber gewiss verfehlt; so sehr der Begriff des «Verstandes» ohne viel Nachdenken unterstellen mag, dass das der Fall sein könnte. In Wirklichkeit trifft der Verstand, wenn er die vorgefundene Welt verstehen will, auf zwei ganz unterschiedliche *Gegenstandsbereiche,* und das hat zur Folge, dass der Verstand in diesem Zusammenhang eine ganz verschiedene *Wirkungsmächtigkeit* hat.

Das ist der Fall, weil man zwischen *formalen* und *materiellen* Ordnungen bzw. Wahrheiten unterscheiden muss.[36] In Bezug auf *formale* Befunde mag man bei rechter Betrachtung auf zweifelsfreie Richtigkeiten stossen; nicht aber in Bezug auf *materielle* Ordnungen.[37] Diese sind vielmehr auf *Massstäbe* bezogen, die in der Form von Vermutungen an die vorgefundene Welt angelegt werden und sich dann in einem methodischen (also vom Verstand gelenkten) Verfahren bewähren oder falsifiziert werden. *Materielle* Ordnungen bilden so also immer nur Vorstellungen davon, wie man sich *Zugang* zur vorgefundenen Welt erwerben könnte, nicht Einsichten *an sich.* Als Möglichkeiten von Interpretationen (der vorgefundenen Welt) können sie damit weder als *einzig richtig* noch als irgendwie *endgültig wahr* gelten.

Das hat zur Folge, dass es dem Verstand in Bezug auf die vorgefundene materielle Welt nicht möglich sein kann, *Erkenntnisse* zu gewinnen, die, weil sie der Verstand gefunden habe, perspektivlos richtig sein müssten. Der Verstand als Mittel kann in Bezug auf die *materielle* Welt keine solchen gewinnen, weil es solche grundsätzlich nicht geben kann. Erkenntnisse in Bezug auf die vorgefundene Welt sind immer vom Massstab geprägt, der in ihnen angelegt ist; und der Massstab selbst geht dabei nicht irgendwie als einzig richtig aus dem Verstand selbst hervor, sondern ist, auf der Basis von Annahmen, die einem einleuchten mögen oder die man testen will, *gesetzt.*[38] Wenn man das zu Ende bedenkt, kommt man zum Ergebnis, dass es wohl als wünschenswert erscheint, dass sich jeder Einzelne seines Verstandes bediene (weil er so neue Gesichtspunkte ins Spiel bringen kann); es kann aber selbstverständlich keine Gewähr dafür bestehen, dass die Einsetzung des Verstandes durch die je Einzelnen dann zu Einigkeit führen kann. Die im Alltag geläufige Forderung – wenn jemand nicht zu jenen Resultaten kommt wie man selbst –, dass er gefälligst seinen Verstand einsetzen solle, damit er das gleiche Resultat erhalte, ist verfehlt (so verfehlt wie ja auch der Alltagsgebrauch des Wortes «logisch»[39]). Stattdessen muss man – genauer – sagen:

Indem jemand seinen Verstand einsetzt, mag er sich tatsächlich von verfehlten, ihm allenfalls aufoktroyierten Vorstellungen emanzipieren – darüber hinaus, was dann aus dem Gebrauch des Verstandes für ihn weiter folgt, kann man aber keine Aussage machen.[40]

Zur Täuschung, dass man mit dem *Verstand* zu *an sich* richtigen Resultaten gelangen könne, kommt es aus verschiedenen Gründen. Zum einen ist das deswegen der Fall, weil als höchste Form von «Wahrheiten» immerzu mathematische und logische Erkenntnisse und Erlebnisse gelten. Das ist aber selbstverständlich nicht berechtigt. Bei mathematischen und logischen Ergebnissen handelt es sich um rein *formale,* also inhaltlose Aussagen, die, wie man sagt, in «allen Welten» gelten – und damit tatsächlich nicht anders gedacht werden können und dann auch natürlich Ergebnisse des Verstandesgebrauchs sein müssen. Es gibt aber auch andere Gegenstände des Verstandesgebrauchs: jene der *materiellen* Welt bzw. jene, die sich auf die vorgefundene empirische Welt beziehen, und es gibt keinen Grund, die einen den anderen vorzuziehen bzw. den einen eine gewissermassen höhere Dignität zuzuschreiben. Was sollten zwar ewig richtige, aber leere Erkenntnisse Erkenntnissen, die zwar immer nur auf Zusehen hin gelten, aber etwas über die vorgefundene Welt aussagen, voraushaben?[41]

(Freilich gibt es noch einen Spezialfall, den man als solchen erkennen können muss: Es ist auch in Bezug auf die *materielle* Welt durchaus möglich, dass der «Verstand» je der einzelnen sich ihres Verstandes Bedienenden zu gleichen Resultaten kommen mag: dann nämlich, wenn sich der Verstandesgebrauch auf eine gleiche (nicht zu umfangreiche) Aufgabe richtet. Unter diesen Umständen ist es dann aber in Tat und Wahrheit die Aufgabe bzw. die Fragestellung, die den Ausgang in einer Lösung bestimmt. So ist es dann nicht der «Verstand», der die Lösung definiert, sondern die Aufgabe. Mit anderen Worten: In solchen Fällen fehlt die Einsicht, dass eine Aufgabe oder eine Fragestellung inhaltliche Voraussetzungen macht, die das Ergebnis einer *materiellen* Setzung sind; und die Tätigkeit des «Verstandes» erschöpft sich dann darin, solche Voraussetzungen bzw. das, was in ihnen angelegt ist, nur noch nachzuvollziehen. So ist es – um ein Beispiel ins Treffen zu führen – heutzutage üblich, Verhaltensweisen wie dann Lösungen am Gesichtspunkt der *Effizienz* auszurichten. Mit einem solchen Massstab im Rücken wird man allenfalls, indem man sich seines Verstandes bedient, dann tatsächlich zu gleichen oder jedenfalls ähnlichen Ergebnissen gelangen. Dabei ist es dann aber der Massstab (der Effizienz), der mögliche Lösungen bestimmt – beim Massstab der Effizienz handelt es sich indessen um einen gesetzten Massstab, nicht um einen Massstab, der *an sich* bestünde –, man kann bekanntlich aus guten Gründen auch andere Massstäbe anwenden bzw. Einrichtungen sind umgekehrt nicht einfach *an sich* gut, weil sie *effizient* sind.[42])

Zu Gewissheit kann also höchstens eine *formale* Aussage führen. Dem trägt Kant ja auch damit Rechnung, dass er zum Beispiel mit dem kategorischen Imperativ eine ethische Regel so konstruiert, dass erstens aus ihr nichts *Inhaltliches* hervorgeht, sondern sie sich in einem *Prüfverfahren* erschöpft,[43] zweitens aus diesem Prüfverfahren nur hervorgeht, was ethisch *nicht* durchgeht, nicht aber positiv, was inhaltlich gelten soll, geschweige denn, dass aus dem kategorischen Imperativ *alle* ethisch gültigen Regeln hervorgingen.[44] Mit anderen Worten: Auch der kategorische Imperativ als Massstab des Gesollten schliesst die Welt nicht in dem Sinne ab, als er nun endgültig bestimmen könnte, was ethisch gesehen gelten soll. Er mag Möglichkeiten beschränken, insofern als er gewisse von ihnen als ungerechtfertigt bestimmt; darüber hinaus lässt er aber alles offen. So kann er höchstens in einem schwachen Sinn Menschen darin bestärken, dass sie gewissermassen nicht auf dem falschen Weg sind, aber er kann ihnen nicht sagen, ob der eingeschlagene Weg zu Gutem führt oder nicht.

Denkt man diese Dinge zu Ende, kommt man also zu folgendem Ergebnis: Es kann keine Rede davon sein, dass man, indem man den *Verstand* gebrauche, zu Ergebnissen gelange, die erstens gewiss richtig und zweitens von allen anderen Menschen, die ebenfalls ihren *Verstand* gebrauchen, geteilt würden oder gar werden *müssten*. (Das könnte höchstens der Fall sein, wenn mit den Mitteln der Macht durchgesetzt würde, was – angeblich – die Ergebnisse des Verstandes sein müssen – wie dies ja etwa in gewissen Staaten und leider auch im Rahmen der Corona-Krise in Ansätzen[45] der Fall gewesen ist.) Der Verstand kann höchstens eine *Methode* dazu liefern, Dinge, die einem richtig erscheinen, daraufhin zu überprüfen, ob sie den Anspruch geltend machen dürfen, allgemein zu gelten, bzw. – genauer – ob sie diesem Anspruch nicht *nicht* genügen. Das ist natürlich viel weniger.

Das ist viel weniger, als man gemeinhin annehmen mag; aber es ist nicht nichts. Der Gebrauch des eigenen Verstandes gibt einem also ein Mittel in die Hand, herkömmlich Behauptetes daraufhin zu prüfen, ob es berechtigt sei (statt bloss auf Behauptungen aufzubauen), Anmassungen enthalte, menschenverachtend sei, Macht kaschiere oder am Ende Widersprüche aufweise. In diesem Sinne kann auch ein Verstand, der keine eigenen Inhalte produziert, durchaus noch immer jene emanzipierende Kraft entfalten, von der Kant spricht. Darin enthalten ist auch der Anspruch des Einzelnen wie des Verstandes an sich, als Prüfinstanz gelten zu dürfen. Das bedeutet unter anderem auch, dass der Verstand *ungeteilt* gelten soll – selbstverständlich kann auch die Behauptung (zu der Machtsysteme schnell greifen), dass es gewisse Bereiche gebe, die vom Verstand *nicht* geprüft werden dürften, nicht akzeptiert werden.[46] Wie die Regeln der Arithmetik erstreckt er sich auf das Ganze eines Argumentes, weil ja mit den Methoden des Verstandes selbst kein Beweis zu führen wäre, aus dem *in einem argumentativen Kontext* hervorgehen würde, dass zwar Behauptungen vorgebracht, dann aber an einem gewissen Punkt nicht mehr mit den Mitteln des Verstandes überprüft werden dürften.[47]

So hat das bisher Erkannte zwei Folgen. Erstens: Es mag zwar nötig sein, sich seines *Verstandes* zu bedienen, wenn man sich emanzipieren will; der *Verstand* selbst aber kann keine inhaltlichen Gewissheiten schaffen, sondern höchstens *Öffnung* herstellen; eine *Öffnung,* die eben darin besteht, dass man herkömmlichen Gehalten und Instanzen, die behaupten, in der einen oder anderen Weise Gewissheit zu verkörpern, *nicht mehr* folgen darf. Das ist der Gehalt der Aufforderung, sich seines Verstandes zu bedienen, gewissermassen gegen hinten hin. Wenn nun aber der *Verstand* die Welt auf der anderen Seite öffnet, so kann er mit einer solchen Öffnung gegen vorne hin keine neuen endgültigen Inhalte aufschliessen, sondern allein einen *freien Raum,* in dem sich der Einzelne je umtun kann, erschaffen. Damit ist der Gebrauch des Verstandes mit *Freiheit* verschwistert. Auch eine erworbene oder umkämpfte *Freiheit* kann ja nicht neue Inhalte anbieten, sondern einen Raum, in dem sich freie Menschen und freies Denken bewegen, Bedeutendes suchen und allenfalls finden können – immer ohne freilich den Anspruch erheben zu dürfen, dass sich andere das Gefundene ebenfalls zu eigen machen müssten. Der Gebrauch des je eigenen Verstandes mag also zwar von falschen Vorstellungen wegführen, *er führt aber nicht auf neue sichere Gewissheiten zu.*

Man kann das auch noch anders (und allenfalls genauer) zu fassen versuchen. Der Verstand schafft, wenn er sich auf die *materielle* vorgefundene

Welt bezieht, selbst nicht Inhalte, sondern bietet im weitesten Sinne ein Verfahren, mit dem man einem als bedeutungsvoll erscheinende Inhalte erfassen und weiterverfolgen kann. Es ist ja gewiss nicht das Anliegen Kants, indem er den Einzelnen dazu auffordert, sich seines Verstandes zu bedienen, die Menschen in einem rein *formalen* Sinne etwa zu einer wie immer gearteten Verbesserung ihres logischen Vorgehens aufzurufen. Selbstverständlich kann diese Aufforderung nur darin bestehen, sich *anderen Inhalten als den herkömmlichen* zuzuwenden; sich neue Gehalte zu eigen zu machen und diese dann mit den Mitteln des Verstandes einerseits auf sinnvolle Weise von sich als verfehlt erweisenden alten Denkweisen und Bezügen abzuheben und sich andererseits dem, was einem nun bedeutungsvoll erscheint, zuzuwenden. Dazu mag selbst gehören, dass es einem nun als «richtig» erscheint – gegen eine solche Bewertung des Gefundenen durch den Verstand ist nichts einzuwenden, solange der Verstand nicht behauptet, dass mit dem, was er nun gefunden hat, die Suche nach Neuem abgeschlossen sei,[48] und solange niemand behauptet, das, was *er* mit dem Verstand gefunden habe, sei das Einzige, was man mit dem Verstand finden könne.

So wie es keine direkte Induktion, keinen irgendwie direkten Zugang zu Wahrem und keinen direkten Zugriff auf Ethik gibt, schafft auch der Verstand selbst keine Inhalte, sondern mag zum Beispiel Gehalte, die einem Menschen aufscheinen mögen, richtiger oder reicher oder bedeutungsvoller erscheinen lassen als jene, die ihm aufgezwungen worden sind. So wie im Zusammenhang mit dem kategorischen Imperativ zuerst eine Maxime da sein muss (stamme sie auch aus irgendwelchen Quellen und sei sie wie immer geartet), damit man dann das (aus dem Verstand hervorgegangene) Prüfverfahren des kategorischen Imperativs in Gang setzen kann, muss etwas da sein, damit es mit dem Verstand dann geprüft, als besser oder bedeutungsvoller erkannt werden, verworfen oder dann weiterentwickelt werden kann. Es muss mit anderen Worten zuerst *Material* da sein, damit etwas in Gang kommt; und dazu tritt dann ein neuer Gesichtspunkt bzw. eine aus einem solchen entstehende neue Seh- oder Zugangsweise. Der Mut, sich seines Verstandes zu bedienen, besteht in der Folge erstens darin, sich Neuem öffnen zu können (statt im Banne der angeblich an sich geltenden Vorstellungen zu verharren), und zweitens darin, das Neue, das einem aufscheint, aufzunehmen, als ebenfalls möglich zu begründen und dann weiter auszubauen.[49]

Zweitens: Es muss damit gelten, dass der Gebrauch des Verstandes nicht schon alleine *Autonomie* schafft (wenn man unter *Autonomie* den Gewinn von etwas neuem Gehaltvollen versteht). Der Verstand allein führt nicht zu einem neuen Gesetz oder Inhalt, denen sich der Einzelne zu unterwerfen hätte (oder dann höchstens in einem schwachen Sinn insofern, als er allein Verfahren rechtfertigen kann, die gelten müssen). Mit einer solchen Erkenntnis muss nun aber auch die Einsicht einhergehen, dass neue Inhalte, die man gewinnen mag, indem man alte, einem als verfehlt erscheinende Vorstellungen überwindet, nicht einfach *als neue* Inhalte wertvoll sein müssen. Der Verstand als rein *formales* Vermögen ist selbst nicht schöpferisch. Er kann nicht Inhalte bereitstellen, die nun zweifelsfrei *und* in irgendeinem Sinne mit Gewissheit gehaltvoll wären. Wer *Autonomie* sucht, ersehnt sich aber genau das: Gewähr dafür, dass er sich, wenn er sich von etwas abwendet, Vorstellungen und Inhalten zuwendet, die sich nicht in dem Sinne in Bedeutungslosem verlieren, als sie einfach willkürlich sind, sondern es wirklich wert sind, verfolgt zu werden.

Autonomie soll nicht in Willkür des Einzelnen münden, aber *wie* sie in einem gehaltvollen Sinne möglich sein kann, ist noch immer nicht geklärt. Und selbst, wenn man mit Kant den Verstandesbegriff so präzisiert, dass man unter Verstandesgebrauch nicht versteht, dass man bei rechtem Gebrauch des Verstandes Inhalte finden könne, sondern ein *Verfahren,* mit dem man unberechtigte Ansprüche aussieben kann, so ist damit die Hauptfrage immer noch nicht beantwortet. Ein Verfahren, das allein *ausschliesst,* was *nicht* «geht», setzt zwar nicht in verfehlter Weise neue Inhalte, lässt aber immer noch fast alles offen. Wie eine *Autonomie,* die nicht reine Willkür ist, möglich ist, ist immer noch fraglich.

Gewiss muss dabei sein, dass die Instanz, die Willkür brechen würde, nicht in einem neuerlichen Gesetz bestehen könne, wie es der Begriff der *Autonomie* ja auch richtigerweise unterstellt, wenn man ihn in seine Bestandteile zerlegt. Man könnte höchstens zwar in einem starken Sinn auf der einen Seite geltend machen, der Mensch sei ein Wesen, das das Recht habe, sich seines Verstandes gegen Instanzen, die ihn vereinnahmen wollen, zu bedienen. Auf der anderen Seite aber sei er bloss in einem bloss schwachen Sinn dazu berechtigt, Inhalte zu bestimmen oder sich selbst einem Inhalt unterzuordnen, der ihm aus welchen Gründen auch immer verfolgenswert erscheint; weil er, indem er dies tut, keine weiteren Geltungsansprüche stellen kann.

Solche Inhalte selbst könnten nicht den Charakter eines Gesetzes haben, sondern allein den eines Gegenstandes oder Massstabes, der einem Menschen, der aufbricht, wichtig zu sein scheint oder der aus seiner Phantasie hervorgeht. Recht besehen stellt das Gegenteil von Gebundenheit nicht ein (neues), irgendwie *höheres* Gesetz dar (das dann für alle Menschen gelten müsste), sondern eine neue *Möglichkeit;* ausgewählt aus der Vielfalt des Möglichen.

So etwa gestaltet sich zum Beispiel bekanntlich eine freie Eheschliessung: Der Verstand gibt ja nicht vor, wen man heiraten soll; und wenn man dann dem ausgewählten Partner ewige Treue schwört, mag man sich zu einer solchen Treue zwar verpflichten, aber man tut das ja gerne, weil man sich mit dem Menschen, den man liebt, verbinden und mit ihm ein zukünftiges Leben Wirklichkeit werden lassen möchte und einem selbst (nicht allen anderen Menschen) dieser Schritt als richtig erscheint.[50]

4. Befreiung allein begründet keine Persönlichkeit

Aus *Befreiung* allein kann noch nicht eine Persönlichkeit erwachsen. Ein Mensch kann nicht zu sich kommen, allein dadurch, dass er in der beschriebenen Weise ein leeres Eigenrecht geltend macht. Wenn sich sein Versuch, Autonomie zu gewinnen, allein darin erschöpfte, dass er sich von Mächten, die ihn zu bestimmen suchen, zu emanzipieren versuchte, bliebe sein Aufbruch auf halbem Wege stecken (und wüchse – man muss es in aller Härte sagen – über eine gewisse pubertäre Haltung nicht hinaus).

Wie wenig ein solcher Versuch taugt, zeigt ja dann auch näheres Hinsehen. Die wortreiche Berufung auf den «eigenen Bauch» oder dann auf Sachzwänge aller Art, wie sie moderne Menschen produzieren,[51] verrät oft Unsicherheit, und die überraschend schnelle Unterordnung unter Autoritäten, angebliche weise «alte Traditionen» aller Art und zuweilen unter Politiker, die für sich eine höhere Fähigkeit zu führen und zu lenken beanspruchen, der sich auch moderne Menschen unterziehen, zeigt, dass mit einer solchen Berufung auf «Eigenes» manches im Argen liegt.

Oft besteht das «Eigene», auf das sich jemand beruft, allein im Anspruch, nicht so zu sein, wie von ihm verlangt wird, hat also selbst keinen Gehalt. Aber auch die Behauptung, dass Eigenes, einfach, weil es *Eigenes* sei, allem anderen vorgehe, ist gewiss schwach und bricht sich ja auch daran, dass der jeweils andere die genau gleiche Begründung ins Spiel bringen kann – mit dem Ergebnis, dass sich am Ende ein Kampf entspinnen muss, des Inhalts, wessen «Bauch» der wichtigere sei; ein Kampf, bei dem dann reine Macht entscheiden müsste. In ähnlicher Weise verhält es sich mit geltend gemachten Sachzwängen oder dann mit dem in neuerer Zeit gerne zur Schau getragenen Opfergehabe. Aus beiden scheint zwingend hervorzugehen, wie sich der andere in Bezug dazu zu verhalten habe: Wer darf es sich im Kleinen zum Beispiel etwa als Gastgeber erlauben, vor einer Einladung nicht anzufragen, ob der Gast angeblich glutenfrei essen «muss»; wer darf es im Grossen etwa wagen, auch nur die Frage zu stellen, ob Frauen auch unethische Ziele verfolgen könnten, angesichts der Tatsache, dass diese doch (an sich gewiss zu Recht) geltend machen können, dass sie über Jahrhunderte hinweg unwürdig behandelt worden sind?

Freilich können solche Versuche, den anderen unter Berufung auf irgendwelche angeblichen objektiven Tatbestände zum Schweigen zu bringen, nicht anders denn als Machtversuche aufgefasst werden, solange nicht wirklich argumentativ begründet werden kann, wieso ein anderer Mensch in einem Kontext nicht ebenfalls das gleiche Recht habe, seine eigene Sache zu führen.[52]

Versuche, sich irgendwie absolut zu setzen, wie sie beschrieben worden sind, mögen ärgerlich sein; nicht nur als Ansprüche im Einzelnen, sondern als untaugliche und zuweilen ja auch anmassende Versuche, in einer offenen Welt Absolutheit zu erzeugen. Indessen stellen sie, recht betrachtet, eher Ausdruck einer *Not* dar. Diese Not besteht darin, dass ein sich befreiender Mensch nicht eben damit, dass er sich befreit, einen Inhalt findet, der in sich gewiss ist, dies aber wünschte, weil er sich immer weiter Sicherheit wünscht.

In diesem Zusammenhang erfüllt das Versteifen auf ein angeblich nicht diskutierbares Sosein auch noch eine andere Aufgabe. Wenn die Berufung auf eine Leitlinie, der sich ein Individuum überantwortet, nicht in irgendeiner Weise als gewiss dargestellt werden kann, kann eine solche leicht in Frage gestellt werden. Es kann dann ja nicht irgendwie «bewiesen» werden, dass ein Inhalt, dem sich ein befreites Individuum zuwendet, irgend zu Recht Gegenstand seines Interesses sein kann. Eine Folge davon ist, dass etwa seine Wahl jederzeit kritisiert oder gar als verfehlt dargestellt werden kann; sowohl von den Vorstellungen her, von denen sich ein Individuum zu emanzipieren versucht hat, wie dann auch von anderen, von einem anderen Einzelnen für sich beanspruchten Vorstellungen her. Mit anderen Worten: Der Versuch, seine Position als unbezweifelbar darzustellen, ist auch als Versuch zu werten, einem Gegenüber die Waffe aus der Hand zu schlagen, bevor ein Kampf, der nicht zu gewinnen wäre, ausbricht.[53]

Dabei kommen einander *zwei Ansprüche* in die Quere. Auf der einen Seite mag sich der Mensch, der sich emanzipieren will, nur dann in seiner Emanzipation sicher fühlen, wenn er die Leitlinie, auf die nun sein freies individuelles Leben gründen soll, als unbezweifelbar darstellen kann – nur wenn das der Fall ist, mag er es wagen, seinen Weg zu gehen bzw. sich von der Unterwerfung unter Vorstellungen und den dazugehörenden Forderungen anderer loszulösen. Gleichzeitig mag er auf der anderen Seite immer noch die Auffassung haben, dass *nur eine Vorstellung, die Allgemeingültigkeit habe,* diese Aufgabe erfülle. *Diese beiden Ansprüche sind aber nicht zu erfüllen.* Der erste ist es deswegen nicht – wie besprochen worden ist –, weil es für Neues keinen (schon jetzt bestehenden) Massstab geben kann. Und den zweiten Anspruch zu erheben ist in dem Sinn verfehlt, als er dem Ziel, Autonomie zu schaffen, ja gerade entgegenlaufen würde. Wenn Menschen allgemeinen Vorstellungen zu folgen hätten, könnte von Autonomie gerade keine Rede sein. Den Weg in die Autonomie hinein einzuschlagen bedeutet ja umgekehrt, sich auch von der Vorstellung zu verabschieden, dass es den *einen* (eben «richtigen») Weg geben könne.[54]

In dieser Lücke machen sich dann allerlei Philosopheme breit,[55] die allen Einsichten entgegen behaupten, eben doch eine Form unbezweifelbarer Geltung herstellen zu können. Ein solches Beispiel bietet das Philosophem des «Marktes», das in den letzten Jahrzehnten so grosses Gewicht erhalten hat; ein Philosophem, das, wie man nun erkennt, nicht nur deswegen so bereitwillig angenommen wird, weil es allenfalls eine bestimmte Sachfrage (wie Märkte «funktionieren») erklärt, *sondern weil es gleichzeitig die Sehnsucht nach einer Instanz, die angeblich eben doch Gewissheit herstelle, bedient:* Der «Markt» habe, so behauptet es bekanntlich, immer «recht» – und auf einen Schlag scheint so alle Unsicherheit besiegt (als ob Gott herniedergestiegen wäre).[56]

Indessen ist ein solcher Gedankengang in mehr als einer Hinsicht verfehlt. Zunächst einmal: Wenn man um des Argumentes willen annimmt, dass er berechtigt wäre (was er nicht ist), so beisst er sich, wie man bei einigem Nachdenken schnell feststellt, in den Schwanz. Wenn tatsächlich die

«Gesetze» des Marktes gälten, so würden sie auf der Stelle alle Bestrebungen des Einzelnen dazu, Autonomie zu gewinnen oder die Aufforderung, sich seines Verstandes zu bedienen, zu wagen, gehaltlos machen: Wenn die Gesetze absolut gälten, gäbe es nichts anderes, als ihnen zu gehorchen; und niemand könnte dann mehr den Anspruch erheben, autonom zu sein. Jeder Mensch müsste dann zum Beispiel all sein Handeln an der Frage ausrichten, ob es auf einem «Markt» bestehen könnte – Akte der Liebe oder Fürsorge etwa wären dann so wenig erlaubt wie Vorlieben oder persönliche Wertschätzungen.

Zweitens ist die Aussage selbst, dass der Markt «recht» habe (oder, noch stärker und eindrucksvoller, aber besonders unsinnig, «immer» recht habe[57]), nicht sinnvoll (und damit als Aussage verfehlt), weil sie sich im Grunde widerspricht. Dabei kommt es gar nicht auf irgendwelche inhaltlichen Ergebnisse an, die man als richtig oder nicht richtig beurteilen könnte. Marktgeschehen entfaltet sich vielmehr rein *faktisch,* indem Akteure die Ziele verfolgen, die (allein) ihnen zu verfolgen wichtig erscheinen (ohne dass sie irgendwie absolut begründen könnten, wieso sie sie verfolgen – sie mögen etwa von der «Nase» des geschickten Entrepreneurs angeleitet sein), und besteht dann aus der Summe dieser Aktionen. Dabei mag sich herausstellen, dass ein Verhalten oder ein Projekt erfolgreicher ist als ein anderes, weil es im Rahmen eines Marktes zu Erfolg führt. Das Ergebnis stellt damit aber wiederum allein ein *faktisches* Geschehen dar. (Unter gewissen Umständen, in einer gewissen Zeit geschieht das und das.[58]) Mit der Errichtung eines Marktes geht ja einher, dass man die Dinge frei geschehen lässt. Es gibt in Bezug auf das, was der je Einzelne verfolgt, aber keinen Massstab des «Richtigen» oder «Falschen» – darin besteht eben die Idee des Marktes, dass man alles einem freien Konkurrenzwettbewerb von freien Akteuren aussetzt. Folglich kann auch das Ergebnis nicht irgendwie «richtig» sein, sondern nur «faktisch» – es kann ja eben definitionsgemäss keinen an sich bestehenden Massstab für ein Marktgeschehen geben. Und selbstverständlich geht aus der Tatsache, dass etwas «erfolgreich» sein mag, wie anzumerken kaum mehr nötig ist, nicht hervor, dass es irgendwie *an sich* «richtig» sei.[59]

Zwar mag der Einzelne «Erfolg» suchen (oder sich mit geeigneten Machenschaften Erfolg verschaffen) und sich pauschal zu der Klasse der «beruflich Erfolgreichen» zählen – weder kommt er so dem Ziel des modernen Individuums, im Laufe seiner Emanzipation zu etwas vorzustossen, das seinem Leben Gewissheit, geschweige denn Bedeutung geben könnte, näher, noch glückt es ihm so, die Offenheit, die sich vor ihm auftut, *verantwortlich* zu schliessen. «Erfolg» zum einen kann auf viele verschiedene Weisen zustande kommen (selbst auf verbrecherischem Weg[60]) und kann dann auch plötzlich ausbleiben, nicht zuletzt dann, wenn der Erfolgreiche gar nicht recht versteht, was zu seinem Erfolg führt. Aus der Tatsache, dass ein Einzelner Erfolg hat, lässt sich nur schliessen, dass er *jetzt* faktisch Erfolg hat (so wie es jetzt zum Beispiel faktisch regnen mag). Darüber hinaus lässt sich nichts sagen, weil zu einem Erfolg ja so viele zufällige Umstände beitragen – die der Fall sein können oder nicht –, dass sein Erfolg nicht anders als die Summe seines Tuns auf der einen Seite und zufällig zusammentreffender Gegebenheiten auf der anderen Seite aufgefasst werden kann.[61]

Was einem Einzelnen als «Erfolg» erscheint, fällt ihm dann ja allenfalls, weil etwa ein Marktgeschehen von vielen Zufällen abhängig ist, mehr in die Hände, als dass er diesen ganz bestimmen könnte. Wenn das aber der Fall ist, stellt das Ergebnis seiner Bemühungen nicht das sichere Ergebnis eines verantworteten Tuns, sondern etwas ihm Zufallendes dar. Der Erfolgreiche mag sich dann in seinem Erfolg sonnen oder sich diesen zu Unrecht ganz zurechnen – was er sich zur Leitlinie seines emanzipierten Daseins nimmt, bleibt dann aber wieder im Bereich des rein Faktischen stecken. Und er selbst hat dabei nicht eine Form von Persönlichkeit gewonnen, weil er sich dabei nicht eine Vorstellung oder Handlungsweise zu eigen gemacht hätte (und dann eine Persönlichkeit wäre, welche die und die Ziele verfolgte), sondern er bleibt ein Geschöpf äusserer Umstände.

Eine andere Form, auf verfehlte Weise angebliche Gewissheit zu erringen, besteht darin, sich gewissermassen in den sicheren Hafen des absoluten Egoismus oder dann des absoluten Altruismus zu werfen. Der Einzelne mag seinen Aufbruch aus Gegebenheiten, die ihn vereinnahmen, so gestalten, dass er sein Heil nun allein darin sieht, sich nach dem auszurichten, was allein ihm als gerechtfertigt erscheint. Und diese Position mag er dann noch so verzuckern, dass er behauptet, genauso sei auch die «Natur» ausgerichtet – auch in ihr zähle einfach das egoistische «Überlebenwollen» des Einzelnen. Oder er mag, auf der anderen extremen Seite des Spektrums, geltend machen, das «Ich» zähle nichts – absoluter Ausrichtungspunkt müssten die anderen und vor allem das Mitleid mit ihnen sein.

Solche Sehweisen erweisen sich freilich schnell als schwach, wenn nicht sogar als selbstwidersprüchlich. Zunächst ist der Bezug auf die «Natur» im ersten Fall selbstverständlich nicht haltbar. Zum einen handelt es sich dabei um einen naturalistischen Fehlschluss: Aus der Tatsache, dass etwas (angeblich) in der «Natur» der Fall ist, folgt nicht, dass der Mensch es übernehmen muss – ein solcher Schluss müsste ja die Zusatzprämisse begründen können, dass der Mensch das vollziehen müsste, was die «Natur» vorlebt; und wenn dieser Beweis erbracht wäre (wie sollte er zu führen sein?), würde mit einer solchen zwangsweisen Überantwortung an angeblich *an sich* Geltendes ja wieder die Möglichkeit von Autonomie verunmöglicht. Und zum anderen könnte ein Bezug auf die «Natur», wie immer er dann gestaltet wäre, nur dann sinnvoll sein, wenn man die «Natur» als Ganzes erfassen könnte; aber das ist ja nicht der Fall (zum Beispiel geht es in ihr ja auch nicht nur um das Überleben …). Und auf der anderen Seite die Forderung aufzustellen, dass allein die anderen oder deren Leiden als Bezugspunkt zählen dürften, führt in einen ähnlichen Widerspruch hinein: Wenn kein «Ich» zählen soll, kann auch das «Ich» der anderen nicht zählen (es macht keinen Unterschied, dass sie in der Mehrzahl sind); und zudem gilt: Wenn kein «Ich» mehr sein soll, das sich entscheidet oder handelt, ist auch der Emanzipationsprozess als Ganzes zum Ende gekommen. Es kann sich dann kein Mensch mehr seines Verstandes bedienen, weil er (angeblich) überhaupt kein Recht mehr dazu hat. Es gibt dann keine Autonomie mehr, weil es überhaupt keine Subjekte mehr gibt, die mit ihrem Leben etwas anfangen dürfen.

Wiederum lässt sich sagen, dass solche Vorstellungen der Herausforderung der Fragestellung ausweichen bzw. umgekehrt den verfehlten Eindruck erwecken, dass feste Antworten auf sie möglich seien. Im einen wie im anderen Fall weichen solche Forderungen der Aufgabe aus, auf den ersten Schritt des Autonomieprozesses *einen verantworteten zweiten Schritt* folgen zu lassen. Beide suchen ihr Heil in Positionen, die (scheinbar) sicher sind, weil sie je auf ihre Weise nicht kritisierbar erscheinen. Das scheint für Menschen, die sich ihnen ergeben, ein Beweis für ihre Richtigkeit oder ihre Berechtigung darzustellen. Freilich ist das Gegenteil der Fall. Fragwürdig muss dabei unter anderem wiederum ihre Absolutheit sein, weil diese zu einem Abschluss so führt, dass keine weitere Autonomie und keine weiteren Zugänge anderer Menschen zu Autonomie möglich erscheinen. Im ersten Fall, im Fall des absolut gesetzten Egoismus, schliesst sich das «Ich» in sich selbst ein, so dass nie mehr Wirklichkeit werden kann als das, was in ihm beschlossen ist. Der Einzelne kann in seinem Rahmen sich seines Verstandes nicht bedienen, weil dieser bloss Gegenstände, die mit dem jeweiligen Ich gegeben sind, anschauen kann – die Vielfalt des sein «Ich» Umgebenden kann er aber dann nie erschliessen, und seine (scheinbar) erworbene Autonomie erschöpft sich darin, die Gefängniszelle seines «Ichs» zu ergründen. Im anderen Fall löst sich das «Ich» so auf, dass es gar nichts gewinnen kann, weil es dieses eigentlich gar nicht mehr gibt – und damit auch kein «Ich», das sich verantwortlich zu dem einstellen könnte, was es anderen Menschen zuliebe tun will.

Gesucht ist aber etwas anderes: eine wie immer geartete (aristotelische) Mitte zwischen den beschriebenen Extremen, die vom je Einzelnen *verantwortet* werden muss[62] – weil es ja mit dem Gewinnen der Autonomie keinen allgemeinen Massstab mehr geben kann, dem sich alle Individuen unterstellen müssten. Es soll mit anderen Worten eine Persönlichkeit in Erscheinung treten, die so und so ist, so und so wertet und sich so und so in der menschlichen Gemeinschaft positioniert, dass Austausch immer weiter möglich ist; sodass sie einerseits nicht ohne Autonomie in sich verschlossen bleibt oder sich andererseits nicht ganz aufgibt. Es bleibt also die Frage, wie so etwas möglich sein könne: dass sich ein Einzelner zwar von vereinnahmenden Mustern emanzipieren könne, sich dann aber nach etwas ausrichten kann, in dem auf der einen Seite eine Art von Freiheit Gestalt annimmt, und sich zudem das, was er finden mag, nicht einfach in *Willkür* (oder Bedeutungslosigkeit) erschöpft, sondern gegenüber anderen vertreten werden kann. Dazu gehört, dass sie sich nicht in verabsolutierten Endpunkten des Spektrums (die dann nicht angegriffen werden können) verbarrikadiert, sondern immer eine *so und so bestimmte* Persönlichkeit darstellt. Als solche wird sie dann, wenn man so will, angreifbar sein, aber das ist eben das Charakteristikum einer freien Persönlichkeit in einem Raum der Freiheit und der Autonomie: dass sie die und die Person ist, *ohne unangreifbare Verankerung in etwas ewig Richtigem.*

Mit anderen Worten: Autonomie *soll* sein, aber so, dass sie nicht einfach in Willkür oder Schrankenlosigkeit mündet, sondern so, dass der autonome Einzelne je in dem, was er zu seinem Massstab macht, als verantwortlich Entscheidender in Erscheinung tritt.[63]

II. Scheinlösungen

1. Autonomie als Selbstverpflichtung

Der banale moderne Anspruch auf «Autonomie» auf der einen Seite und Kants Aufforderung, sich seines Verstandes zu bedienen, auf der anderen Seite reden im Grunde immer noch so von Autonomie, als ob es sich dabei um etwas handle, was neben anderem wünschbar sei; als ein Ziel also, das zu den anderen Zielen des Menschen gewissermassen hinzutreten könnte oder müsste. (Er mag sich eine gute berufliche Position erwerben müssen, einen Partner oder eine Partnerin, Kinder, ein Haus – und wenn das erreicht ist, kann er gewissermassen noch versuchen, autonom zu werden.) Der moderne Anspruch nimmt dabei schnell den Charakter einer konsumgesteuerten Forderung an die Aussenwelt an. Diese soll ihm gefälligst die Möglichkeit, seinen Weg zu gehen, gewähren – für den Fall, dass sie das nicht tut, erhebt er eine (unterdessen wortreiche) Klage. Kant auf der anderen Seite beschreibt den Weg dazu, sich mittels seines eigenen Verstandes von vereinnahmenden Instanzen abzuwenden, als eine Aufgabe, die ein Mensch auf sich nehmen müsste, wenn er sich seines Menschseins ganz als würdig erweisen möchte. Er erklärt indessen den Mut, sich seines Verstandes zu bedienen, nicht als Voraussetzung für das Glücken des Lebens eines Menschen an sich.[64]

Ein ganz anderes Gewicht auf die Bedeutung von Autonomie legt nun aber ein Philosoph wie Søren Kierkegaard (oder später etwa Jean-Paul Sartre). Im Rahmen seiner Persönlichkeitstheorie stellt der Weg des Einzelnen zu Autonomie nicht *einen* Aspekt seines Lebens unter anderen, sondern den entscheidenden und ausschlaggebenden dar, und im Zentrum der Betrachtung liegt nun der einzelne Mensch, nicht eine wie immer geartete richtige Einrichtung der Welt und der Gesellschaft. Der Mensch kann Kierkegaard gemäss *nur dann* ein wertvolles Leben und eine Persönlichkeit werden, wenn er seinen eigenen Weg geht; wenn er sich, wie es auch heisst, für sich ent-

scheidet bzw. *sich selbst* wählt. Sich selbst zu wählen und sich als der, der er ist, anzunehmen ist nun seine eigentliche Pflicht als Mensch. (Die Gesellschaft als Ganzes fällt ausser Betracht.) Wenn er dieser Aufgabe ausweicht, wird er sich gegenüber einer Aufgabe verfehlen, die gewissermassen mit ihm geboren ist.

Die Frage ist also nicht mehr, ob er es allenfalls wagt, sich seines Verstandes zu bedienen oder nicht, oder ob er sich mit seinen Forderungen nach Freiheit durchsetzen kann, sondern es gilt, dass er Autonomie gewinnen *muss;* in dem Sinn, dass er sich von falschen, trügerischen oder gar verführerischen Möglichkeiten, sein Leben zu gestalten, befreien und sein Leben daraufhin einrichten *muss,* dass er in ihm ganz als der, der er ist, erscheint.

Es kann hier natürlich nicht darum gehen, den verschlungenen Denkweg Kierkegaards in all seinen faszinierenden Facetten und in seiner grossartigen Reichhaltigkeit der Thematiken nachzuzeichnen.[65] Herauslösen aus seinen Grundannahmen muss man für die hier im Mittelpunkt stehenden Fragen vor allem zwei Gesichtspunkte. Erstens geht aus dem, was er geltend macht, hervor, dass es für ein glückendes und wertvolles Dasein *entscheidend* ist, seinen eigenen Weg zu gehen – er legt also ein vorher wohl kaum bekanntes Gewicht darauf, dass der Einzelne nicht nur etwa Verantwortung gegenüber äusseren (etwa sozialen) Forderungen übernimmt (wie das eine herkömmliche Moral auszeichnet), sondern auch gegenüber sich selbst und dem, was in ihm beschlossen sein mag. Und es ist nun *diese* Forderung, der er zweitens *radikal* genügen muss. Sonst droht ihm, mit den Worten Kierkegaards gesagt, *Verzweiflung.*[66]

Die Vorstellung der Verantwortung dafür, sich selbst zu wählen, unterscheidet sich dabei natürlich auch von der konsumorientierten Suche nach Befreiung, welche die moderne banale Vorstellung von Autonomie auszeichnet. Es geht bei ihr nicht um eine anklägerische Forderung gegen aussen, sondern um eine Selbstverpflichtung, der der je Einzelne folgen muss. Die Aufforderung, sich selbst zu wählen, geht nun aber gleichzeitig auch von der starken Voraussetzung aus, dass es im je Einzelnen eine Form von Zentrum oder Selbst gebe, die je fest schon vorliegt und der Entdeckung oder Entschleierung harrt.[67] Wenn man behauptet, dass man unter allerlei Bedingungen oder dann Ausflüchten dieses Selbst verfehlen kann, behauptet man unausgesprochen ja umgekehrt, dass es einen solchen festen Massstab gebe (der zudem gefunden werden könne) – anders hätte die Forderung keinen Sinn.

Und wenn das nun der Fall ist, muss es ausserdem auch *möglich* sein, dieses seinem faktischen Leben vorausgehende Selbst irgendwie zu gewinnen – wenn das nicht zuträfe, würde der Einzelne in den Irrgarten einer Suche nach etwas geschickt, das er am Ende nicht finden könnte; und dann hätte die radikale Forderung, etwas zu finden, was man gar nicht finden kann, einen völlig absurden Aspekt.

Im Sinne eines Einschubs muss hier betont werden, dass Kierkegaard (wie Kant) unterstellt, dass der Einzelne den Weg, der ihm vorgezeichnet ist, aus «moralischen» Gründen nicht gehen will. Kierkegaard macht wortreich und zuweilen auch ausgesprochen satirisch darauf aufmerksam, wie lächerlich und unwahr Bemühungen von je Einzelnen erscheinen mögen, sich selbst auszuweichen; und in der Figur des Ästhetikers, dessen Weltsicht den ersten Teil seines Werkes *Entweder – Oder* bestimmt,[68] gelingt ihm bekanntlich eine eingehende Schilderung eines Typs, der zwar witzig und scharfsinnig Schwächen der Welt erkennt, blosslegt und ausnützt – und eine grossartige Einfühlung in seinesgleichen wie etwa den mozartschen Don Giovanni zeigt –, mit seiner Weigerung, sich zu *entscheiden* und irgendeine Form von bindender *Wahl* zu treffen, aber einer Lebensaufgabe, die sich ihm stellen würde, nach Kräften ausweicht (oder dann, wie man modern ausgedrückt sagen könnte, eine solche Weigerung rationalisiert).

(Schon an dieser Stelle mag deutlich werden, dass Kierkegaard mehr im Auge hat als Autonomie allein im Sinne eines Anspruchs auf die Befreiung des Einzelnen aus ihn vereinnahmenden allgemeinen Vorstellungen. Indem er geltend macht, dass sich der Mensch gleichzeitig, sich «wählend», an etwas binden müsse, macht er deutlich, dass Autonomie nicht irgendwie in Freiheit *allein* bestehen könne. Stattdessen fordert er gleichzeitig, dass der Wunsch nach Autonomie in den Anschluss an etwas wie immer geartetes Bestimmtes und auf seine Weise Richtiges münden müsse.)

Nicht zuletzt deswegen, weil Kierkegaard Menschen oder Menschentypen, die einer *Selbstwahl* ausweichen, so abschätzig darstellt, gelingt es ihm zu unterstellen, dass ihre Weigerung, sich selbst anzunehmen, allein auf individuelle moralische Mängel oder Formen von Feigheit zurückzuführen sei. Das braucht aber, wie oben dargelegt worden ist, überhaupt nicht der Fall zu sein: Es gibt neben mangelndem Mut zur Radikalität einer Loslösung aus der Welt und eines Aufbruchs zu sich selbst eine ganze Reihe anderer Motive dafür, sich nicht in einem kierkegaardschen Sinne für sich selbst zu *entschei-*

den: ein mangelndes Gefühl dafür, dass das wichtig sei; die Furcht davor, Konventionen hinter sich zu lassen und dann in einen Bereich vorzustossen, der bedrohlich ist; und endlich die Angst vor einer sich möglicherweise öffnenden völligen Leere und Bezugslosigkeit.[69] Oder dann kann man natürlich ganz bezweifeln, dass es ein solches «Selbst» überhaupt gebe.

Zu akzeptieren, dass sich nicht für sein Selbst zu entscheiden ein Mangel sei, liegt deswegen für den Leser Kierkegaards – erst recht für einen, der recht «tief» denken und wirken will – auf der Hand, weil das christliche (und konservative) Paradigma, in dem Kierkegaards Denken einerseits wurzelt und in das seine Ergebnisse dann andererseits fallen, immer ganz direkt unterstellt, dass Verfehlungen Verfehlungen eines Menschen darstellten, der sich irgendwie nicht richtig zu seinem Leben einstelle, ein Egoist sei oder sich durch Bequemlichkeit und Mutlosigkeit auszeichne.[70]

Auf diese Weise fügt sich die kierkegaardsche Forderung so gut in ein (christliches) Paradigma ein, dass gar nicht auf der Stelle offenbar wird, wie wenig *ermächtigend* ist, was sie geltend macht. Sie scheint zwar den Einzelnen aufzuwerten, indem sie seiner Selbstwahl und dem Entschluss dazu, seinen Weg zu gehen, die entscheidende Bedeutung zuspricht. Insofern als sie dann aber nicht klarmachen kann, wie eine solche Selbstwahl Erfolg haben könnte, stürzt sie den Einzelnen anschliessend erst recht ins Elend. Den einzelnen Menschen wertet sie auf der einen Seite in bisher kaum bekanntem Masse auf, indem sie ihn dazu auffordert, im Rahmen einer radikalen Selbstwahl ganz er selbst zu werden (und damit die Würde eines Menschen zu gewinnen, der einen solchen Weg gegangen ist) – wenn aber gar nicht klar ist, was der Inhalt einer solchen Forderung ist bzw. diese einem voluntaristischen Gott, der Forderungen jenseits von (einsehbaren) ethischen Vorstellungen erhebt, überantwortet, macht sie den Einzelnen klein und ohnmächtig. So bedeutet, sich selbst zu wählen, am Ende, sich einem Prozess auszuliefern, der gar nicht von einem selbst bestimmt werden kann.[71]

Pauschal gesagt wertet sie den Einzelnen und die ja der Möglichkeit nach grundsätzlich verlockende und jedem Menschen gewiss potentiell wichtig erscheinende Vorstellung einer Suche nach seinem wahren Selbst auf – deutet dann aber gleich wieder an, dass er eine solche Suche nicht selbst zu einem Ende führen kann, weil sie dann nur entweder in einer langweiligen unindividuellen «ethischen» Position enden[72] oder gar in die Auslieferung an eine ganz und gar voluntaristisch auftretende göttliche Instanz münden muss.

Das bedeutet aber: Der grossartige Aufbruch, der darin besteht, dass man den Einzelnen auf den Weg schickt, sich aus vereinnahmenden Beziehungen zu befreien, wird am Ende paradoxerweise gleich wieder zunichtegemacht. Am Ende steht ein solcher Einzelner ja noch verlorener da als zu Beginn seines Aufbruchs.[73]

Unter dem Gesichtspunkt, der hier im Vordergrund steht, mag man die Position Kierkegaards auf zweifache Weise aufnehmen. Gewiss bedeutend ist an ihr – wie man zunächst in aller Deutlichkeit sagen muss –, dass sie zunächst einmal den Gesichtspunkt der *Wahl* bzw. die Versuchung, *Wahlen* auszuweichen, in den Vordergrund ihres Argumentierens stellt und in diesem Zusammenhang die kategorische Forderung stellt, das *Wählen* zu wählen, damit eine Form von Persönlichkeit entstehen könne.[74] (Darauf wird man zurückkommen müssen.[75])

Was den weiteren Weg der Argumentation betrifft, so mag man Kierkegaards Aufforderung dann freilich als Versuch sehen, die Öffnung, die mit der Selbstermächtigung des Einzelnen einhergeht, schnell erneut zu schliessen; insofern als sie auf der einen Seite behauptet, es gebe ein einer solchen Ermächtigung vorausgehendes Selbst, das bestimme, was der Fall sein muss und was nicht; auf der anderen Seite dann aber die Suche nach einem solchen Selbst in einem «Sprung» in den Schoss eines voluntaristischen Gottes enden lässt, der, ohne dass man Einsicht in dessen Forderungen gewinnen könnte, (angeblich) Klarheit auf seine Weise schafft.[76]

(Freilich ist die Argumentation, dass man, weil man sein wahres Selbst nicht allein finden könne, sich mittels eines «Sprungs» in das, was ein voluntaristischer Gott für einen bereitgestellt habe, fügen müsse, übereilt. Aus der Tatsache, dass der Einzelne, der sich selbst wählen soll, nicht aus eigener Kraft finden kann, was er sucht, weil die Überantwortung an eine herkömmliche «Ethik» in ihrer Allgemeinheit dazu nicht ausreicht – und Gefolgschaft allein irgendwie nicht bedeutend und «persönlich» genug erscheint –, folgt nicht, dass er das, was in ihm «gemeint» zu sein scheint, nur finden kann, wenn er sich einem Gott überantwortet. Vielmehr müsste man ganz nüchtern sagen: Man weiss einfach nichts Gewisses darüber. Man weiss einfach nichts darüber: Es mag ein solches bestimmtes Selbst geben oder dann halt nur eine Sehnsucht nach einem solchen. Auch die empirische Wissenschaft kann sich ja nur auf den *Weg* zu sicherem Wissen machen – gewinnen kann sie dann immer nur Wissen auf Zusehen hin. Sie macht unter diesen Umständen ja nicht einen «Sprung» in den Glauben, sondern bemüht sich immer weiter, nach und nach immer weiteres Wissen zu erwerben. Zu Aussagen über das, was man nicht weiss oder allenfalls noch nicht weiss, ist man einfach nicht berechtigt. Oder dann besteht das, was man sucht oder sich ersehnt, gar nicht: Das ist ja auch möglich. Ersehntes «gibt» es nicht einfach deswegen, weil man es ersehnt. Mit anderen Worten: die Vorstellung, dass einerseits ein «Sprung» nötig sei, damit man sich selbst gewinne, wie auch die Vorstellung andererseits, dass irgendwo ein so angeblich gewinnbares Selbst bestehe, basiert auf Annahmen und Hoffnungen, nicht auf Gewissheit.)

Oder man mag Kierkegaards Ausführungen als einen Lösungsversuch auffassen, der auf die zur Debatte stehende Frage, wie aus Selbstermächtigung etwas entstehen könne, das trotz seiner Nichtbegründbarkeit doch irgendwie Berechtigung hätte, auf unredliche Weise antwortet. So gesehen stellt Kierkegaard die Frage, die sich ein modernes Individuum stellen muss, richtig, vernebelt dann aber, was eine solche Frage beinhaltet, mit an sich gewiss ernst gemeinten – und «tief» erscheinenden –, aber wenig hilfreichen philosophisch-religiösen Denkfiguren, die im Grunde nur wieder in das bekannte (religiöse) Paradigma einmünden, dass der Einzelne am Ende doch nicht über sich verfügen könne, weil es ihm unmöglich sei, Gewissheit für seine Ziele zu erreichen.[77]

Die Tatsache, umgekehrt dargestellt, dass der je Einzelne aus sich heraus keine Gewissheit entwickeln kann, bildet die Grundlage dafür, dass im Rahmen des kierkegaardschen Denkens sein Bestreben (scheinbar) entwertet werden muss. *Ohne dass das explizit zur Sprache gebracht würde, wird dabei unterstellt, dass nichts Wert habe, was nicht Gewissheit für sich in Anspruch nehmen könne.* Damit reihen sich Kierkegaards Überlegungen in eine lange Reihe ähnlicher philosophischer Bemühungen ein – das macht sie freilich nicht richtiger; und auch nur ein kurzer Blick auf den Argumentationsweg der empirischen Wissenschaft (welche nach einer gewissen Terminologie die *materielle* vorgefundene Welt zu erkennen versucht[78]) könnte zeigen, dass sich selbst die Naturwissenschaften damit begnügen müssen, Richtigkeit auf Zusehen hin produzieren zu können. Wie sollte eine wie immer geartete absolut gültige Selbstvergewisserung des Menschen – so gross die Sehnsucht danach auch sein mag – möglich sein?

Anfügen muss man solchen allgemeinen Ausführungen, dass Kierkegaard bei genauer Betrachtung (vielleicht eher erahnend als genau herausarbeitend) mit seiner – zunächst immer aufrütteln wollenden – Argumentation in Wirklichkeit *zwei* Ziele verfolgt. Auf der einen Seite will er den Einzelnen zu einer Lebensform führen, die wertvoller ist als die, in der er sich als Mensch befindet, der sich nicht selbst wählt. Das muss überzeugend sein und ist tatsächlich der Fall, wenn es ihm gelingt, die Forderung, diesen Weg zu gehen, als absolut geboten erscheinen zu lassen. Kierkegaard erreicht dieses Ziel vor allem damit, dass er seinen Lesern und Leserinnen vor Augen führt, wie abstossend ein Leben ist, das der Selbstwahl bzw. überhaupt dem Wählen ausweicht; nicht eigentlich, indem er tatsächlich geltend machte, wie schön und reich und wahr das Leben eines Menschen ist, der sich dem Ausweichen vor der Selbstwahl entzogen hat. Bezeichnenderweise ist der «Ethiker» im zweiten Teil von *Entweder – Oder* mehr ein pfarrerhafter Langweiler als eine Figur, die einem schlagend vorführen könnte, wie erfüllend ein ethisches Leben sei – während der «Ästhetiker» des ersten Teils zwar immer wieder in seinem Denken und Handeln widerwärtig erscheint, sich dabei aber immer als in mehr als einer Hinsicht reich erweist. Wie Kierkegaard selbst erspürt hat, fehlt dem «Ethiker» gerade das, worum es ihm zu tun ist: das wirklich persönliche Element. Ein solches gewinnt der kierkegaardsche Selbstsucher nun auf der anderen Seite, indem er sich in einem Sprung über die Allgemeinheit «ethischer» Positionen hinwegsetzt und sich, wie zum Beispiel Abraham, einer nicht auf der Basis allgemeiner Ethik lösbaren Herausforderung stellt und ein *bestimmtes* Verhalten wählt. Dass er sich dabei nicht verfehlt, obwohl er sich doch auf ethisch unsinnige Weise verhält, ist damit gesichert, dass er sich mit seinem «Sprung» in Gottes Bestimmung einfügt. Nun ist es also Gott, der den Gehalt seines Wählens garantiert. Damit sind zwei Dinge gewonnen: Erstens führt sein Wählen in ein Gutes hinein, und zweitens kann es *nicht anders* sein, als es ist, ist also gewissermassen absolut gerechtfertigt, auch wenn es persönlich ist (und so zum Beispiel gegen die allgemeine Ethik verstösst).[79] Er gewinnt seine Autonomie also in zwei Schritten: Mit einem ersten Schritt löst er sich aus herkömmlichen Mustern; und mit einem zweiten Schritt gewinnt er dann im Schosse Gottes die Rechtfertigung für ein bestimmtes Sosein.

In solchen Überlegungen nimmt – nicht ganz zu Ende geführt – Gestalt an, was mit der Suche nach Autonomie auf dem Spiel steht und wie widersprüchlich am Ende ist, worauf diese Suche abzielt. Auf der einen Seite will sich der Einzelne von Allgemeinheiten, in denen er nicht persönlich, wie man sagen könnte, «vorkommt», befreien (oder fühlt sich in ihnen unbehaglich); und er will in einem solchen Bemühen anerkannt sein, d. h. also als dazu berechtigt erscheinen, seinen eigenen Weg einzuschlagen. Auf der anderen Seite kann die Suche nach Autonomie erst darin zu einem wirklichen Ende kommen, dass in ihr ein wie immer geartetes «Persönliches» zu Tage treten würde. Als «Persönliches» ist es aber einzigartig; und als Einzigartiges wieder kann es nicht allgemein gerechtfertigt werden. Bei Kierkegaard ist es Gott, der die persönliche Wahl als richtig garantiert – in einem modernen Kontext aber, in dem die Berufung auf einen Gott als Rechtfertigung nicht mehr genügt oder, mangels Glaubens an einen solchen, nicht mehr hergestellt werden kann, führt eine persönliche Wahl aber in einen Zustand hinein, der sich nicht rechtfertigen kann.[80]

So zielt die Suche nach Autonomie also, wie man mit Kierkegaard erkennt, eigentlich auf zwei ganz verschiedene und vielleicht gar nicht miteinander vereinbare Ziele ab. Einerseits soll Autonomie die Sehnsucht erfüllen, seinen eigenen Weg gehen zu dürfen; andererseits soll die Forderung nach Autonomie die anderen dazu zwingen, eine wie immer geartete eigene Wahl trotz ihrer Eigenheit anzuerkennen. Der Einzelne, der autonom werden will, möchte eine Form von Gewissheit dafür entwickeln, dass er erstens ein *Recht* darauf habe, er selbst zu sein, und zweitens gleichzeitig mit *Recht* genau so zu sein, wie er sich wählt.

2. Institutionalisiertes Ungenügen

In Kierkegaards Gedanken nimmt nun eine neue Weise, der Fragestellung zu begegnen, welche den modernen Menschen antreibt, Gestalt an; und zwar in zweifacher Weise. Kant propagiert den Gebrauch des Verstandes: Er macht so, indem er vor allem den Gedanken der Loslösung aus hergebrachten Fehlformen von Vorstellungen in den Vordergrund stellt, geltend, dass sich der

Mensch aus diesen befreien könne und, wenn die Aufklärung einmal ganz durchgeführt sei, das auch vollumfänglich erreichen werde; und er bahnt mit dem Hinweis auf die Kraft des menschlichen Verstandes gleichzeitig eine optimistische Aussicht an. Kierkegaard dagegen fordert einerseits den Menschen ohne Einschränkung dazu auf, sich aus dem Gefangensein in herkömmlichen Vorstellungen zu befreien und ganz (und ohne Rücksicht auf die Folgen eines solchen Schrittes) sich selbst zu wählen. Was dann aber andererseits die Aussichten betrifft, die damit verbunden sind, so führt sein Denken im Grunde entweder in langweilige Vorstellungen von Ethik oder dann, im Gefolge einer weiteren Radikalisierung des Denkens, in Ungewissheiten aller Art und am Ende in die Einsicht hinein, dass der sich selbst wählende Mensch am Ende gar nicht eigentlich Herr seiner selbst sein werde, weil er sich auf der Suche nach sich selbst einer über ihm stehenden Macht überantworten muss. Kierkegaards Überlegungen und Forderungen nehmen damit also das, was sie mit der einen Hand austeilen, mit der anderen Hand gleich wieder weg, und sie enden so nicht in Emanzipation – wie sie versprechen –, sondern in einer seltsamen Form von Unterwerfung. Die Forderung, sich aus herkömmlichen Vorstellungen oder einfach herkömmlichen Banalitäten befreiend, sich selbst zu wählen, scheint in eine bisher ungeahnte Form von Aufbruch und zu sinnvollen Zielen zu führen: Die Einlösung eines solchen Aufbruchs endet dann aber in wenig hoffnungsvollen Forderungen nach einer irgendwie höheren Form der Unterstellung unter etwas, was sich ein Mensch nicht irgendwie verstehend aneignen kann. Der Schritt auf das (angebliche) wahre Selbst zu bricht die Möglichkeit eines ganz neuen Lebens auf; der Vollzug endet dann freilich nicht in etwas Grossem, sondern umgekehrt in einer wie immer gearteten Verkleinerung dessen, der er selbst sein will.

Kierkegaard'sches Denken mag in einem gewissen Rahmen zunächst gut nachvollziehbar sein. So mögen etwa produktive Künstler bzw. ihr Schaffen ähnlich beschrieben werden können. In einem gewissen Sinn, so scheint es, lassen sie im Laufe ihres Schaffensprozesses nach und nach gewissermassen das, was in ihnen keimartig angelegt ist, Gestalt annehmen: Sie mögen sich zum Beispiel in einer ersten Schaffensphase (noch) an Vorbildern ausrichten, dann nach und nach ihre eigene «Sprache» finden bzw. den Mut entwickeln, (dabei auf eigenen wie äusseren Widerstand stossend) auf ihre innere schöpferische Stimme zu hören, und endlich, in «reifen» Werken, ganz eigene Wege gehen (und dann allenfalls beteuern, sie hätten damit ein inneres Grösseres durch sich hindurch sprechen lassen). (Zweitklassige Künstler bleiben, im Rahmen dieser Beschreibungsweise, in vorgefundenen Mustern stecken; sie wählen sich nicht ganz und bleiben so immerzu durchschnittlich.[81]) In gleicher Weise mag man auch den Selbsterziehungsprozess, wie er etwa seit der (deutschen) Klassik Ausdruck findet, auffassen: Im Bestreben, dem Gebot *Werde, der du bist!* zu folgen, mag der Einzelne an sich den Anspruch erheben, das, was in ihm der Möglichkeit nach angelegt ist, nach und nach Wirklichkeit werden zu lassen; indem er sich immer selbst daraufhin überprüft, ob sein Denken und Handeln mit dem übereinstimme, was er *eigentlich* sei. Das mag er als «Erziehungsprozess» auffassen: als Gang einer Erziehung, die daraus resultiert, dass er sich nicht immer besser auf äussere Anforderungen ausrichtet, sondern sich solchen umgekehrt nach und nach zu entziehen wagt und dann, wie es scheint, darein mündet, dass er gewissermassen einem inneren Gebot folge.[82] Am unteren Ende solcher Vorstellungen finden sich dann schnell all jene «Tiefenpsychologien» und schliesslich therapeutischen Wochenendseminare aller Art, welche den Einzelnen auf den Weg in die Selbstsuche schicken; ihm dabei versprechen, er könne sich selbst finden, wenn er ihnen folge, und ihn dann sich in einer sich in einem ewigen Irrgarten abspielenden Endlossuche verlieren lassen.[83]

Dass eine solche Beschreibungsweise indessen fragwürdig ist, liegt auf der Hand. Zwar mag sie sich zur Beschreibung von künstlerischen Entwicklungen *eignen,* etwa in schöngeistigen Biographien – das bedeutet aber nicht, dass sie berechtigt sei. Natürlich mag sich ein Künstler im Laufe seines Schaffensprozesses entwickeln – dass das der Fall ist, braucht aber nicht eine Entwicklung zu sein, die in ihm keimartig beschlossen wäre, sondern sich möglicherweise einfach faktisch nach und nach so einstellt; und als Künstler mag er sich dabei insofern erweisen, als er einen solchen Weg einzuschlagen fähig ist und sich auf der Basis einer ganz besonderen Fähigkeit zu Offenheit immer neu neuen Vorstellungen oder künstlerischen Impulsen und Interessen zuwenden kann (nicht, indem er sich gezielt von älteren Wegen abwendete und sie «überwinden» würde[84]). Und ebenso mag sich ein Mensch nach und nach entwickeln, indem er faktisch auf immer neue Herausforderungen, die ihm sein Leben stellt, mit den Mitteln, die ihn auszeichnen, reagiert; also etwa, indem er offen ist, indem er mutig ist, indem er immer neue Ansichten entwickelt oder neugierig ist (und seine «Persönlichkeit» bestünde dann nicht darin, dass er allmählich ein zum Voraus bestehendes Selbst allmählich Gestalt annehmen liesse, sondern indem er in der beschriebenen Weise offen bliebe und sich immer weitere Bereiche der Welt einverleiben könnte).[85]

Fragwürdig bei solchen Modellen muss natürlich immer die Unterstellung sein, dass es einen Kern der Persönlichkeit gebe; weil sich daraus die Forderung (zu Recht) ableiten liesse, dass es die Aufgabe des Einzelnen sei, diesen Kern in seinem Leben, Denken und Handeln Gestalt annehmen zu lassen. Dass es einen solchen Kern gebe, stellt aber, wie gesagt, eine starke Voraussetzung dar, und vor allem eine, welche die Frage nicht beantworten kann, was nun mit einem Menschen, der sich aus einengenden Vorstellungen zu befreien versuchte, weiter vor sich ginge.

Nur angefügt sei in diesem Zusammenhang, dass bei Gedankengängen, wie sie etwa von Kierkegaard angestellt werden, immer vorausgesetzt wird, dass das, was die einzelnen Individuen dann in sich finden mögen, auch zusammenstimmen würde. Das ist aber natürlich überhaupt nicht gewiss. Es ist ja auch möglich, dass eine Welt, in der alle Menschen sich selbst «wählten» und dabei erfolgreich wären, auseinanderbrechen könnte.[86] Ohne die starke (und ja wohl nicht haltbare) Voraussetzung, dass im Hintergrund eine Instanz die einzelnen «Selbste» so koordiniere, dass sie so zusammenstimmten, dass kein «Selbst», wenn es einem anderen «Selbst» begegnete, in irgendeiner Weise Abstriche an seinen Zielen machen müsste, ist das nicht denkbar. Dann aber stellt sich sofort die Frage, auf welcher Basis man das Auftreten der einzelnen «Selbste» regeln müsste.[87]

3. Der Prozess von Joseph K.

Jedermann weiss, wie ein geordneter Prozess in einem Rechtsstaat idealerweise vor sich geht. Jemand macht sich eines Deliktes schuldig (zum Beispiel mag jemand einen Banküberfall begehen), indem er ein bestehendes Gesetz verletzt; bei begründetem Verdacht wird er angeklagt; ein Gericht bestimmt über seine Schuld oder Nichtschuld; und wenn er für schuldig befunden wird, wird er zu einer für das Delikt vorgesehenen Strafe verurteilt. Und zur Fairness eines solchen Prozesses trägt zusätzlich eine Reihe weiterer Grundsätze bei: Wenn nicht wirklich erwiesen werden kann, dass ein Angeklagter schuldig ist, geht er frei aus. Und ausserdem zeichnet sich das Rechtswesen durch vollständige Transparenz aus. Man kann erstens wissen, was einem für ein bestimmtes Vergehen für eine Strafe droht – man kann also im Wissen darum etwa von einer Tat absehen –, und zweitens gilt der Rechtsgrundsatz *nulla poena sine lege,* man kann also umgekehrt nicht für etwas bestraft werden, wofür es kein Gesetz gibt.[88]

Bei dem Prozess, dem sich, in Franz Kafkas Roman *Der Proceß,* Joseph K. zu unterziehen hat, verhält sich nun freilich alles ganz anders. Joseph K. wird erstens ohne Deklaration einer bestimmten Anklage verhaftet – und dann gleich wieder freigelassen. Er ist nicht arretiert, sondern irgendwie grundsätzlich «verhaftet» – was ja ein Hinweis darauf zu sein scheint, dass eine furchtbare Anklage über ihm hängt. Dann muss er zweitens nicht nur herausfinden, wessen er angeklagt ist – er weiss nur, *dass* er angeklagt ist –, sondern auch das Gericht finden, das sich seines Prozesses annehmen wird. Drittens kennt niemand das Gesetz, das gegen ihn ins Feld geführt wird: Es lauert einfach als «das Gesetz» im Hintergrund und überwacht einen aus seiner Verdeckung heraus; und dazu gehört auch, dass man ihm nicht ausweichen kann, indem man sich konform verhält (wie man das tun könnte, kann einem unter den geschilderten Umständen gar nicht klar sein). Was viertens den Ausgang des Prozesses betrifft, so bringt Joseph K. nur in Erfahrung, dass es Gerüchten gemäss drei Formen davon gebe: zum einen einen Freispruch – dazu komme es aber eigentlich nie –; zum anderen einen vorläufigen Freispruch, der aber gleich wieder aufgehoben werden könne, und zum Dritten endlich die Verschleppung des Prozesses.[89] Das bedeutet fünftens nichts anderes, als dass ihm die Bedrohung durch einen Prozess und die angesichts dessen sich so einstellende Unsicherheit jede weitere Form von Leben rauben: Joseph K. beschäftigt sich immer ausschliesslicher nur noch mit dem angekündigten Prozess.

Ein solcher kafkaesker Prozess zeigt nun eine (im Grunde nicht wirklich überraschende) strukturelle Ähnlichkeit mit den Vorstellungen Kierkegaards zur Selbstwahl; einfach ins Negative gewendet: Zum einen geht es in ihm allein um ein individuelles Geschehen: Ein Mann steht einer Anklage gegenüber, die sich nur gegen ihn, gegen niemand anderen, richtet (andere Menschen kommen eigentlich – als ebenfalls potentiell Angeklagte – gar nicht vor); und die Möglichkeit, sich mit anderen gegen Willkürherrschaft zu verbünden, wird keinen Moment erwogen. Zum Zweiten sieht er sich auf der einen Seite gewissermassen einer absoluten Forderung (und damit im Zusammenhang mit der Aussicht auf die Möglichkeit eines ebenso absoluten Scheiterns) gegenüber – sich im Prozess zu bewähren, wird deswegen zu seinem einzigen Lebensziel. Und auf der anderen Seite ist für ihn nicht einsehbar, was von ihm gefordert ist bzw. wie er der auf seinen Schultern lastenden Anklage ledig werden kann (oder wie es möglich wäre zu erfüllen, was von ihm gefordert ist). Das Ergebnis ist, dass er im Zusammenhang mit einer solchen, wie man das modern ausdrücken würde, durch und durch intransparenten Forderung in den Zustand einer völligen Ohnmacht getrieben wird. (Umgekehrt übt eine Instanz, die einen solchen Prozess verhängt, absolute Macht aus, weil man ihr gegenüber keine auch nur denkbare erfolgreiche Verhaltensweise entwickeln könnte, mittels derer man sich behaupten könnte.)

Zwischen der kierkegaardschen Selbstwahl und dem Prozess, der Joseph K. droht, besteht also eine Reihe von Gemeinsamkeiten. Dabei mag der Prozess bei Kafka zunächst wie eine üble Karikatur der Gedankengänge von Kierkegaard erscheinen – ein solcher (zugegebenermassen unüblicher) Vergleich zeigt freilich nicht nur, *dass* bei genauer Betrachtung solche Gemeinsamkeiten erkennbar sind, sondern auch, worin vielleicht nicht bedachte Schwächen der Vorstellungen Kierkegaards liegen.

Sowohl die kierkegaardsche Verpflichtung zur «Selbstwahl» wie die «Verhaftung» und unklare Anklage von Joseph K. gehen unter Ausschluss aller anderen Menschen vor sich. Im einen wie im anderen Falle handelt es sich um ein Geschehen, in das keine anderen Menschen involviert sind; einerseits darin, dass es in ihrem Rahmen nur um ein Individuum und eine Forderung, die nur es betreffen, geht; andererseits auch darin, dass nicht einmal in Ansätzen davon die Rede ist, dass andere Menschen mässigend, begleitend oder helfend in Erscheinung treten könnten. Was vor sich geht, ist so einzigartig, dass es keine Vorbilder, keine ähnlichen Geschehnisse und keine Erlebnisberichte anderer Menschen gibt, nach denen man sich ausrichten könnte[90] – und dass es nicht möglich zu sein scheint, dass sich andere Menschen irgendwie dazwischenschieben könnten; selbst eigentlich Anwälte nicht. Dazu gehört auch, dass es in beiden Fällen für die betroffenen Individuen keinen Moment des Zweifels daran gibt, dass die Forderungen bzw. Anklagen, denen sie unterworfen werden, zu Recht bestehen (wie etwa alttestamentarische Propheten könnten sie sich ja doch immerhin eine Weile lang dagegen wehren, dass sie aus dem gewöhnlichen Leben gerissen werden). Sich selbst wählen zu müssen auf der einen Seite, aus dem Nichts heraus «verhaftet» werden zu können auf der anderen Seite scheinen je fraglose Berechtigung in sich zu enthalten – sich dagegen zu wehren scheint abwegig zu sein (wie könnte man sich allen Ernstes gegen die Forderung zur Wehr setzen, «sich selbst werden» zu müssen; wie könnte man sich dagegen wehren, grundsätzlich angeklagt zu sein, wenn das doch im Namen eines offenbar waltenden Gesetzes getan wird?).[91]

Zu einer solchen Ergebenheit tritt hinzu, dass sowohl im Falle des kierkegaardschen Einzelnen wie im Falle Joseph K.s die Forderung ein *Doppelgesicht* zeigt. Auf der einen Seite besteht sie in der klaren Forderung, dass man zur Wahl, sein Selbst zu wagen, verpflichtet sei bei Kierkegaard; in Form der Hinnahme des klaren Umstandes, «verhaftet» worden zu sein, bei Joseph K. auf der anderen Seite. Dazu tritt nun aber, dass die klare Forderung im Falle Kierkegaards dann in einen völlig unklaren Inhalt mündet, insofern als ja nicht gewiss ist, wie man diese Forderung erfüllen kann bzw. was genau ihr Inhalt ist. Und im Fall Joseph K.s steht der Tatsache, dass er «verhaftet» ist, gegenüber, dass das Gesetz, vor dem er sich schuldig gemacht zu haben scheint, nicht einmal in Ansätzen einsichtig ist. In beiden Fällen geht also mit der Hinnahme einer klaren Forderung auch die Hinnahme ohne Widerstand von etwas, was über einem steht, einer Art anonymen absoluten Gebots, einher; ohne Untersuchung, ob die erhobene Forderung nicht nur berechtigt, sondern auch unter irgendeinem Gesichtspunkt sinnvoll sei. Allein die Tatsache, *dass* sie gestellt wird, liefert gleichzeitig den (Schein-)Beweis dafür, dass das, was aus ihr folgen mag, zu Recht erfolgt.

Im Sinn eines Exkurses soll dieser Gesichtspunkt noch etwas weiter verfolgt werden. In scheinbar dem Ernst der Fragestellungen nicht angepasster scherzhafter Weise könnte man hier (im Sinn eines Gedankenexperimentes) einwenden, dass etwa Joseph K., statt sich in seinen Prozess zu verbeissen, auch die Flucht ergreifen könnte, etwa nach Südamerika, wo er verschwinden und, wie man sagt, «ein neues Leben» aufbauen könnte; und der Ästhetiker bei Kierkegaard könnte, statt sich in Befürchtungen über ein festgefahrenes Leben zu ergehen, das «Mädchen», auf das er sein Auge geworfen hat, heiraten, statt es zum Glauben, dass er es liebe, zu verführen und dann zu verfolgen, was mit ihm weiter geschehen würde bzw. wie sein weiteres Leben dann aussehen würde. Solche Entwicklungen zur Diskussion zu stellen ist deswegen berechtigt, weil daran etwas Wesentliches in Bezug auf das Verhalten des kierkegaardschen Einzelnen wie von Joseph K. offenbar würde. Das Leben beider ist offenbar von einem unerbittlichen Hintergrund-Essentialismus geprägt, so sehr man aus anderen Gründen auch geltend machen mag, dass mit Kierkegaard eine Bewegung einsetze, die man Existentialismus zu nennen begonnen hat (insofern als seine Philosophie das entscheidende Gewicht auf den Blick des Einzelnen in die Welt hinein statt auf das Ergründen der Welt an sich legt). Dieser Hintergrund-Essentialismus nimmt bei Kierkegaard in der Vorstellung Gestalt an, dass der Einzelne gewissermassen zuerst sein Selbst wählen müsse (ein Gesamtpaket aller Forderungen, die mit jemandes Individualität verbunden sind) – das ist seine eigentliche Aufgabe – und erst dann in sein Leben treten könne (das ist dann ein nachrangiges Ziel). Wäre das Bild des Menschen bei Kierkegaard nicht so sehr von einem solchen Hintergrund-Essentialismus geprägt, mündete das Leben des Einzelnen in ein faktisches Erleben ohne Vorherbestimmung: Er träte dann in sein Leben ein, erlebte faktisch, was ihm begegnete, stellte sich faktisch immer neu zu dem ein, was ihm begegnete, gewänne allenfalls eine bestimmte Haltung, die sich in seinem Erleben und Gestalten seines Lebens äusserte – und wäre immer weiter offen für das Neue, das ihm begegnen könnte. Dabei hätte sein Leben und Erleben immer noch Gehalt und Bedeutung, wie es für Kierkegaards neuartigen Ansatz der Philosophie bezeichnend ist. Sein «Selbst» – wenn man diesen Begriff dann noch sinnvoll verwenden könnte – bestünde dann aber am Ende aus der Summe dieses faktischen Lebens und einer Art Bewährung darin; und die Forderung des *Werde, der du bist!* würde er insofern erfüllen, als er das Leben, das er erlebte, annähme und lebte.[92] Und Joseph K. seinerseits könnte die Frage erheben, ob überhaupt irgendeine Instanz das Recht habe, über ihn zu verfügen (und sein Leben zu bestimmen, bevor er es gelebt und sich allenfalls tatsächlich schuldig gemacht hätte), solange er sich an die geltenden und transparenten Gesetze halte – oder ob eine solche Instanz allenfalls eine gehaltreiche Botschaft an ihn richte, der zu folgen seinem Leben Richtung gäbe. Einer Autorität zu folgen – und handle es sich bei ihr sogar um eine göttliche Autorität – gewinnt ja nicht einfach durch das *Befolgen* allein Gehalt. Man mag sich einer Autorität zwar allenfalls beugen müssen, aber ein solches Beugen hätte dann über das Beugen hinaus keinen Wert (jedenfalls für einen Menschen, dem es darum zu tun ist, sein «Selbst» zu wählen).

Ein Merkmal der Forderung, welche mit radikaler Selbstwahl auf der einen Seite und mit einem Schuldspruch ohne Begründung auf der anderen Seite einhergeht, besteht ja darin, dass sie beide auf den je Einzelnen, in Bezug auf den sie ausgesprochen werden, nicht wirklich bezogen sind; in dem Sinn, dass sie in ihnen gewissermassen als die Personen, die sie sind, vorkämen. (Man darf sich dabei nicht von der Wortwahl Kierkegaards – «Selbstwahl» – täuschen lassen.) Sie haben, in ihrem absoluten Charakter, keinen Bezug zu dem je vorgefundenen Einzelnen, wie sie ja auch keinen einzelnen bestimmten Inhalt haben, sondern eine pauschale Forderung an sich oder eine pauschale Anklage an sich enthalten. So nehmen sie keinen Bezug zu seinem Handeln oder Denken oder zur Ausrichtung seines Lebens bzw. stellen keine Reaktion auf die Art und Weise, wie der Einzelne bis jetzt sein Leben gestaltet hat, dar. (Man könnte also geltend machen, dass solche pauschalen Forderungen ihr Gegenüber, den Menschen, von dem etwas gefordert wird, nicht einmal in Ansätzen *zur Kenntnis* nähmen oder gar nehmen wollten – wenn das nämlich der Fall wäre, hätten Forderungen oder Schuldzuweisungen einen genauen Bezug zu den je einzelnen Verhaltens- und Handlungsweisen. Sie forderten dann die und die Änderung eines Verhaltens: also etwa das Abstehen von Versuchungen, sie forderten, dass jemand endlich den Mut zeige, zur Entfaltung zu bringen, was in ihm angelegt sei, im Falle der Selbstwahl, oder sie würfen, im Falle Joseph K.s, ihm ein bestimmtes schuldhaftes Verhalten vor. Pauschale Forderungen bzw. Anklagen sind so auch Zeugnis einer pauschalen Nicht-Anerkennung des Unterworfenen – er scheint ein Nichts zu sein, wenn die Forderung, die gegen ihn erhoben wird, ganz allgemein bzw. unindividuell ist.[93]) Das wiederum hat zur Folge, dass solche Forderungen oder Verurteilungen nicht zu einer Form von *Ermächtigung* oder wie immer gearteten *Emanzipation* beitragen; sei es, dass sie dem Einzelnen die Gelegenheit gäben, etwas zu begreifen oder zu lernen oder an sich zu verändern oder bestimmter der zu sein, der er zu sein versucht, oder sich dann aus irgendwelchen Verfehlungen herauszuschälen. Eine pauschale Aufforderung zu wählen bzw. sich selbst zu wählen einerseits, die Aussicht darauf, in Bezug auf eine unklare Anschuldigung schuldig gesprochen zu werden, andererseits steht ganz ausserhalb eines wie immer gearteten Eingreifens des Einzelnen in sein Leben: Der Einzelne kann damit gewissermassen nichts «anfangen».

Man kann das, was mit der Forderung, sich selbst zu wählen, wie mit der kafkaesken Anklage vor sich geht, auch so beschreiben, dass sich beides durch eine völlige *Irrationalisierung* auszeichnet; und zwar in zweifacher Weise. Zunächst einmal ist nicht klar, woher eine Instanz überhaupt die Massstäbe nehme, nach denen sie sich einen zu beurteilen oder gar zu verurteilen anmasse, und worin deren angebliche absolute Gültigkeit gründe. Und zum anderen ist die Forderung selbst in beiden Fällen gar nicht einsehbar – worin die Forderung bzw. die Anklage besteht, liegt nicht in einzelnen bestimmten Aussagen und in bestimmten Bezügen zu gezeigten Verhaltensweisen vor, sondern bloss als pauschale Aufforderung bzw. Anklage.[94] Damit ist dem unterworfenen Einzelnen verunmöglicht, sich aus eigener Kraft zu dem einzustellen, was ihm als Forderung gegenübersteht – er wird damit also in eine Form von totaler *Ohnmacht* hineingetrieben. Als Folge davon kann er bloss erwarten und über sich ergehen lassen, was mit ihm geschehen wird, im Falle Joseph K.s; er kann hoffen, in irgendeiner Weise dahin geführt zu werden, dass er «er selbst» werde, paradoxerweise aber als ein völlig Ausgelieferter. Sich «selbst» werden kann er also nur, indem er das tut, was eine Instanz von ihm fordert: Seine Selbstwahl gipfelt dann also, ganz entgegen dem, was eine solche auszeichnen müsste, gerade darin, sich selbst nicht ins Spiel zu bringen (er soll «wählen», er selbst zu sein, er darf aber nicht wählen, *wer* er sein möchte) – er könnte ein Selbst nur darin sein, dass er sich dagegen wehrte, das zu werden, was von ihm gefordert sei, aber das darf er nicht.

Und schliesslich leitet einen der Vergleich der kierkegaardschen Forderung mit dem Prozess von Joseph K. zur Frage, was denn für eine Instanz hinter dem Einzelnen ein Recht dazu habe, zu verfügen oder verlangen, was sie verlangt oder verfügt. Diese Frage stellt sich im Zusammenhang mit dem Prozess von Joseph K. auf der Stelle. Unerachtet der Tatsache, dass hier eine Hintergrundmacht faktisch Anklage erhebt und Joseph K. eine solche Anklage als bedrohlich erlebt, muss man sich doch immer fragen, wer diese anonyme Macht sei, die sich so weitgehende Anordnungen anmasst, und woraus sie das Recht ableitet, das zu tun. Die Tatsache, *dass* sie es tut, kann dabei nicht Rechtfertigung selbst sein – wer auf der Strasse einem Menschen begegnete, der ihn «verhaftete», würde sich auf der Stelle gegen ein solches Verfahren wehren bzw. den, der ihn zu «verhaften» trachtete, dazu auffordern, sich auszuweisen und zu belegen, inwiefern er zu seinem Verhalten berechtigt wäre. Wie man weiss, tut dies Joseph K. nicht – seine «Verhaftung» nimmt er, ohne dass er sich dagegen wehren würde, als in sich selbst gerechtfertigt an. Die Aussage, es sei das «Gesetz» (gewissermassen als personalisierte absolute Macht), das sie fordere, mündet in eine *petitio principii*, wenn man so will. Ein bestehendes «Gesetz» mag, in Form von aus ihm folgenden Anordnungen, Durchsetzung fordern – das «Gesetz» selbst muss aber von einer Instanz, nach Massstäben, erlassen werden; es besteht nicht einfach an sich.

In gleicher Weise kann man sich nun aber auch die Frage stellen, wieso der Einzelne «sich selbst wählen» müsse. Auch hier kann die Forderung nicht selbst ihre Rechtfertigung sein. Es mag einem unmittelbar einleuchten, dass man man selbst sein solle, wenn man ein moderner Mensch ist – aber wieso *soll* das eigentlich der Fall sein; und wer hätte das Recht, von einem Einzelnen zu fordern, dass er eine radikale Selbstwahl vollziehe?[95] Auch in diesem Falle kann die Forderung nicht ihre eigene Begründung sein.

4. Ohnmacht und Macht als Ersatz-Verortungen

Indem sich der Mensch auf der einen Seite seines Verstandes bedienen will und auf der anderen Seite vorgibt, sich radikal selbst zu wählen, wendet er sich von ihn angeblich zu Unrecht bindenden Vorstellungen, Traditionen und Einrichtungen ab. Die Folge der Freiheit, die der Mensch auf diese Weise gewinnt, ist, dass er sich nun einer offenen Welt gegenübersieht – und damit auch einer Welt, die ihm keine festen Leitlinien mehr gibt, sondern ihm die Aufgabe überantwortet, sein Leben, Handeln und Denken irgendwie selbst zu verantworten. *Formale* Ordnungen, wie sie etwa die Mathematik oder die Logik darstellen, lassen ihn sich nicht in Offenheit verlieren – wer sich in ihrem Rahmen seines Verstandes bedient, wird etwas finden, was andere Menschen auch finden, wenn sie sich ebenfalls ihres Verstandes bedienen, weil diese Gegenstände so geartet sind, dass es nur eine Antwort gibt.[96] Das ist aber bei *materiellen* Ordnungen – die sich auf die vorgefundene Welt erstrecken – nicht gegeben. Unter diesen Umständen mag dann ein Gefühl der Verlorenheit aufkommen.[97]

Dabei treffen zwei ganz verschiedene Vorstellungen aufeinander. Keine Frage ist im Allgemeinen, dass sich der moderne Mensch von ihn zu Unrecht bindenden Mächten und Vorstellungen befreien will. *Nicht zugleich befreit hat er sich aber von der Erwartung, dass eine solche Befreiung gewissermassen in neue Sicherheiten und Unbezweifelbarkeiten münde.* Immer noch abgelehnt wird in diesem Zusammenhang also die Einsicht, dass sich mit der Befreiung, die auf der einen Seite statthaben soll, auf der anderen Seite die Hoffnung zerschlagen müsse, dass sie – etwa im Rahmen neuer Formen von Überzeugungen davon, was nun «richtig» sein könnte – in neue Sicherheiten führen könne.[98]

Die Forderung Kierkegaards, dass der Mensch sich selbst wählen müsse, bildet nun im Grunde genommen diese Not ab. Sie fordert einerseits die Befreiung von den Einzelnen um sein Eigenes bringenden Einrichtungen und Denkweisen – darin nimmt sie also die Forderung auf, dass der Mensch seinen eigenen Weg gehen dürfen müsse. Indem sie nun aber mittels des Begriffes «Selbst» unterstellt, dass es ein bestimmtes Etwas gebe, was der Mensch, guten Willen vorausgesetzt, erstens erreichen könne und dann gewiss sein könne, dass dieses «Selbst» gewissermassen *an sich* richtig sei, hebt sie die Möglichkeit auf, dass Befreiung in nicht mehr begründbare Willkür münden könnte.[99]

«Selbste», wie sie ein solches Denken anstrebt, mögen zwar immer noch zufällig sein – dieser Gesichtspunkt ist Kierkegaard keine weitere Überlegung wert –; das Gebot, je sein Selbst zu wählen und dann zu erreichen, scheint aber einen unabänderlichen Charakter zu haben: Mit der nicht zuletzt vom Begriff selbst ausgehenden Suggestion unterstellt es, dass dieses Willkürliche dann in sich selbst fest (und weil es fest sei, auch gewiss) sei. (Und nie wird erwogen, dass das «Selbst», das man wählen müsse, auch in Verfehlung, Unsinn oder Bedeutungslosigkeit führen könne oder einem niemand garantieren könne, dass man mit seiner Suche auf dem rechten Weg sei.)

Mit einer solchen Argumentation mag eine solche Unterstellung die beschriebene Not verdecken – sie kann sie aber nicht auflösen. Indem sie ein «Selbst» in die Diskussion einführt, dessen Existenz zwar behauptet wird, aber nicht erreicht und irgendwie produktiv gemacht werden kann, kann sie am Ende keine Sicherheit namhaft machen.

Wie mittels eines Vergleichs mit Kafka gezeigt worden ist, mündet eine kierkegaardsche Selbstwahl unter diesen Umständen in eine (quälerische) Suche nach etwas, was nicht erkannt werden kann – weil es dieses Selbst in einer aufgebrochenen Welt nicht geben kann bzw. weil es, wenn es es gäbe, nicht ein wirklich individuelles Selbst wäre.

Gewissheit scheint aber die Forderung an sich zu liefern, dass man sich auf die Suche nach einem solchen «Selbst» machen müsse; und – das ist nun der entscheidende Gesichtspunkt – Gewissheit liefert nun auch die *Qual einer solchen Suche.* Joseph K. richtet sein ganzes Leben nur noch auf den Prozess aus, den er angeblich zu bestehen hat. Das mag zwar schmerzlich sein – gleichzeitig gibt es aber paradoxerweise seinem Leben eine bestimmte *Richtung.* Ohne seine «Verhaftung» würde er ein, wie es scheint, belangloses Leben ohne Verortung in etwas irgendwie Wesentlichem führen (er wäre einfach ein bedeutungsloser Angestellter irgendwo in einem Büro oder in einem Ladengeschäft).[100] Nun aber hat sein Leben ein Ziel: sich in einem Gerichtsverfahren reinzuwaschen; und weil die Aussichten auf einen definitiven Freispruch verwehrt sind und höchstens ein vorläufiger Freispruch erreicht werden kann, wird sich diese Ausrichtung auf den Prozess immer weiter hinziehen. Sein restliches Leben mag keinen gewissen Bezug haben; nicht aber seine ihn schliesslich ganz in Beschlag nehmenden Bemühungen, sich mit dem Prozess zu beschäftigen.

In gleicher Weise sind die Bemühungen eines Einzelnen, seine Selbstwahl vorzunehmen, nicht enden wollend, weil ja gar nicht klar ist, was diese umfasst und wie sie vorgenommen werden könnte – Kierkegaard beschreibt ja immer nur, was mit einem Menschen vor sich gehen mag, welcher der «Selbstwahl» ausweicht. Er hat dann immerzu einen Plan vor Augen, der *dereinst* in Sicherheit zu führen scheint. Er hat diese Sicherheit jetzt noch nicht gewonnen, aber er wird sie (angeblich) *dereinst* gewinnen; und so bietet die Suche selbst gewissermassen einen Abglanz von Sicherheit.

Via den Vergleich mit Kafka kann (und muss) man aber noch einen Schritt weitergehen. Man kommt so zur bedrängenden Erkenntnis, dass eine solche Suche, trotz ihrer Unmöglichkeit, dennoch wie ein (freilich pervertierter) Wert erscheint: deswegen, weil sie selbst nun wieder einen Haltepunkt in der weiten Leere, welche Freiheit eröffnet, gibt. Indem man sucht (oder sich, wie bei Kafka, verteidigt), kann man sich auf etwas (scheinbar) Gegebenes beziehen. Und in der in immer weitere Ferne rückenden Aussicht darauf, dass man dereinst einmal sein Ziel erreichen werde, lockt ausserdem die Vorstellung, dass man eines Tages wirklich frei sein könnte. Dieses Ziel rückt aber nicht nur in immer weitere Ferne – es zu erreichen wäre auch schrecklich, weil man damit ja seines Lebenszieles verlustig ginge und dann doch in die Leere der Freiheit fallen würde.

So gelangt man zum bedrückenden Ergebnis, dass eine Ausrichtung, die wegen ihrer Aussichtslosigkeit wie quälend erscheinen kann, auf der Meta-Ebene eine Form von Bestimmtheit und Sicherheit enthält und ebendeswegen – und trotz ihrer Qual – paradoxerweise sogar gesucht werden kann. Im Unterschied zur Freiheit – die man angeblich anstrebt – ist man mit ihr nicht den Möglichkeiten und Unbestimmtheiten nach allen Seiten hin ausgesetzt. Die Suche nach sich selbst wie auch die Suche nach Befreiung von einer unklaren Anklage gibt, solange man sich nur ihr allein widmet, Halt.[101]

Bezeichnend für diese Situation ist ja auch, dass weder bei Kierkegaard noch bei Kafka auch nur ein Wort darüber fällt, was man dereinst, wenn man sein «Selbst» gefunden bzw. sich von der Anklage befreit hätte, mit der gewonnenen Freiheit anstellen würde. Nicht einmal Pläne werden in Bezug auf diese Situation geschmiedet, es werden keine Vorstellungen entwickelt und keine Aussichten genährt. Überspitzt gesagt kann man etwa in Bezug auf Joseph K. sagen, dass sein Leben jeden Ausrichtungspunkt verlöre, wenn er die endgültige Freiheit gewänne – es ist ja im ganzen Text nirgendwo die Rede von irgendwelchen Plänen, auf die sein Leben ausgerichtet wäre.

Verallgemeinert gesagt: In der Opferperspektive, die sich hier anbahnt, ist immer mitenthalten, dass man, indem man sich als Opfer sieht oder gar installiert (so abschätzig das auch tönen mag), einen Bezugspunkt sucht und findet: nämlich den dereinstigen Sieg. Man ist zwar jetzt ohnmächtig, scheint aber zu wissen, wieso man ohnmächtig ist: weil jemand seine Macht missbraucht. Insofern das der Fall ist oder der Fall zu sein scheint, erscheint man sich selbst nicht mehr als ein in die Leere (der Freiheit) geworfenes Individuum ohne Bedeutung, sondern als ein Jemand, der dereinst etwas sein könnte. Wie man weiss, ist die moderne Welt voll von Opferdiskursen – die Ursache dafür mag sein, dass man sich als Opfer paradoxerweise einen Haltepunkt in einer einen überfordernden offenen Welt sucht.[102] Und dann mag man – das tun weder Joseph K. noch kierkegaardsche Selbstsucher – erst noch gefahrlos erphantasieren, was alles an Grossem man anfangen würde, wenn man dereinst kein Opfer mehr wäre: ganz frei von der Mühe des tatsächlichen Beginnens und Handelns (weil man jetzt ja nicht handeln kann) und in einer Welt, die es vielleicht so, wie man sie erphantasiert, nicht gibt oder nicht geben kann, oder ganz der Frage enthoben, genau zu bestimmen, was man dann mit der erworbenen Freiheit anstellen würde.[103]

Bei genauer Betrachtung stellt sich dann aber auch heraus, dass nicht nur Ohnmacht im Rahmen einer bedrückenden Leere der Freiheit einen Bezugspunkt liefert, sondern auch *Macht*. Dabei muss man zunächst zwischen zwei Formen davon, Macht auszuüben, unterscheiden.

Auf der einen Seite steht jene Form der Macht, mittels derer ein Einzelner oder eine Partei oder Institution versucht, ihre Inhalte über andere Inhalte siegen zu lassen. Mit einem solchen Vorgehen beraubt sie die Menschen, die sie unterjocht, ihrer Freiheit bzw. versucht ihnen ihre Sehweise aufzuzwingen. So abstossend es einem erscheinen mag, dass so Menschen um ihre Freiheit gebracht werden, so gewiss kann es auf der anderen Seite sein, dass eine solche Form von Macht über das Machtausüben hinaus immerhin auf ein Ziel ausgerichtet ist. Sie kann natürlich nicht geltend machen, dass nur ihr Gesichtspunkt richtig sei, sodass dann wirklich alle Menschen diesem folgen müssten – und hilft diesem Makel eben mit der Ausübung von Macht ab. Aber sie ist mindestens auf eine Sehweise ausgerichtet. (Oder dann strebt sie, pubertärem Gebaren nicht unähnlich, Macht einfach mit dem Ziel an, sich von der Macht anderer zu befreien.)

Das ist aber dann nicht mehr der Fall, wenn Macht sich auf der anderen Seite darin erschöpft, *nur* Macht zu sein, und allein danach strebt, dass sie über Machtlosigkeit bzw. andere, die sich nicht wehren können, obsiegt. Aus dem Alltag kennt man das von von aussen gesehen sinnlos erscheinenden Machtspielen her, im Rahmen welcher einzelne Personen allein Machtpositionen erwerben können; ohne dass sie die erworbene Macht für einen Zweck einsetzen würden.[104]

Bezogen auf den hier im Vordergrund stehenden Gesichtspunkt: die Leere der Freiheit zu bewältigen, versteht man nun, dass eine solche Form der Macht im Grunde genommen nicht darauf aus ist, Macht zwecks Durchsetzung eines wie immer gearteten Inhalts zu gewinnen, sondern einfach darauf, einen *Bezugspunkt* des Handelns zu gewinnen. Mit seinem Bestreben in eine leere freie Welt hinein mag man sich verlieren; man mag in Bezug auf das, was man unternimmt, keine Gewissheit herstellen können. Indem man aber Macht ausübt, gewinnt man eine solche Gewissheit: Allein das Ausüben von Macht führt in Bestimmtheit hinein. Indem man über jemanden Macht ausübt, kann man zweifelsfrei feststellen, dass man so Ohnmacht erweckt, Menschen bestimmen und Menschen dazu bringen kann, sich einem zu unterwerfen. Dass sie das tun werden, ist dann gewiss. Die Welt der Freiheit ist nach allen Seiten hin offen – Macht dagegen verankert und verortet einen, in der *Wirkung,* die man mit ihr erreicht.[105]

Eine solche Sehweise drängt sich ja auch deswegen auf, weil Macht oft allein gesucht wird, weil sie, machtvoll, direkte Wirkungen erzeugt; nicht um eines Inhalts willen, sondern weil Machtausübung zu einem, wenn man so will, sicheren Ergebnis führt (was dieses dann umfasse, ist eigentlich gleichgültig). Ein bedrückendes Beispiel liefert auch hier Franz Kafka. In der bekannten Geschichte vom Türhüter begegnen wir einem Hüter, der nicht um eines bestimmten Inhalts willen einem einfachen Menschen den Eintritt verwehrt, sondern allein, weil das funktioniert. Er hat selbst kein Ziel. Er gewinnt eine Art von Aufgabe allein dadurch, dass er einen anderen Menschen daran hindert, sein Ziel zu erreichen. Wieso er das tut, wird nicht einsichtig. Auch er gewinnt also eine Art der Verankerung dadurch, dass er gezielt Macht ausübt – man erfährt nicht, was er damit für ein Ziel verfolgt; und man fragt bezeichnenderweise auch nicht danach, weil sich Macht gewissermassen selbst erklärt und sich in ihrem reinen Wollen zu erschöpfen scheint.[106]

Recht besehen ist am Ende Macht ja kaum je wirklich wirksam: Alle «Kriege» von Regierungen etwa gegen den Terrorismus, gegen den Rauschgiftmissbrauch, gegen Ideen, selbst gegen Infektionen mit einem Virus haben keinen endgültigen Erfolg. Was indessen gelingt, ist, konkret bedrohte einzelne Menschen zum Schweigen zu bringen, konkret bedrohte einzelne Menschen in Angst zu versetzen, konkret bedrohte einzelne Menschen im Rahmen von Hierarchien um ihre Freiheit als Einzelmenschen und um die Erfüllung dessen, was in ihnen beschlossen sein mag, zu bringen, am Ende konkret bedrohte einzelne Menschen zu quälen und zu töten.[107] Und es mag gelingen, als Manager das grösste Einkommen zu erzielen, einen Machtkampf an der Spitze zu seinen Gunsten zu beenden oder mit seiner Firma auf dem Weltmarkt «Nummer eins zu werden – solche relationalen Ziele haben aber offensichtlich keinen Wert in sich, sondern erschöpfen sich ebenfalls darin, einen unmittelbaren Gegner im Moment zu bezwingen.[108] Wenn sie das richtig tun, haben sie einen Erfolg darin, dass sie diesen Gegner besiegen. Man kann noch einen Schritt weitergehen: Es gibt eine Form von Macht, die sich allein mit solchen Aufgaben beschäftigt – wenn sie in die Leere der Freiheit hinein versuchte, etwas auf die Beine zu stellen, könnte sie sich verlieren; sie könnte allenfalls nicht einmal bewerten können, was sie erreicht hätte, und immer weiter ein Gegenüber, das sich wie die russische Armee in den napoleonischen Kriegen verstecken könnte, zuerst suchen müssen. Worin bestünde dann aber noch ihre Macht?

Der eigentliche Grund dafür, dass man Machtpositionen erstrebt, dass man sich einer eng eingegrenzten Aufgabe widmen kann, besteht darin, dass man sich eben dadurch, übrigens dem Ohnmächtigen gleich, nicht in der Weite der Freiheit verliert. Auch die Suche nach Ohnmacht auf der einen und nach Macht auf der anderen Seite lässt sich mit anderen Worten, ganz entgegen dem, was man mit diesen Erscheinungen zu verbinden gewohnt ist, als verfehlte Antwort darauf, dass sich der moderne Mensch an Freiheit bewähren muss, sehen. Beides stellt eine Form davon dar, im Rahmen einer Freiheit, die alles öffnen würde, eine scheinbare Form von Gewissheit herzustellen.

III. Angeblich ewig Wahres als Behinderung der Bestrebung zu Autonomie

1. Das Doppelgesicht von «Bildung» – Perfektion, «Reife»

Eine seltsam zweideutige Rolle im Zusammenhang mit der Sehnsucht nach Autonomie spielt das, was man – etwas hochtrabend – «Bildung» nennt. Gerade Bildung scheint, so wie sie an den Einzelnen herangetragen wird, ja wie nichts anderes den Einzelnen über sich hinauszuführen, ihm vor Augen zu führen, dass es jenseits von ihm weitere grosse Dinge gibt, die zu erkennen sich lohnte, und ihn endlich aus der Gefangenschaft in Vorstellungen, Traditionen und angeblich absolut geltenden Denkweisen zu befreien, die ihn so beengen mögen, dass er seinen Wunsch nach Autonomie nicht einlösen kann.[109] Wie grossartig und zugleich optimistisch ermächtigend erscheint unter diesem Gesichtspunkt das, was einer der Begründer der Bildungsidee, Wilhelm von Humboldt, zum Inhalt von Bildung machen will, wenn er sagt: Bildung solle dem Einzelnen die Gelegenheit dazu eröffnen, *so viel Welt als möglich zu ergreifen und so eng, als er nur kann, mit sich zu verbinden*.[110] In einer solchen Formulierung ist genau das enthalten, was dann die Grundlage wirklicher Autonomie bilden mag; die Vorstellung grundsätzlich der Öffnung eines Menschen aus sich heraus und gleichzeitig die Vorstellung einer Öffnung, deren Grenzen man nicht kennt, ja die eigentlich gar nicht von Interesse sind. Und endlich: ein Ausgreifen, das nicht von einem Dritten beschnitten oder gesteuert wird, sondern ein Ergreifen der Welt, das allein am Interesse dessen, der gebildet sein will, ausgerichtet ist. Nicht ein wie immer gearteter Abschluss des Bildungsprozesses steht dann im Mittelpunkt, sondern der Weg des Gebildeten in die Welt hinaus; so weit, wie er nur gehen will.

Unter dem Einfluss der Schule, unter den Händen von Lehrkräften, mit-
gesteuert von den jungen Menschen selbst, verdorben von gesellschaftlichen
Ansprüchen, ausgehend von Personen, die von Bildung nichts verstehen,
und schliesslich geprägt von einer Vorstellung eines ewig Wahren, die sich in
den Bildungsprozess einschleichen mag (und sich oft unversehens in Macht-
vorstellungen verwandelt), wird aus dem, was Humboldt im Auge hat, freilich schnell etwas ganz anderes.[111] Die Idee der Öffnung mag verloren gehen
und durch die Vorstellung ersetzt werden, dass man den Bildungsprozess irgendwie kodifizieren könne; die Idee der Öffnung mag verloren gehen, weil
die Öffnung selbst – als Öffnung – allen beteiligten Akteuren plötzlich bedenklich erscheint; darauf mag sich die Vorstellung von Erziehung aufpfrop-
fen – und am Ende mag der Fall sein, dass nicht nur der Einzelne im Bildungsprozess keinen Zugang zu Autonomie findet, sondern gerade
umgekehrt sich selbst als zunehmend ungenügend erlebt –, und zum Schluss
ist nicht einmal ausgeschlossen, dass der Bildungsprozess sogar einen kafkaesken Charakter annimmt und so nicht nur die Vorstellung von Autonomie
aushöhlt, sondern den Einzelnen gar zerstört.[112]

Damit klar werde, wie es zu einer solchen Umwandlung kommen kann,
muss man etwas weiter ausholen. Man muss Schritt für Schritt nachverfol-
gen, was im Laufe des Bildungsprozesses vor sich geht und wie er am Ende
zuerst auf Abwege geraten und sich dann allenfalls in sein Gegenteil verkeh-
ren kann.

Als Erstes mag man sich – aus der Perspektive derer, die in den Bildungsprozess eingeschleust werden – an strenge oder gar ungerechte oder
ihre Macht missbrauchende Lehrer und Lehrerinnen erinnern, in deren Gewalt man vielleicht gefallen ist. Solche Erfahrungen können, wie man weiss,
eine furchtbare Wirkung haben, insofern als sie zu tief sitzenden Verletzun-
gen führen, die man ein Leben lang mit sich herumträgt, oder dann das Vertrauen in einen selbst und seine Fähigkeiten untergraben, statt dass man sich
als in seiner Weise als je bedeutungsvollen Menschen erfahren könnte. Indessen ist einem dabei oft *bewusst,* was einem widerfahren ist; und solche
Begegnungen kann man dann zu den schrecklichen, aber im Grunde banalen
Fährnissen rechnen, die nun einmal leider zum Gang ins Leben hinein gehören. Man kann sie im Allgemeinen überstehen, wie man andere ungerechte
Behandlungen übersteht.[113] Für die Entwicklung des Anspruchs darauf, sich
auf den Weg zu sich selbst machen zu dürfen, haben sie aber meistens noch

keine Konsequenzen, solange sie zwar ungerecht sein mögen, aber nicht verfälschend wirken; ausser ein Kind würde in ihrem Rahmen so tief erfahren, nicht geachtet zu werden, dass es ganz das Gefühl dafür verlöre, ein Mensch eigenen Wertes zu sein.[114]

Weniger gut erkennbar und deswegen weitaus prägender als das Erlebnis, harten oder ungerechten Beurteilungen von konkreten Personen ausgesetzt oder das Opfer von deren unfairen Nachsetzungen gewesen zu sein, ist etwas, was mit Schule und Ausbildung ganz grundsätzlich verbunden ist, ja verbunden sein *muss*. Mit dem Eintritt in die Schule beginnen sich einem nicht nur Gegenstände des Wissbaren und Erlernbaren zu eröffnen, sondern man tritt gleichzeitig auch in einen *Raum der Massstäbe* ein, und die ganze folgende Ausbildung wird nun immer diesen Charakter haben. Ebendies mag einem selbst nicht so recht bewusst sein. Als Vorschulkind mag man einfach dahingelebt haben und so ein unbefragtes und unbeurteiltes reines Sein genossen haben[115] – nun aber, da man etwas lernt, kann man sich plötzlich auch *verfehlen*. Man ist nun im Zusammenhang damit plötzlich *Beurteilungen* und einem Messen an Mustern und Massstäben ausgesetzt. Man mag sich nach und nach Gegenstände des Wissens und neue Fähigkeiten zu eigen machen. Dabei kann man freilich erleben, dass man den Anforderungen, die mit einem Gegenstand verbunden sind, nicht oder noch nicht genügen kann; man kann sich «Fehler» zuschulden kommen lassen. Es ist möglich, dass man etwas nicht oder nur ungenügend begreift. Es ist möglich, dass man zu etwas trotz aller Bemühungen nicht befähigt ist, wie sich nun zeigen mag. Und es ist, damit im Zusammenhang, möglich, dass man sich in Teilen oder in einem umfassenden Sinn unfähig zu fühlen beginnt.[116] Oder aber man mag sogar Lob als lästige Bewertung empfinden, weil man – etwa als introvertiertes Kind – ohne Dauerbegleitung von Lehrkräften man selbst werden will.

Bliebe es allein dabei, wäre das Verharren in reiner Kindlichkeit dem Eintauchen in Ausbildung gewiss vorzuziehen; und es gibt ja auch wirklich das bekannte Klischee, dass die Schule Kinder «kaputt» mache. Kinder oder jedenfalls besorgte Eltern, die nichts von Menschwerdung verstehen, mögen das beschriebene Eintauchen in eine Welt der Massstäbe geradezu als Gegenteil einer Bewegung auf Autonomie zu aufnehmen: Tatsächlich wird – das sehen sie an sich richtig – dem Kind, indem es an Massstäben gemessen wird, eine direkte ungestaltete basale Autonomie genommen. Aber eine solche Kritik erfolgt natürlich aus einer verkürzten Sehweise. Ein unbeurteiltes Kind in seiner Unverfälschtheit kann gewissermassen erst eine Ahnung davon erwecken, was später aus ihm werden könnte[117] – das, was in ihm potentiellerweise steckt, muss sich im Bildungsprozess dann aber zuerst noch, Formen annehmend, entfalten; möglichst so, dass es nach dessen Durchlaufen mit Armen und Händen und Denk- und Erlebnisfähigkeit ausgestattet gewissermassen wiedererscheint; nun als eigenständiger und gleichzeitig bestimmter Mensch.[118] So betrachtet, handelt es sich beim Bildungsprozess um ein *Durchgangsstadium,* an dessen Ende das in ihn eintretende Kind als Mensch, der über sich verfügen kann und über sich zu verfügen *weiss,* herauskommt.

Freilich gehört auch die Tatsache, dass man plötzlich beurteilt, geprüft und so, mit Jean-Paul Sartre zu reden, Gegenstand des Blicks von anderen wird, zum Erwachsenwerden. Trotz der ganz unangenehmen Erfahrungen, die damit verbunden sind, führt das Erlebnis des Gesehenwerdens auf seine Weise zu jemandes Emanzipation und damit zu Autonomie: Indem man gesehen wird, erscheint man gewissermassen auf der Bühne der Welt, als ein zukünftiger Akteur. Damit mag man aus einem Kokon von bedingungslosem Geliebt- und Aufgenommensein gerissen und dann zu einem Objekt von Massstäben werden, die von ausserhalb von einem selbst kommen – damit wird man aber nicht, wie etwa behütende Eltern behaupten mögen, irgendwie zerstört, sondern (wenn alles gut geht) erweitert oder vervollständigt oder zu sich gebracht. Vor allem aber verhelfen einem die neuen Erfahrungen dazu, ihrerseits einen neuen Blick in die Welt hinein zu entwickeln. Man wird zwar nun selbst an Massstäben gemessen, man lernt aber auch, andere und am Ende sogar sich selbst an (eigenen) Massstäben zu messen, und kann so über sein Sosein, wie es etwa die Geborgenheit in der Familiensituation erlaubt, hinaus neue Fähigkeiten und Sehweisen gewinnen und sich endlich mit den anderen so gut wie mit der Welt, in der man lebt, im wahren Sinne des Wortes auseinandersetzen. Nur in eigener Kindlichkeit verharrende Menschen, die nicht davon lassen können, Kinder auf eine ihnen angeblich eigene ziellose und perspektivlose Kinderunschuld zu reduzieren, können übersehen, dass sich ja auch Kinder und Jugendliche selbst gern an anderen zu messen beginnen, im Vergleich mit ihnen lernen und aus dem Erlebnis wachsender Fähigkeiten Genuss ziehen.[119]

In Schule und Ausbildung tritt nun freilich zu solchen schmerzlichen Erfahrungen noch etwas ganz Neues hinzu. Kinder und Jugendliche erleben in deren Rahmen nicht nur, dass sie beurteilt und so in einem gewissen Sinne objektiviert werden, sondern sie werden nun an Massstäben mit einem ganz *neuartigen* Charakter gemessen. Es geht nun nicht mehr beispielsweise einfach darum, wer sich im Rahmen eines einfachen *Vergleichs* mit anderen Kindern am stärksten oder am geschicktesten erweist, im Fussballspiel auf dem Pausenhof mehr Tore schiesst als andere Schüler, mehr Spielzeugautos besitzt als die anderen, «beliebter» ist als andere etc. (wie immer solche kindlichen und jugendlichen Massstäbe aussehen mögen).

Die Massstäbe, denen sich Kinder und Jugendliche im Laufe ihres Ganges durch Schule und Ausbildung nun ausgesetzt sehen, zeichnen sich vielmehr dadurch aus, dass sie keinen *relativen* Charakter mehr haben, sondern, wie es scheint, auf *absolut* geltende Ziele ausgerichtet sind. Vom Standpunkt der Suche nach Autonomie aus betrachtet, scheinen nun diese neuartigen Massstäbe auf den ersten Blick dem Gewinnen von Eigenwert nicht mehr zu dienen, ja ihm gerade entgegenzustehen, weil mit ihnen der direkt sichtbare Erfolg (eines Obsiegens über die anderen) nicht mehr zu erreichen ist bzw. nun zunehmend unklar wird, was Erfolg ausmachen würde. Man kann sich nun nicht mehr, indem man sich im Rahmen eines Vergleichs eine Position erwirbt, selbst daraufhin beurteilen, wie man sich zu bewerten hat, sondern sieht sich nun auf einen Massstab bezogen, der nicht in den eigenen Händen liegt.[120]

Die neuen Massstäbe sind nun aber nicht nur auf ferne grosse und auch abstrakte Ziele ausgerichtet, sondern werden auch von aussen (von den Erwachsenen) an die Kinder herangetragen und können in ihrer Qualität von ihnen nicht durchschaut werden, soweit sie überhaupt erfasst werden. In der Herabwürdigung von guten Schülern und Schülerinnen durch Peers als «Streber» nimmt dabei die Ahnung Gestalt an, dass sich solche Kinder um eines Gewinnes von Achtung vonseiten der Erwachsenen willen übergeordneten Massstäben ausliefern, in einem gewissen Sinne so aber sich selbst verlieren. Tatsächlich geben Streber ihr Eigenleben auf, wenn sie sich auf Gedeih und Verderb der Beurteilung von anderen überantworten, ja sich umgekehrt erst dann nur Eigenwert zuschreiben, wenn sie von diesen anderen gelobt werden bzw. deren Massstäbe gut erfüllen. Kann dann Strebertum im Laufe der Ausbildung nicht überwunden werden, bringt sich ein Streber um die Chance, einen eigenen Weg zu gehen – wie ein kafkaesker Held ist er sein

Leben lang von der Sehnsucht geprägt, endgültig zu genügen: einem Mass-stab, der ausserhalb von ihm selbst liegt.[121]

Dass Kindern und Jugendlichen neuartige, in den Händen von Erwach-senen liegende Massstäbe entgegentreten müssen, ist dabei aber wieder an sich kein Makel, auch wenn sie nun einen abstrakten Charakter annehmen: Kinder sollen und wollen ja all das lernen und sich zu eigen machen, was die Erwachsenenwelt beherrscht, und so *muss* ihr Horizont erweitert werden. Dazu gehört für eine Weile auch, dass die neuen Ziele so riesengross erschei-nen, dass ihnen nur ein Lehrer oder eine Lehrerin gewachsen zu sein scheint. Das scheint einfach so sein zu müssen. Kinder lernen; Lehrkräfte dagegen scheinen «alles» zu können. Und es mag Kindern in diesem Zusammenhang auch (ohne dass sie darunter zu leiden hätten) erscheinen, dass die neuarti-gen Massstäbe wie *an sich* gälten und allein schon deswegen, weil sie erhoben werden, Berechtigung hätten. In diesem Zusammenhang entsteht auch der Eindruck, dass es gewissermassen eine «Richtigkeit» *an sich* gebe (es entsteht also, wie man sagen könnte, ein naiver Kinder-Platonismus oder Kinder-Es-sentialismus). Wieder gilt aber: Wenn alles gut geht, wirkt die Erkenntnis, dass es ausserhalb ihrer selbst Interessantes, Grosses und Bedeutendes gibt, in dem Sinne emanzipierend, als sich Kinder dieses nach und nach zu eigen machen können und so, angeleitet von ihren Lehrkräften, selbst interessan-ter, grösser und bedeutender werden. Solange dabei der Erwerb von Kennt-nissen (und Massstäben) überwiegt, sie also nicht einfach nur an Massstäben gemessen und allenfalls entwertet werden, erweitern sie ihre Persönlich-keit.[122]

Bis zu diesem Punkt der Entwicklung mag alles seinen richtigen Gang gehen. Dazu gehört auch, dass bis hierhin auch entwicklungspsychologisch alles stimmt. Junge Menschen werden (wenn alles mit rechten Dingen vor sich geht) Forderungen ausgesetzt, die berechtigt sind und die sie bewältigen können, auch wenn sie zuweilen schmerzhaft sein mögen.[123] Und selbst der Umstand, dass ihnen Wissen und Können bis zu diesem Punkt als fest bzw. unabänderlich entgegentritt, obwohl es eine solche Festigkeit nicht gibt und nicht geben kann, ist kein Makel: Kinder können sich der Welt, solange sie Kinder sind, zunächst nur nähern und sie sich nur zu eigen machen, wenn sie ihnen als festes Ganzes entgegentritt. So wie man nicht schreiben lernt, indem man zum Beispiel Ludwig van Beethovens (furchtbare) Handschrift zu kopieren erlernt, sondern eine idealisierte Schönschrift, die so dann ja niemand verwendet, und dann nach und nach, sich von dieser emanzipierend, zu einer eigenen Handschrift vorstösst, kann man die Grundlagen seines Weltverständnisses nur auf der Basis eines unbefragten, wie absolut geltenden Korpus des Wissens und Könnens erwerben.[124]

Was sich so als Aufstieg eines Kindes zu einer Besitznahme der Welt gestaltet, die die Voraussetzung dafür schafft, sich aus der Gefangenschaft in kindlicher Enge befreien zu können, und die Grundlage für eine zukünftige Autonomie aufbaut, verkehrt sich in dem Augenblick, da sich der Gegenstand des Lernens auf verschiedenen Wegen verabsolutiert, in sein Gegenteil; mit dem Ergebnis, dass am Ende des Bildungsprozesses die Erzeugung von Ungenügen statt Ermächtigung stattfindet.

Ein erwachender Mensch mag sich zunächst, indem er Bildung erwirbt, aktiv ausweiten wollen (wie das ja eben auch Humboldt vorsieht). Weil dabei er bzw. sein Wunsch, die Welt zu ergreifen, im Vordergrund steht, kann er dabei nicht irgendwie darunter leiden, dass er (erst) unterwegs ist. Was er erreicht, betrachtet er immer von seinem Wunsch her, nicht von einem wie immer gearteten Ergebnis: Er kann ja gar nicht wissen, wozu ihn sein Bestreben noch führen wird. Er tritt in die Welt ein und will sie immer besser ergreifen und verstehen: Das ist sein *Projekt,* und insofern als es *sein* Projekt ist, kommt er in seinem Bemühen auch selbst vor. Die Schule bietet ihm, in Form etwa von Lehrkräften, die alles zu wissen scheinen, und mit ihrem Angebot die Grundlage dafür.

Im Laufe des Bildungsprozesses geht aber die Offenheit verloren, die Humboldt so sehr am Herzen liegt und die ja tatsächlich jungen Menschen den Weg dazu eröffnet, in der Welt eine Position einzunehmen, indem sie sie kennenlernen. Dies ist spätestens dann der Fall, wenn die Bildung den Anspruch zu erheben beginnt, zu einer «höheren Bildung» zu werden. «Höhere Bildung» erhebt nun den Anspruch, eben weil sie «höher» zu sein scheint, das *Ungeordnete* eines humboldtschen Ausgreifens in die Welt hinter sich lassen zu müssen und den Menschen in einer gewissen Weise zielgerichtet zu «formen»,[125] als ob man wissen könne, was für Gegenstände sich ein junger Mensch zu eigen machen müsse. Damit kommen zwei ganz neue Vorstellungen ins Spiel: erstens die Vorstellung eines *Bildners,* der Bildung vorantreibt (während eine humboldtsche Bildung ja vom Interesse dessen, der sich die Welt nach und nach erobert, geprägt ist und sich Bildung als Erleben dieses

Kennenlernens und Sich-zu-eigen-Machens ergibt), und zweitens das gross-mundig vorgebrachte, aber fragwürdige Versprechen, dass der, der Bildung erfahre, von besonders kundigen Menschen *auf den richtigen Weg* geführt werde. Bildung scheint in dieser Sehweise nicht so sehr darin zu bestehen, dass ein Einzelner gemäss seinen Neigungen und Interessen so viel Welt wie möglich ergreifen und sich zu eigen machen solle – das wäre ein offenes Ziel –, sondern darin, etwas zu erwerben, das die Willkür eines solchen Ausgreifens in die Idealität von etwas Gutem und irgendwie *an sich* als gut Befundenem zu überführen verspricht. So wandelt sich der Bildungsprozess von einem möglichst umfassenden Begegnen mit allem, dem man begegnen könnte, das von dem Menschen, der sich Bildung erwerben will, gesteuert wird, in die Vorstellung eines von aussen, von Bildnern, angeführten Erarbeitens eines vorgestellten Zieles, dem unterstellt wird, in sich Wahrheit zu tragen. Und wie immer in solchen Fällen mündet die Sehnsucht danach (und die Ausrichtung darauf), dass es so ein Ziel gebe, in die Unterstellung, dass ein solches Ziel in Form eines Erreichbaren auch wirklich existiere und dass gewisse besondere Menschen, die Bildner, zu einem solchen Guten Zugang hätten oder wüssten, wie man sich einen solchen Zugang erwirbt. (Im Hintergrund einer solchen Bildungsidee wird also, ohne dass sich dessen vielleicht jemand ganz bewusst würde, eine tüchtige Portion banalisierten Platonismus aktiviert – anders könnte die Vorstellung, dass man endgültig Wahres finden könnte, nicht entstehen.)

Dass ein junger Mensch etwa seine Muttersprache beherrschen, etwa Englisch erlernen oder mathematisches Verständnis erwerben soll (auch wenn ihn das nicht direkt interessiert), mag ihm am Ende einleuchten: Schliesslich will er ja in die bestehende Welt eingreifen, und dazu braucht es gewisse Hilfsmittel. Die Idealität aber, auf welche Bildung nun ausgerichtet zu sein scheint, vereinigt Merkmale auf sich, die kaum erreicht werden können. Zunächst einmal ersetzt sie die Offenheit in die Welt hinein, von der Humboldt spricht, durch ein Ziel, das auf der einen Seite wie beschreibbar erscheint – eben: die «höhere» Bildung –, dann aber, als «Ideal», in dem Sinne doch wieder offenbleiben muss, als ja niemand etwas so Grosses wie ein «Ideal» erreicht zu haben behaupten kann. (Zum Vergleich: In der Aufforderung, so viel Welt zu ergreifen wie möglich, nimmt die Vorstellung einer Offenheit ins Unbekannte und Mögliche hinein Gestalt an und das dazugehörige Bestreben kann, eben weil sie ins Unbekannte hineinführt, nicht irgendwie endgültig bewertet werden. Die Offenheit eines Ideals dagegen bleibt in sich zweideutig. Auf der einen Seite macht sie klar ein Ziel namhaft – etwa «höhere Reife» (ohne das Ziel freilich genau zu beschreiben) – und gibt damit vor, dass es dieses irgendwie in sich Gefügte anzustreben gelte; weil sie dann aber gleichzeitig geltend macht, dass man Ideale als Ideale nie ganz erreichen könne, lässt sie denjenigen, der sich strebend bemüht, immerzu gewissermassen hängen; als jemanden, der etwas angeblich Bestimmtes noch nicht erreicht hat.)

Mit der Ausrichtung auf ein grosses Ideal ist dabei eine Reihe weiterer Vorstellungen verbunden. Dass die Vorstellung eines «Ideals» auf der Basis jener Wortmagie, welche ein unreflektierter Sprachgebrauch mit sich bringt, suggeriert, dass das so Benannte, weil man es in ein Wort fassen kann, auch klare Konturen haben, ja existieren müsse, ist schon gesagt worden.[126] Zunächst einmal scheint weiter ein «Ideal» die Forderung gewissermassen unbezweifelbar in sich zu tragen, dass man es erreichen müsse – sich um «Ideale» nicht zu kümmern oder «Ideale» links liegen zu lassen und einfach seiner Wege zu gehen scheint ein Verhalten darzustellen, das in sich verfehlt und vor allem auch «moralisch» verwerflich erscheint und so einen Menschen an sich entwertet. Sich einem «Ideal» zu unterstellen bedeutet dann aber umgekehrt, dass man sich einem Massstab – dem Massstab, den das «Ideal» aufstellt – unterwirft; und etwas anderes als «Perfektion» scheint ihm als «Ideal» nicht gerecht zu werden. Insofern als man auf ein «Ideal» ausgerichtet ist, muss man es *ganz* Wirklichkeit werden lassen; mangelhafte Leistungen oder nur Teilleistungen in Bezug auf es scheinen nicht möglich, weil ein «Ideal» ja nur ganz, d. h. perfekt, verwirklicht werden kann oder dann nicht: Es gibt in Bezug auf ein Ideal keine Bewertung «genügend» oder «recht gut», weil solche Leistungen ja das «Ideal», wie immer sie dann geartet sein mögen, verfehlen; und der Mensch, der es verfehlt, muss sich dann als mangelhaft vorkommen.[127] Und – weil es hier ja um die Wirkung von «Bildung» geht – das Mass der Seltsamkeiten macht dann voll, dass Lehrkräfte auf der einen Seite nicht müde werden, ihre Schüler und Schülerinnen darauf hinzuweisen, dass ihre Leistungen «noch lange nicht» genügten, für sich selbst aber in Anspruch nehmen, dass sie, als die *Bildner,* als die sie sich nun verstehen, das «Ideal» verwalten dürften; im harmloseren Falle damit, dass sie via ein ihnen eignendes überlegenes Wissen beurteilen könnten, was im Sinne des Ideals gültig sei und was nicht, oder im schlimmeren Falle suggerieren, dass sie selbst dem Ideal genügten.[128] Ihr Gehabe macht dabei schnell vergessen, dass ein solches Auftreten einen latenten Widerspruch in sich trägt: *Entweder* nämlich sind «Ideale» unerreichbar – dann können auch einige Jährchen an einer Uni nicht zu deren Erreichen verhelfen –; *oder* dann sind sie erreichbar – dann haben die Lehrkräfte ihren Schülern und Schülerinnen freilich nur ein paar Jährchen Ausbildung voraus, und die «Ideale» selbst wären einerseits nicht besonders beeindruckend und andererseits dann ja auch endlich beschreibbar statt wolkig-gross. Und mangelnde direkte Überzeugungskraft mag dann ein solches Gebaren noch damit wettmachen, dass es einfach mit erbarmungsloser Strenge, Dauergerede von Grossem und gleichzeitig Missachtung von Menschen, die angeblich ungebildet seien, wenigstens den *Eindruck* davon erweckt, im Namen eines Grossen zu sprechen.[129]

Wie das in einer konkreten Ausprägung Gestalt annimmt, soll anhand einer in allem Ernst vorgebrachten Äusserung einer Lehrperson dargestellt werden. Ein Deutschlehrer eines Gymnasiums macht gegenüber einem jüngeren Kollegen in einem ermahnenden Sinne geltend: «Die Note sechs in einem Aufsatz ist so gut, dass man sie eigentlich gar nicht erreichen kann.»[130]

Es soll einmal beiseite gelassen werden, dass eine solche Aussage ja auch deswegen unsinnig ist, weil Lehrpersonen Schülerleistungen nicht gewissermassen absolut benoten sollen, sondern immer bezogen auf Stufen und Altersklassen der Entwicklung von Schülern und Schülerinnen, und da müsste man doch zum Urteil kommen, dass eine Leistung in Bezug auf eine bestimmte Altersgruppe sehr gut sein mag, auch wenn sie gewissermassen *absolut* gesehen (wenn es denn einen absoluten Massstab gäbe) noch Mängel aufweist. Die Kunst des Lehrers müsste also darin bestehen, zu beurteilen, ob eine Leistung hinsichtlich der Möglichkeiten eines Schülers oder einer Schülerin einer bestimmten Altersklasse gut oder ausgezeichnet ist. Dass der zitierte Lehrer einen so grundlegenden Gedanken nicht zu fassen vermag, spricht schon allein Bände – so sehr scheint er im Banne einer irgendwie absoluten Richtigkeit zu stehen (oder gar von der Vorstellung besessen zu sein, dass *er* dazu berufen sei, ein so Grosses wie sein Ideal gegen unwürdige Ansprüche zu verteidigen), dass er die Absurdität seiner Aussagen nicht erkennen kann.

Stellte die Vorstellung von Perfektion der Lehrpersonen eine regulative Idee dar und nähmen sie ihre Schüler bei der Hand und zeigten ihnen, wie man sich einer regulativen Idee näherte, könnte es gegen hohe Ansprüche keine Einwände geben – wenn das der Fall wäre, öffneten sie für junge Menschen die Welt, indem sie ihnen vor Augen führten, was an Grossem und Schönem in der Welt nach und nach vielleicht erreichbar sein könnte. So ist das Verdikt des zitierten Lehrers aber nicht zu verstehen: Es widerspiegelt vielmehr die Behauptung, dass es ein absolut Gutes gebe, sowie die weitere Anmassung, dass er als Lehrperson Zugang zu diesem habe, und sie verschliesst so umgekehrt die Welt für junge Menschen, indem sie kategorisch die Möglichkeit ausschliesst, dass diese in irgendeiner Weise Grossartiges leisten könnten.[131]

Die Vorstellung an sich ist ja in sich absurd – niemand würde etwa das strukturell gleiche Argument gelten lassen, dass eine Goldmedaille an den Olympischen Spielen eine so grossartige Leistung verlangen würde, dass nie Goldmedaillen, sondern höchstens Silbermedaillen verteilt werden dürften. Kein Sportler würde sich einem solchen Wettbewerb stellen, weil es sinnlos wäre, an einem Wettbewerb teilzunehmen, den man nicht gewinnen kann. Schüler und Schülerinnen freilich müssen in der Eingeschlossenheit der Schulwelt, in der sie sich befinden – nur Lehrpersonen dürfen bewerten; Lehrpersonen selbst stehen ausserhalb von Bewertungen –, aus solchen Vorstellungen noch mehr ableiten: das Gefühl, nie, und seien ihre Leistungen auch noch so beachtlich, wirklich genügen zu können bzw. in einem gewissen Sinne nie «gewinnen» zu können.[132]

Unter dem Gesichtspunkt des Wunsches eines Menschen, *Autonomie* zu gewinnen, kommt nun genau dieser seltsamen Berufung auf «Idealität» die entscheidende Rolle zu. Wenn «Ideale» nicht im Sinne von regulativen Ideen eingesetzt werden, sondern als unterstellte feste (platonische) Bilder, hat das zwei Dinge zur Folge. Erstens können sie als unterstellte «Ideale» nie wirklich erreicht werden. Sie stellen damit eine Form von Massstab auf, bieten dann aber – als angebliche «Ideale» – einen Massstab, der nicht anders als verfehlt werden kann; und insofern als das der Fall ist, produzieren sie nicht die Fähigkeit bzw. das Gefühl, etwas erreicht zu haben und so sich selbst gewonnen zu haben, sondern Ungenügen. Was auch immer man bewerkstelligen mag: Es ist gegen das Ideal gehalten immer nur Stückwerk, und ein Mensch, der zum Ergebnis kommt (oder von Lehrkräften dauernd darauf hingewiesen wird), dass er nur Stückwerk produziert, kann nicht nur nicht zu sich selbst kommen, sondern erst recht nicht eine Form von Autonomie gewinnen; als der durch und durch fehlerhafte Mensch, als der er sich nun vorkommen muss. Einem solchen Makel kann er auch nicht entgehen, indem er (bis jetzt immer) etwa Höchstnoten geschrieben hat – diese Serie kann mit der nächsten Prüfung ein Ende nehmen. Davor mag er dann Angst haben – wodurch er abermals, trotz seiner «Leistungen», daran gehindert wird, jenes Selbstwertgefühl zu entwickeln, das die Grundlage dafür böte, Autonomie zu entwickeln: Er ist ja durchweg jemand, der den Anforderungen, die an ihn gestellt werden, eines Tages nicht mehr genügen können wird; damit geht einher, dass er nie *Perfektheit* erreichen kann und, in seiner Sehweise, unwürdig ist.[133] Zweitens stellt das Ideal, das die Bildung beherrscht, immer einen so unscharfem Begriff dar, aus dem nicht hervorgeht, was es alles umfasst. Daraus resultiert nicht nur eine Form von Ungenügen (weil der Einzelne ja gar nie feststellen kann, ob er dem Ideal entspricht oder ihm näher gekommen ist), sondern auch eine Form von Beliebigkeit; insofern als es dem Menschen als etwas entgegentritt, das er ja immer gar nicht begreifen kann. Betrügerisch wirken solche «Ideale» am Ende dann noch dadurch, dass sie immerzu als das wahre «Wirkliche» ausgegeben werden; wobei dann jeweils die Tatsache, dass sie nicht irgendwie umschrieben und bestimmt werden können, als Beweis dafür genommen wird, dass sie «höher» geartet seien als Vorgefundenes; nicht, wie dies eigentlich näherliegen müsste, als Beweis dafür, dass es sie nicht gibt.

Auch in dieser Hinsicht können einem vorgehaltene «Ideale» nichts anderes als Ungenügen erzeugen, weil in ihrem Zusammenhang keine wie immer geartete Gewissheit, auf dem richtigen Weg zu sein, abgeleitet werden kann. Und gleichzeitig ermöglicht eine solche Unbestimmtheit, dass man Menschen gegenüber immer weitere Forderungen erheben und ihr Tun immer weiter als ungenügend darstellen kann. In Bezug auf Schüler und Schülerinnen ist das insofern der Fall, als ihnen gegenüber immer weiter der Vorwurf gemacht werden kann, noch lange nicht zu genügen, unter anderem damit, dass ihnen vorgeworfen wird, dass sie jetzt die Welt noch gar nicht kennten oder noch lange nicht wirklich «reif» seien.

Wie wenig ernst es Erwachsenen mit den von ihnen ins Spiel gebrachten Begriffen ist bzw. wie sehr sie sie dazu verwenden, immer weiter Ungenügen namhaft zu machen, erkennt man spätestens in jenen Maturreden, welche Maturanden und Maturandinnen, ihr «Reife»-Zeugnis in Händen, anzuhören gezwungen sind. Kaum ein Redner lässt sich die Gelegenheit dazu nehmen, sie davor zu warnen, sich jetzt ja nicht in falschem Stolz über ihre Leistungen zu wiegen, und dann der Reihe nach zu bemerken, dass sie erst eine erste «Etappe» des Weges ins Leben hinein überwunden hätten, dass «wirkliche Reife» (was immer das dann sein soll) noch lange nicht erreicht sei, dass die jungen Menschen nun erst einmal noch Erfahrung sammeln müssten, dass sie noch eine Menge dazulernen müssten etc. etc. etc. Selbstverständlich stellt auch hier niemand die auf der Hand liegenden Fragen. Erstens: wann genau man, wenn das gelte, von sich sagen könne, «wirklich reif» zu sein; zweitens: wie die Redner und Rednerinnen angesichts der von ihnen aufgezählten Schwierigkeiten mit Gewissheit behaupten können, wirklich selbst «reif» zu sein; und schliesslich drittens: ob nicht ein Begriff, der so wenig bestimmt zu sein scheint, überhaupt auf Menschen angewendet werden dürfe. Die Maturanden und Maturandinnen lassen, wie in der Schule vorher, mit sich geschehen, an einem Massstab gemessen zu werden, der sich, wie sich zeigt, beliebig manipulieren und sich immer wieder neu gegen sie richten lässt. Und Widerrede ist ja nicht möglich, weil der Redner ja selbst nicht so sehr selbst «reif» ist und irgendwie als besonders «reifer» Mensch beeindrucken würde, sondern sich in Tat und Wahrheit einfach (irgendwie) eine Position in der Gesellschaft erworben hat, die ihm erlaubt, auf andere (und besonders junge Menschen) herunterzublicken und beliebige Predigten zu halten.

Kafkaesk und damit Autonomie nicht nur nicht ermöglichend, sondern gar Zweifel daran säend, ob man überhaupt würdig sei, sich ein bestimmtes Können zuzuschreiben, ja gar jemand zu sein, wird der beschriebene Prozess dann, wenn Lehrkräfte, immer unter Bezug auf jenes Grosse, das sie angeblich Wirklichkeit werden lassen wollen, mit ihren Anforderungen zu spielen beginnen. Sie können dies dadurch tun, dass sie ihr Fordern und Bewerten zunehmend intransparent machen oder sich zum Beispiel hinter dem (perfiden) Vorwurf verstecken, dass jemand, der wirkliche Qualitäten hätte, selbst herausfinden könnte, was gefordert ist, und so jemanden als grundsätzlich unfähig darstellen. Oder dann schieben Lehrkräfte gestellten Forderungen immer wieder neue Forderungen nach, die man auch noch hätte erfüllen müssen. Auf diese Weise erwerben sie sich eine maximale Form von Macht – sie gebärden sich dann wie absolutistische Fürsten und verunmöglichen damit gleichzeitig ihren Schülern und Schülerinnen, je zu Erfolg und damit in Besitz von sich selbst – als die, die das und das können – zu kommen.[134]

Was nun die Not dessen, der gerne autonom wäre, betrifft, so ist klar, dass «höhere Bildung», trotz ihrer Selbstbeschreibung, eben nicht dazu geeignet ist, den Weg zu Autonomie aufzuschliessen. Mit ihrer Ausrichtung an als wirklich unterstellten «Idealen» produziert sie nicht nur, wie beschrieben, Ungenügen, ja Versagen, sondern könnte auch im besten Falle nicht dazu führen, mehr als Menschen, die sich diesen «Idealen» unterwürfen, hervorzubringen, also gerade keine wirklichen Individuen, die es wagen dürfen, sich selbst ins Spiel zu bringen.

Humboldts Bildungsvorstellungen folgend würden sie, geleitet von eigenem Interesse und eigenen Werten, die Welt zu ergreifen versuchen, soweit das immer geht. Gemäss der klassischen Bildungsidee (in der sich Platonismus versteckt) dagegen gelten sie als gebildet nur dann, wenn sie angeblich im Voraus bestehenden, von gewissen Menschen verwalteten Idealen genügen; nicht, wenn sie es wagen, sich ihres eigenen Verstandes zu bedienen.[135] Dazu tritt aber ein zweiter Gesichtspunkt: Wer autonom sein möchte, steht auch vor der Herausforderung, irgendwie eine Form von Gewissheit darüber zu gewinnen, dass er auf dem richtigen Weg sei. Wer es wagt, sich seines Verstandes zu bedienen, steht auch vor der Herausforderung, dass sich sein Denken in die Freiheit hinausbegibt; und angesichts der Offenheit, die sich nun vor ihm auftut, möchte er doch auch irgendwie wissen, dass er ein *Recht* darauf habe, sich seines Verstandes so zu bedienen, wie er sich dessen bedient, und so autonom zu sein, wie er selbst autonom zu sein für bedeutungsvoll hält.

Eine solche Sicherheit kann freilich auch die humboldtsche Bildungsidee nicht bieten. Sie ist zwar getragen von der Vorstellung, dass sich der Einzelne in die Vielfalt der Welt hinauswagen solle. Sie öffnet dem Einzelnen die Welt und schreibt dem Einzelnen und seinem Interesse gleichzeitig grösste Bedeutung zu. Aber auch sie kann die beschriebene Not nicht beheben: Der Einzelne mag die Welt kennenlernen und sich so viel von ihr zu eigen machen wie nur möglich – nicht gewährleisten kann sie aber, dass sich der Einzelne *auf einen Weg begibt, der irgendwie als gut gewählt bewertet werden kann.* In seinem Ausgreifen mag er tatsächlich eine Vorform von Autonomie verwirklichen; er aber begegnet damit Freiheit und kann aus nichts herleiten, dass sein Ausgreifen irgendwie bedeutungsvoll oder gehaltvoll sei.[136] Gerade umgekehrt scheint dies dann dafür im Rahmen eines üblichen Bildungsprozesses der Fall zu sein. Dieser verhindert eine freie Öffnung in ein Unbekanntes, in dem man sich verlieren könnte, und mündet stattdessen in die Erfüllung eines Bildungskanons, der, weil er sich angeblich auf eine Form von «Idealen» bezieht, nicht anders als richtig zu sein scheint. Freilich kann er nicht anders, als die Ideale, auf die er sich bezieht, zu unterstellen; und selbst wenn es dann dem Einzelnen gelingen würde (was nicht der Fall sein kann), sich solchen «Idealen» zu nähern oder sie sich ganz zu eigen zu machen, ginge dann wieder umgekehrt seine Individualität und damit sein persönliches Ausgreifen in die Welt verloren.

In etwas anderer Form kann man zu diesem Befund auch mittels einer Betrachtung des Begriffes «Reife» (der ja mit Schulabschlüssen verbunden ist) kommen. Ein Zeugnis, das behauptet, ein «Reifezeugnis» darzustellen, behauptet damit gleichzeitig, dass es so etwas wie «Reife» als ein Konglomerat von Eigenschaften, Verhaltensweisen und Kenntnissen (der «wesentlichen» Gegenstände) gebe. Wie verhält es sich aber mit einer solchen «Reife»? Ist es eine Reife im Sinne einer Überwindung *von* Unreife, oder ist es eine Reife *zu* künftigen Formen von Selbständigkeiten? Im täglichen Schulalltag bis in die Maturreden hinein wird der Begriff immer in erzieherischer Weise so verwendet, dass der als reif bezeichnet wird, der nicht mehr jugendlich-unreif ist; und der Erfolg der Bildung scheint dann darin zu bestehen, dass eine solche jugendliche Unreife überwunden sei. Selbst wenn man unterstellt, dass der Reifebegriff sinnvoll sei (was er nicht ist, was man ja auch daran erkennt, dass niemand beschreiben kann, was Reife wirklich ist), hätte man nun aber dadurch, dass man einen Menschen in diesem Sinne zur «Reife» geführt hat, noch kaum etwas erreicht. Unter dem Gesichtspunkt der Autonomie gesehen könnte man sagen: Man hat (allenfalls) überwunden, dass sich jemand in Kindsköpfigkeiten und Unbildung verfängt. Damit hat man höchstens die notwendige Bedingung dafür hergestellt, dass jemand zu Autonomie vordringen kann; nicht mehr. Darauf müsste die «Reife» *zu* – zum Gebrauch des eigenen Verstandes zum Beispiel – folgen. Eine solche Reife könnte nicht im Bereitstellen von Inhalten bestehen, die man sich zu eigen machen muss, sondern in der Befähigung, dem Mut und dem Vertrauen dazu, sich als der, der man ist, in die Welt zu wagen.[137] Zu einer solchen Entwicklung der Persönlichkeit ist freilich, wie gezeigt worden ist, die herkömmliche Bildung aus mehreren Gründen nicht geeignet, wenn sie eine solche Reife und Autonomie nicht gar verhindert, indem sie Vertrauen und Mut zerstört.[138]

2. Individualität als Defizitprodukt

Herkömmlicher Platonismus funktioniert (an einem Beispiel veranschaulicht) so: Ein Architekt entwirft ein Haus, indem er einen Plan erstellt. Auf dem Weg zur Konkretisierung dieses Plans, im Laufe des Erbauens des faktischen Hauses, schleichen sich dann aber fast notwendigerweise Unzulänglichkeiten, Unsauberkeiten und Fehler ein: Maurer mauern leicht schief oder verwenden schlechtes Material, Masse werden nicht genau eingehalten, die Anweisungen des Plans werden nicht immer buchstabengetreu befolgt, sondern so, wie es sich ergibt, es wird allenfalls von Handwerkern auch auf vielfältige Weise gepfuscht – und was dann am Ende als Haus dasteht, mag zwar in den Grundzügen dem Plan entsprechen, zeigt aber eine Menge von konkreten Verstössen gegen ihn und ist, im Verhältnis zum Plan, auch wenn der Plan selbst vortrefflich war, mit vielen Mängeln – Bausünden genannt – behaftet. So – behauptet der Platonismus – muss man sich den Aufbau der Welt vorstellen. Auf der einen Seite stehen die dem Plan des Architekten vergleichbaren platonischen Ideen oder Urbilder; und auf der anderen Seite findet sich, mit allen Mängeln einer Konkretisierung ausgestattet, die vorgefundene Welt. Umgekehrt mag man von der vorgefundenen Welt, zum Beispiel in der Beschreibung dessen, was man Schönheit nennt, aufsteigen: Man mag von etwas Vorgefundenem, das man schön findet, etwa von einem schönen Menschen, ausgehen, sich kleine Verunreinigungen wegdenken,[139] dann zu erkennen versuchen, was schöne Menschen für Merkmale gemeinsam haben, dann verschiedene schöne Dinge darauf untersuchen, was sie zu schönen Dingen macht, sich dann überlegen, was für Erkenntnisse schön sind, und schliesslich darüber nachsinnen, was Schönheit *an sich* sein muss,[140] und so zum Ergebnis kommen, dass nur dieses Schöne an sich wirklich schön genannt zu werden verdient, und umgekehrt wird man dann erkennen, dass das konkrete Schöne, das man vorfindet, an der Vorstellung des Schönen *an sich* zwar teilhat, aber eben mit Fehlern und Mängeln versehen ist. Das vorgefundene Konkrete kann, wie es erscheint, eben als Konkretes nur eine mit Mängeln behaftete Kopie darstellen (ganz abgesehen davon, dass das vorgefundene Konkrete ja dann auch im Unterschied zum Plan – dieser zeigt ja, wie etwas *an sich* sein soll – auch vergänglich ist).

(Bei einer solchen Vorstellung handelt es sich – darüber muss man sich genau Rechenschaft geben – wohlverstanden nicht um eine Abstraktion aus

Vorgefundenem *ex post*. Man könnte ja tatsächlich auch so vorgehen: Man könnte sich Dinge ansehen, die einem schön erscheinen, dann herausfinden, was sie schön macht, sich dann beim Hervorbringen schöner Dinge an solchen erworbenen Massstäben ausrichten etc.) *Wirklich* schön, wie es dann heisst, kann nichts genannt werden, das Mängel zeigt, irgendwie seinem Plan nicht ganz Genüge tut oder mit der Zeit mangelhaft wird – *wirklich* schön ist erst, was solchen *zufälligen* Verunreinigungen ganz trotzt – und, um das obige Bild wieder aufzunehmen, ganz dem Plan des Architekten entspricht.

Für moderne Menschen ist konsequenter Platonismus natürlich nicht mehr wirklich glaubhaft – die Vorstellung, dass es platonische Ideen seien, die der vorgefundenen Welt nicht nur vorausgingen, sondern sie gar hervorriefen, überzeugt sie nicht mehr (wenn sie sich überhaupt Gedanken darüber machen, wie die vorgefundene Welt zu der Welt wird, die sie vorfinden). Geblieben (und in Alltagsvorstellungen gut versteckt) ist aber eine *Schwundstufe* des Platonismus: *Essentialismus*. Essentialismus beinhaltet die Vorstellung, dass es «Wesenheiten» gebe, die darüber bestimmten, ob etwas der Fall sei oder nicht. So ist etwa die Rede vom «Wesen» (oder, besonders beeindruckend, vom «wahren Wesen») der Weiblichkeit, des Schweizertums, der Bildung, der Freundschaft, der Wissenschaft und der Intelligenz, der künstlerischen Fähigkeiten etc. etc. Solche «Wesenheiten» werden dabei immer als *an sich* bestehend dargestellt, und Abweichungen von ihnen werden geächtet. Dabei wird die Vorstellung erweckt, dass etwas Konkretes, Vorliegendes nur insoweit das sei, was es sein möchte, als es am zugehörigen «Wesen» teilhabe; und umgekehrt erscheint jedes vorgefundene konkrete Ding, jede Form von Sein, jede Haltung oder jedes Denken und Fühlen unvollständig oder einer solchen Wesensbestimmung nicht genügend, wenn sie ein solches «Wesen» nicht wirklich vollständig abbilden oder verinnerlichen. Dementsprechend wird von Menschen in allen erdenklichen Bereichen eine beträchtliche Mühe darauf verwendet, einem solchen «Wesen» möglichst nahezukommen, indem sie versuchen, ein «wirklicher» Gymnasiast,[141] ein «wirklicher» Akademiker, eine «wirkliche» Frau, ein «wirklich» guter Mensch, ein «wirklicher» Held etc. etc. zu werden.

Im Begriff des «Wesens» ist dabei als eine Schwundstufe des Platonismus – es ist schon gesagt worden – immer die Vorstellung einbeschlossen, dass Wesenheiten ewig und *an sich* bestünden – die Einsicht darein, dass sie einfach historisch oder gesellschaftlich bedingt sein könnten, wird mit dem tiefsinnig tönenden Begriff «Wesen» (der ja eben das «Wesentliche», nicht Zufällige zu umschreiben behauptet und scheinbar ebendeswegen nicht verfehlt zu sein scheint) verschleiert, wie ja nicht zuletzt absurde Beschreibungen zum Beispiel von «Weiblichkeit» nur allzu deutlich zeigen.[142]

Solche Platonismen oder Essentialismen sind in unserer Welt allgegenwärtig; nicht nur in philosophischen Gebilden, sondern überall dort, wo unterstellte Ideale als das Wirkliche ausgegeben werden: so etwa in religiösen Bildern (alle Menschen sind Sünder, nur Gott ist gut), in künstlerischen Massstäben, in der Schule und endlich im Kleinbürgerleben, wo ein gut gewischter Vorplatz oder ein korrekt gereinigtes Treppenhaus als Inbegriff der Sauberkeit ausreichen muss.

Dabei – und nun kommt man zum Wichtigen – erscheint immer das konkrete Vorgefundene als das Ungenügende; relativ zu einem Bild eines Vollkommenen, dem man, weil es als das Vollkommene erscheint, dann auch eine wie immer geartete «höhere Wirklichkeit» zuschreibt. Weil es vollkommen ist, scheint es zu sein, wie es sein muss. (Freilich unterstellt eine solche Vorstellung, dass aus der Tatsache, dass man eine solche Vorstellung bilden kann – jedenfalls als «Ideal»: wie es sich dann ausgestalten würde, kann man ja nicht sagen, weil es damit mangelhaft würde[143] –, folgt, dass es ein solches Bild auch wirklich gibt: der übliche Fehlschluss.)

Für die Diskussion hier ist nun von Bedeutung, dass Individualität und Bilder einer wie immer vorgestellten Idealität in einem sich gegenseitig ausschliessenden Gegensatz zueinander stehen. Vom Standpunkt solcher Bilder – also religiöser Vorstellungen von Sündenlosigkeit, platonischer Ideen, von der Schule angestrebter Perfektheit, idealer Ansprüche, die von der Gesellschaft gegenüber einem Menschen erhoben werden, endlich idealer Ansprüche eines Menschen gegenüber sich selbst –, vom Standpunkt also solcher Bilder stellt Individualität nichts anderes als eine *Verfehlung* dar. Individualität zeichnet sich ja umgekehrt dadurch aus, dass sie, weil sie etwas «Besonderes» ist, nichts Allgemeines ist und damit solchen Bildern definitionsgemäss gerade nicht genügen kann. Mit ihrer Besonderheit erscheint sie nun wie eine Abweichung von etwas Allgemeinem und erfüllt solche Bilder gerade nicht – mit ihrer Einzigartigkeit und Bestimmtheit geht einher, dass sie in Bezug auf die Allgemeinheit, die in «Wesenheiten» Gestalt annimmt, immer ein Zuwenig oder eine Form von Nicht-Vollendung ist.[144]

Solange also Bilder von idealen «Wesenheiten» vorherrschend sind bzw. solange gilt, dass es erst solche Bilder verdienen, als gut zu gelten, kann sich Individualität immer nur als fehlerhaft erleben – sie ist *noch nicht* «ideal» und mag dann von aussen dazu aufgefordert werden, sich im Hinblick auf Idealität zu verändern, bzw. erhebt gegenüber sich selbst den Anspruch, «ideal» zu werden.

Freilich könnte die Situation auch umgekehrt beschrieben werden. Das Individuum könnte von sich selbst ausgehen, von der Tatsache, dass es genau so ist, wie es sich vorfindet, und sich dann die Frage stellen, inwieweit ihm die Ausrichtung auf bestimmte Ideale dazu verhelfen könne, noch besser es selbst zu werden, oder ob solche Bilder in ihrer Allgemeinheit nicht überhaupt als Ganzes unmöglich erscheinen müssen. In der Situation des Unterrichtens zum Beispiel könnte eine solche Umdrehung so aussehen, dass das Individuum sich nicht daraufhin bewerten liesse, ob es an es herangetragene Forderungen fehlerlos bewältige, sondern ob die Lehrkräfte, die unterrichtend und bewertend an es herantreten, dazu geeignet seien, ihm auf seinem Weg zu dem, was ihm bedeutend erscheint, weiterzuhelfen. Schüler und Schülerinnen liessen sich dann nicht daraufhin beurteilen, ob sie der Schule oder dem Unterrichtenden genügten, sondern stellten sich, ausgehend von einer eigenen Vorstellung davon, was in ihrem Leben bedeutungsvoll erscheint, die Frage, was sie von den sie Unterrichtenden in Bezug darauf erwarten könnten.

Daran sind sie nun aber nicht nur deswegen gehindert, weil alle gesellschaftlichen Einrichtungen vom Einzelnen immer Einfügung erwarten und die Vorstellung eines «Ideals» selbstbeweisend zu sein scheint, sondern auch deswegen, weil sie keinen Beweisgrund dafür finden, dass sie das, was ihnen bedeutend erscheint, in den Mittelpunkt stellen dürften. Allein etwas, was man aus etwas Grösserem herleiten oder irgendwie als begründet «beweisen» kann, scheint doch die Berechtigung dazu zu haben, Geltung für sich zu beanspruchen. Und ehe sie es sich versehen, unterwerfen sich Individuen dann eben doch «Idealen», weil sie meinen, nur aus ihnen eine solche Berechtigung irgendwie herleiten zu können.[145]

Eine solche Herleitung ist aber grundsätzlich nicht möglich. Individualität kann nicht *beweisen,* dass sie zu Recht besteht und zu Recht so ist, wie sie nun eben ist, weil sie sich als «Besonderes» ja aus nichts Allgemeinem herleiten kann. Ein Beweis, wonach etwas nicht allgemein sein darf, ja sogar genau dann wertvoll ist, wenn es nicht allgemein ist, ist nicht zu führen. Individualität ist einfach da und ist so, wie sie ist. Ein Ergebnis dieser Unmöglichkeit ist dann, dass sich Individualität als durch und durch *defizitär* erleben muss. Sie scheint mit ihrem Status als etwas Besonderes einfach ein Ungenügen darzustellen.

Ein solches Gefühl kann man in widerlicher Weise so überwinden, dass man sich zum Beispiel über alle anderen zu stellen versucht und eine Form von Berechtigung daraus ableitet, dass das gelingt. Man mag sich mittels Ämtern und Positionen eine Scheinberechtigung dazu holen oder einfach via Machtausübung andere botmässig machen; als Politiker, als Lehrer, Erzieher, als Eltern.[146] Bewiesen hat man damit freilich noch nichts: Man kann sich so höchstens einreden, dass man eine Form von Bedeutung habe, weil man andere in seiner Macht hat. Die Menschen aber, denen das nicht gelingt, leben ihr Leben im Grunde immer im Gefühl, nicht zu genügen und fehlerhaft zu sein, so wie sie sind. Sie mögen sich, wie das in modernen Gesellschaften der Fall ist, etwa nach Kräften in den Social Media inszenieren – gerade aber auch eine solche Handlungsweise erweckt immer ein wenig den Eindruck eines Pfeifens im Keller, wirkt verkrampft und unecht und ist vor allem stets in Gefahr, einzubrechen. Wenn nämlich jemand aufsteht und Unterordnung fordert, sind solche Menschen allenfalls schnell bereit, sich und ihre Individualität auf der Stelle zugunsten von jemandem, der nun wirklich Geltung zu verdienen scheint oder eine solche Geltung einfach faktisch für sich in Anspruch nimmt, aufzugeben. Dies ist deswegen der Fall, weil sie ja immer weiter daran leiden mögen, dass sie ihre Individualität nicht «beweisen» können – auf ihr zu bestehen scheint dann wie eine Anmassung. Einen Beweis führt man herkömmlicherweise damit, dass man belegt, dass etwas aus allgemein anerkannten Gründen so sein muss, wie es ist. Man kann aber kein Recht dafür geltend machen, sein zu dürfen, wie man ist; und wenn sich ein anderer Mensch ein solches Recht anmasst, stellt man sich die Frage, ob *er* dazu ein Recht habe, nicht; erst recht dann, wenn er sich wie auch immer als jemand inszeniert, der angeblich im Namen von etwas Grösserem, «Wesentlichem» spricht.[147]

Aber selbstverständlich ist nicht Individualismus an sich fragwürdig, wie es dem Einzelnen dann scheint oder wie es ihm immerzu eingeredet wird, sondern Individualismus geht einher mit einer spezifischen Not: sich nicht irgendwie «objektiv» begründen zu können; und solange Menschen, die einen individuellen Weg einschlagen wollen, dem Traum nachhängen, dass das irgendwie doch der Fall sein könnte, erscheint ihnen ihr Leben als das eines Nichts oder dann sind sie bereit, sich aufzugeben.

3. Ein (Trug-)Schluss[148]

Löst sich der Mensch von all jenen versteckten Platonismen oder Vorstellungen von «Wesenheiten», die ihm im Gewande von Vorstellungen in Bezug auf «Selbstwahl», «Reife» oder Schuld entgegentreten, verliert er auch all jene Haltepunkte, die seinem Leben und Tun scheinbar Verankerung geben. Er mag sich von Instanzen, die für sich beanspruchen, eine Form von Berechtigung innezuhaben, emanzipieren; aus der Erkenntnis heraus, dass deren Anspruch verfehlt sein muss. Er mag es in diesem Zusammenhang aushalten, von ihnen als in irgendeiner Weise ungenügend beschrieben und verstossen zu werden, weil er erkennt, dass sie in Tat und Wahrheit keine Geltung beanspruchen können. Dann ist er aber einfach *da*; er existiert dann einfach, ohne dass er sich selbst und das, dem er in seinem Leben Gestalt geben will, rechtfertigen könnte. Das mag ihm nun seinerseits als Ungenügen erscheinen: Er kann sich ja in allem, was er sich zum Ziel setzt, *nicht auf etwas berufen, aus dem er dann ableiten könnte, dass er mit dem, was in seinem Leben Gestalt annimmt, irgendwie recht habe;* und genau diese scheinbare Willkürlichkeit seines Daseins mag ihm dann auch vorgeworfen werden; von anderen Menschen oder von Instanzen, die darauf drängen, dass er sich rechtfertige – oder die behaupten, sie fussten auf festem Grund –, und am Ende ist es gar eine eigene Sehnsucht danach, etwas über die Zufälligkeit seiner Existenz hinaus zu bedeuten, welche ihn ratlos machen und am Ende vielleicht gar verzweifeln lassen muss.

Der Mensch ist das Wesen, bei dem Existenz der Essenz vorausgeht, und der Mensch ist dazu verurteilt, frei zu sein, mag etwa Jean-Paul Sartre mit grosser philosophischer Geste und mit geistreicher Betonung des paradoxen Gehalts, der in solchen Formulierungen liegt, sagen[149] – kaum ein Wort verliert er dann aber darüber, wie sich eine solche Existenz in die Leere hinein aushalten liesse. Die hier versprochene Freiheit mag der Mensch gern einheimsen – wie geht es dann aber weiter? Eine Freiheit, die gleichzeitig in Bedeutungslosigkeit mündet, scheint selbst bedeutungslos zu sein. Ein Dasein, weiter, das sich nur als Ungenügen erleben muss, weil es sich nicht verorten kann, scheint leer bleiben zu müssen. Nur Macht mag dann noch tätig werden können, weil sich diese selbst genügt; Macht schert sich um nichts, weil sie, statt Begründungen für ihr Eingreifen in die Welt zu suchen, sich gewissermassen selbst motiviert: Sie will einfach Macht sein und scheint so die einzige Instanz zu sein, welche die entstandene Leerstelle auszufüllen vermag.

IV. Schubumkehr

1. Standortbestimmung

Mit den Forderungen nach «Autonomie» und dem Gebrauch des «eigenen Verstandes» öffnet sich dem Menschen die Welt, insofern als er sich mit solchen Konzepten von ihn bestimmenden Entmündigungen, etwa durch Gebote von Religionen und Traditionen, das Verbot, gewisse Vorstellungen einer Kritik durch den Verstand zu unterziehen, oder Formen politischer Entmächtigung, emanzipieren kann. Rückwärts gerichtet will er sich damit von Einengungen befreien, die angemasst sind und ihm, als Gattung oder als Einzelmenschen, nicht gerecht werden. Nicht bestimmt kann dabei aber natürlich sein, wohin ihn die Forderungen nach «Autonomie» und «Verstandesgebrauch», gewissermassen gegen vorne, führen werden: Befreiung *leitet* ja nicht zu etwas Bestimmtem hin, sondern *befreit* nur.[150] Das bedeutet, dass mit der Freiheit nicht zugleich jene *Inhalte* gewonnen sind, die sich zu eigen zu machen sich lohnte oder die man sich stattdessen gar zu eigen machen *müsste*.[151] Und dann schlösse sich ja auf der Stelle wieder die Frage an, ob eine Befreiung, die in eine Form von neuen Inhalten, neuen Gewissheiten, neuem angeblich grundsätzlich «Richtigem», in neue Bestimmtheiten münden würde, überhaupt ein wünschenswertes und vor allem sinnvolles Ziel bildete: Wenn das der Fall wäre, könnte man ja erneut nicht von «Autonomie» und «freiem Verstandesgebrauch» reden. Der Mensch würde so stattdessen einfach von einem Set von angeblich Richtigem in ein neues Set von Richtigem hineingeführt; nicht in «Autonomie» oder «freien Verstandesgebrauch» an sich, und der Einzelne hätte in so einem Rahmen erneut keine Bedeutung, weil er nur wieder nachvollziehen dürfte, was nun angeblich *an sich* richtig ist.[152]

In der Hoffnung, mittels Gewährung von Autonomie einerseits, «freien Verstandesgebrauchs» andererseits Freiheit zu erschliessen, sind damit zwei

miteinander verbundene Problematiken beschlossen. Einerseits müssen die
Inhalte, die es nun wert wären, verfolgt zu werden, ja erst gefunden werden –
es geht ja bei einer solchen Freiheit nicht darum, unter Beiseiteschaffung einer Behinderung an sich bereitstehende Inhalte (endlich) zu entdecken oder
zu ihnen zurückzukehren; wie dies etwa einem Erblindeten widerfahren würde, der sein Augenlicht wiedergewänne. Andererseits stellt sich dann aber die
Frage, was gewissermassen auf der anderen Seite der Freiheit auf einen warte.
Am behaglichsten wäre natürlich, wenn man, indem man seine Freiheit gewänne, gewissermassen einen Schalter umlegen könnte und sich einem nun
ein Zugang zu wirklich «Wahrem» oder «Richtigem» erschlösse; so wie etwa
ein Mensch, der sich von einem Partner befreien würde, von dem er sich
beengt gefühlt hat, meinen könnte, sein wirkliches Glück nun in einem neu-
en Partner gefunden zu haben.[153] Dann aber müsste man sich freilich fragen,
ob in der Vorstellung einer solchen Freiheit nicht etwas Unredliches beschlossen wäre: Sie bestünde ja dann allein darin, sich von etwas zu befreien,
nicht aber auch darin, dafür offen zu sein, dass sich die Freiheit, die sich nun
einstellte, als eine Freiheit nach allen Seiten hin erweisen könnte: eine Freiheit, die vielleicht nirgendwo mehr verortet wäre und sich in ganz freien
Handlungen (was immer man sich darunter dann vorstellen mag) ausdrücken würde und könnte.

In Vorstellungen, welche versprechen, den Menschen in eine ganz neue
Richtung zu weisen (etwa jene einer Aufforderung, sich selbst zu «wählen»,
oder die einer Bildung, die verspricht, Zugang zu Gegenständen zu verschaffen, die es angeblich wert sind, das Leben bedeutungsvoll auszurichten),
nimmt zunächst zwar die Idee eines *Aufbruchs* Gestalt an. Auf diese wird
dann aber, wie sich zeigt, gleich noch das Versprechen aufgepfropft, dass ein
solcher Aufbruch *glücken* werde, wenn er nur richtig zu einem Ende geführt
werde. Dabei handelt es sich aber bei genauer Betrachtung natürlich um zwei
ganz verschiedene Dinge: Es mag einerseits von einem Menschen gefordert
sein, dass er aufbreche, ohne dass ihm versprochen werden kann, dass er etwas Besseres finde – einfach weil die Verhältnisse, in denen er sich bewegt,
unwürdig sind oder weil er sich über das, was ihm zugestanden wird, hinaus
entfalten muss.[154] Ihm aber andererseits zu versprechen, *dass* er so gewiss ein
Besseres finde, ist etwas ganz anderes. Es mag gut begründet werden können,
dass er aufbrechen müsse – das Versprechen, dass er nun zu Glück, Erfül-

lung oder Sinn finden werde, kann ihm aber nicht mit Gewissheit gegeben werden: Das kann sich einstellen oder nicht.[155]

Dazu tritt nun aber noch eine weitere Schwierigkeit, die mit der Vorstellung der Freiheit an sich verbunden ist. *Wenn* Freiheit sich ganz auftut, ist gewissermassen *alles* möglich: Es kann aus ihr Grosses und Schönes erwachsen, sie kann aber auch in Leere, in Beliebigkeit und am Ende in Unsinn, ja sogar in Verbrechen münden. Der besondere Charakter von Freiheit besteht ja eben darin, dass Freiheit frei und damit offen ist, also nicht einfach, *allein als Freiheit,* selbst zu Gutem hinführt. Wer der Freiheit das Wort redet, nimmt also in Kauf, nicht in der Lage zu sein vorauszusehen, was im Namen der Freiheit alles Gestalt annehmen kann. Wer zu einer Form von Aufbruch aufruft, steht damit auch vor der Herausforderung, irgendwie sicherzustellen, dass ein solcher Aufbruch wirklich zu etwas Wertvollem führt bzw. umgekehrt nicht einfach Leere oder Belanglosigkeit zur Folge hat.[156] Wenn Freiheit nur in Willkür führen würde, wären ja alle Formen von Aufbruch nicht nur nicht berechtigt, sondern geradezu gefährlich. Und es ist ja dann genau diese Offenheit nach allen Seiten hin, die sich mittels Autonomie oder freien Verstandesgebrauchs auftut, auf welche Vertreter einer wie immer gearteten Obrigkeit hinweisen, wenn sie Autonomie und eigenen Verstandesgebrauch in Misskredit ziehen wollen.[157] Wohinein könnte, machen sie immer gleich geltend, Freiheit anders münden als in Richtungslosigkeit, Verlorenheit und «Chaos»?

Wenn sie eine solche Frage stellen, gehen sie freilich in die Irre, weil sie mit ihr in eine ungerechtfertigte *Zweiwertigkeit* verfallen: Dass es auf der einen Seite nur *ihre* Ordnung der Dinge oder dann auf der anderen Seite Unordnung und Chaos gebe, ist eine verfehlte Darstellung der Dinge – tatsächlich *kann* sich aus der Auflösung einer Ordnung auch, neben Unordnung, (jedenfalls nach und nach) eine andere Ordnung ergeben.[158] Die Frage aber bleibt bestehen, wie in die Wege geleitet werden kann, dass die Abwendung von einer Ordnung, statt in Unordnung zu führen, dazu beitragen kann, dass eine neue Ordnung Gestalt annehmen kann.

Es ist genau diese Not der Begründung, in die hinein Vorstellungen wie die besprochenen nun – freilich auf fragwürdige Weise, wie gleich dargestellt werden muss – ihre jeweiligen Antworten setzen. Ihre Antworten scheinen tatsächlich jedem Vorwurf der Willkür trotzen zu können, weil sie je auf ihre Weise scheinbar in sich selbst zweifelsfrei erscheinen müssen oder doch jedenfalls von hoher Überzeugungskraft sind. Was scheint gegen die Forderung, «sich selbst zu wählen», statt dem zu folgen, was ausser einem stehe, sprechen zu können;[159] was gegen die Forderung, seinen Verstand einzusetzen, wenn doch Vernunft *als Vernunft* nur zu richtigen Ergebnissen führen zu können scheint?

Freilich münden solche Antworten gleich in neue Bedenken. Zum einen kann es sich bei jenen Ziel- und Haltepunkten, die solche Vorstellungen ins Treffen führen, ja nur wieder um die Annahme handeln, es gebe hinter der vorgefundenen Welt an sich bestehende und ihr gewissermassen vorausgehende Muster – in Form ebenjenes «Selbst», das man «wählen», also sich zu eigen machen müsse; in Form jenes Allwissens, auf das man seinen Verstandesgebrauch auszurichten habe, wenn man ihn «richtig» anwende und seine Freiheit in etwas «Wahres» überführen wolle. Eine solche Annahme stellt indessen erneut die Ausgeburt eines verblasenen Platonismus oder Essentialismus dar, und sie mündet ja dann dementsprechend immer wieder in die Vorstellung, dass man gewissermassen zuerst das Muster erkennen und sich dann auf dieses beziehen müsse, bevor man seiner Wege gehen könne. Zum anderen bleiben solche Vorstellungen dann aber immer bei schönen scheinbar bedeutungsvollen Worten stehen, münden also nicht in irgendwie zu Ende formulierte und damit auch konkret benannte Forderungen. Wie könnte man nämlich wissen, wann man sein «Selbst» wirklich und endgültig gewählt hat; wie könnte man wissen, wann man die endgültige «Reife» erlangt hat, aufgrund welcher man seinen Verstand anwenden darf? Solche Begriffe *scheinen* etwas zu hypostasieren, allein weil sie es benennen – damit ist aber selbstverständlich nicht ausgemacht, dass es zu einer solchen Benennung auch einen wirklichen Gegenstand gibt.

So mag sich am Ende ein mehr als paradoxes Ergebnis einstellen. Die Befürchtung, dass Freiheit in Willkür enden könne, wenn sie nicht irgendwie in gelenkte Bahnen gewiesen werde – eine Gefahr, die immer besteht –, mündet statt in Befreiung in eine neue Form von Beengung. Sie hat zur Folge, dass sich der Einzelne nicht wirklich *emanzipieren* kann, sondern sich (wie ein kafkaesker Held) erneut auf der einen Seite gewissermassen frei bewegen darf, auf der anderen Seite aber doch nicht wirklich frei sein kann, solange er sein Ziel nicht endgültig erreicht hat. Der Einzelne mag zwar verstehen, dass er aufbrechen soll, aber das Ziel, das er erreichen soll bzw. das ihn dazu ermächtigen würde, sich seine Freiheit tatsächlich zu eigen zu machen, kann er nie erreichen, weil er nie mit Gewissheit weiss, wann er es erreicht hat – und er kann es ja tatsächlich nie erreichen, weil es sich dabei um ein platonisches Hirngespinst handelt. So muss sich der Einzelne (wenn er nicht den Mut dazu hat, die Forderung als Ganzes, er habe zuerst etwas Bestimmtes zu sein, bevor er zu existieren beginnen dürfe, von sich zu weisen) in eine Form von Leere hineinbewegen: Er ist auf der einen Seite nicht mehr in jenen Vorstellungen verortet, die ihn vor seinem Emanzipationsversuch eingehüllt haben; er ist auf der anderen Seite aber noch nicht dort angelangt, wo er (angeblich) ankommen soll. (Zu einer solchen Wirkung trägt bei, dass solche angeblichen Ziele der Befreiung immer wieder einen *absoluten* Charakter haben. Man kann ja nicht gewissermassen ein bisschen sich selbst wählen, sondern muss es – scheinbar – *ganz* tun; man scheint die Welt nicht ein bisschen verstehen zu können, sondern muss sie – scheinbar – *ganz* verstehen, wenn man sie verstehen will.) In einem solchen Zwischenzustand muss sich der Mensch als ungenügend, ja eigentlich als Niemand vorkommen.

Die geschilderte Problematik lässt sich *verallgemeinern*. Sie besteht darin, dass eine Bewegung, die mittels Autonomie die Berechtigung zu freiem Denken und die Befreiung von den Geboten einer angemassten Autorität gewinnt, nun vor der Herausforderung steht, die allenfalls erlangte Freiheit mit etwas Sinnvollem zu füllen bzw. zu verhindern, dass so befreite Menschen dann in Willkür abzugleiten. Freiheit, einmal erworben, wird also, recht betrachtet, *als Freiheit* selbst zum Problem: Wenn sie nicht in Fragwürdigkeiten aller Art münden soll,[160] scheint sie eines neuen festen Haltepunktes zu bedürfen. Paradoxerweise scheint ja gewissermassen zu viel Freiheit Freiheit zu zerstören; und Freiheit setzt nicht nur Grosses und Schönes frei, sondern bringt auch allerlei (neutral gesagt) Ungestaltetes hervor.[161] Aber gerade ein solches festes Fundament zu finden ist ja ebendeswegen nicht möglich, weil zu Freiheit gehört, dass man auch solche Bezugspunkte verloren hat. (Dass sich eine solche Frage erheben könnte, hat den Begründern von Freiheitsbewegungen aller Art deswegen oft nicht klar vor Augen gestanden, weil sie, ohne sich Rechenschaft über ihr Tun zu geben, Annahmen getroffen haben, die ihnen zwar jenseits von Zweifeln zu stehen schienen, die aber natürlich ebenfalls problematisch waren. Solche Annahmen wurzeln ja immer in Paradigmen, die nicht wirklich begründet werden könnten, sondern eine Zeit lang einfach überzeugen.[162])

Es ist nun genau diese Befürchtung – oder Sehnsucht –, welche die Wurzel einer ganzen Menge von Versuchen bildet, über einer erworbenen Freiheit gewissermassen neue Unbezweifelbarkeiten oder feste Richtpunkte zu konstruieren.

Zunächst finden sich da allerlei Zerrformen von Verortungsversuchen, die kaum überzeugen können, unstreitig aber Produkte der beschriebenen Not darstellen.[163] Dazu gehört auch der unbeholfene Wunsch nach «Ordnung», der sich in freien Gesellschaften so schnell breitmacht und, bei genauer Betrachtung, doch so verfehlt ist, weil es keine Ordnung an sich geben kann.[164]

Indiz einer solchen Sehnsucht – oder Überzeugung –, dass sich irgendwo ein unbezweifelbarer Haltepunkt finden lasse, ist auch jener inflationäre Gebrauch der Behauptung, gewisse Vorstellungen seien «vernünftig» oder gar «logisch», welchen die Öffentlichkeit in allen Bereichen macht: Wenn etwas «logisch» oder «vernünftig» zu sein scheint, scheint es an ihm keine Zweifel mehr zu geben. Eine solche Verwendung der Begriffe ist aber unangebracht. «Logisch» kann nur etwas sein, was in einem System, das in allen Welten zutrifft, also etwa in Mathematik oder Logik, die formalen Bedingungen des richtigen Schliessens erfüllt; nichts Inhaltliches. Im Bereich von Mathematik und Logik kann es ja aber gar keine Freiheit geben, sondern bloss formale Erfüllungen – Logik allein führt also nicht nur zu keinen *inhaltlich* zweifellosen Erkenntnissen, sondern kann auch die Richtigkeit von inhaltlichen Erkenntnissen nicht garantieren. «Vernünftig» auf der anderen Seite kann nur etwas sein, was in Bezug auf einen *Massstab* vernünftig ist – in Frage steht also nicht ein wie immer geartetes Vorgehen (eines irgendwie vernünftigen Messens), sondern stehen die Massstäbe selbst; und diese sind nun aus irgendwelchen Gründen *gesetzt*: Sie sind nicht selbst vernünftig. Es mag im Sinne einer Hypothese sinnvoll sein anzunehmen, dass etwas der Fall ist, und ein methodisches Verfahren mag dann zum Ergebnis haben, dass sich eine Hypothese verifizieren lässt (mehr als eine solche Erkenntnis kann man in der empirischen Welt nicht gewinnen); und eine solche Erkenntnis kann dann nur auf Zusehen hin gelten, nicht irgendwie absolut.[165]

Abgesehen davon kann eine naturwissenschaftliche Erkenntnis höchstens darin bestehen – das wird immer schnell vergessen (selbst von Personen, die sich für die Ausgeburt von «Vernünftigkeit» halten) –, was für *notwendige* Bedingungen in ihr allenfalls gelten mögen; sie kann aber nicht bestimmen, was in ihr im *hinreichenden* Sinn Gültigkeit haben soll. Es mag aus Erkenntnissen der (geltenden) Mechanik etwa hervorgehen, dass jemand, der mit seinem Auto zu schnell in eine Kurve fährt, aus der Kurve hinausgetragen wird; die Naturwissenschaft kann ihm aber nicht sagen (um bei diesem Beispiel zu bleiben), *wohin* er fahren soll und was er mit seinem Leben anfangen soll. Sie kann höchstens, und auch das immer nur auf Zusehen hin, zur Erkenntnis kommen, dass, *wenn* das und das gelte, das und das der Fall sein könne. Sie kann aber nicht bestimmen, was wertvoll oder gut ist, worin der Mensch seinen Sinn suchen soll und worin er die Erfüllung seines Menschseins findet.

So ist am Ende dann auch der Wunsch, dass die *(Natur-)Wissenschaft* bestimmen könne, was in einem Raum der Freiheit gelten müsse, weil sie angeblich erkennt, was immer gilt, verfehlt (auch wenn sie immer wieder in neuer Gestalt erscheinen mag).[166] Auch (Natur-)Wissenschaft kann immer nur Vorstellungen davon entwickeln, wie man die vorgefundene Welt auffassen könnte, sie hat aber keinen irgendwie privilegierten Zugang zu ewig richtigen Gehalten.

Da bleibt noch die Philosophie übrig.

Wie man weiss, sucht die neuere Philosophie die Frage, wie man Freiheit umsetzen und gestalten könnte, unter anderem damit zu beantworten, dass sie ausgefeilte Vorstellungen darüber, wie eine Ethik ohne willkürliche Setzungen aussehen könnte, entwickelt hat; sie hat weiter zu begründen versucht, wie Gerechtigkeit gestaltet sein müsste, oder Theorien darüber entworfen, wie eine freiheitliche Gesellschaft *mindestens* aussehen müsste. All der in solchen Vorstellungen zu Tage tretende Scharfsinn kann aber natürlich nicht darüber hinwegtäuschen, dass es sich bei ihnen erstens immer allein um *formale* Theorien handelt und dass es sich dabei zweitens immer nur um die Formulierung von *notwendigen* Bedingungen, die gerechte freie Gesellschaften erfüllen müssten, handelt. So sagen etwa die kantsche Ethik oder der Utilitarismus nicht, was man *tun* solle, sondern welche Mindestbedingungen für eine ethische Haltung gelten sollen, wenn sie als ethisch gelten können; sie sagen also nicht in einem positiven Sinn, was geboten, sondern was *nicht* ethisch ist. Und die generelle Vorstellung einer freien Gesellschaft gipfelt darin, dass sie geltend macht, von Freiheit könne nur die Rede sein, wenn sie die Freiheit aller sei, nicht darin, wie sich freie Menschen auszurichten hätten.

So tragen sie damit auf ihre Weise der Forderung, dass Freiheit nicht in Willkür münden darf, Rechnung. Man mag allgemein die Angst haben, dass Freiheit in Form von Beliebigkeit des Verhaltens oder Meinens oder gar von Verbrechen Willkür im üblen Sinn hervorbringen könnte. Auch den Raum der Freiheit mit willkürlichen Setzungen eines wie immer gearteten Guten zu füllen wäre aber immer noch Willkür; so gut gemeint solche Setzungen auch sein mögen. (Auch ein solches Gutes kann sich nicht auf absolut geltende Massstäbe berufen und bleibt damit, so gut es einem auch erscheinen mag, fragwürdig, weil es keinen letzten Grund dafür gibt, ihm zu folgen.[167])

Freilich mögen solche Theorien der Sehnsucht, im Raum der Freiheit einen Haltepunkt zu finden, nicht oder nur ansatzweise genügen. Auch sie können nicht begründen, was positiv gelten soll.

Diese Sehnsucht mag endlich – paradoxerweise – die Berufung auf den *Tod* erfüllen. Die Tatsache, dass der Tod wirklich aller Freiheit ein Ende setzt, also eine Tatsache darstellt, der sich niemand entziehen kann, scheint sich einer Welt, die sich Autonomie und freiem Verstandesgebrauch verschrieben hat, als eine Form von Unausweichlichkeit und damit letzte Gewissheit gegenüberzutreten. Und so scheint er für die Philosophie nun wirklich einen festen Bezugspunkt zu geben, aus welchem sich scheinbar entwickeln lässt, was der Mensch mit seiner Freiheit anfangen soll. Er soll lernen zu sterben; er soll sein freies Leben auf die Erkenntnis richten, dass er dereinst sterben wird; sein Leben wie auch seine Freiheit scheinen dann nur ein «Vorlaufen in den Tod» darzustellen.[168] Freiheit scheint so einen Punkt zu finden, auf den sie sich ausrichten kann, ja eigentlich ausrichten zu *müssen* scheint: Freiheit scheint angesichts der Unausweichlichkeit des Todes eigentlich gar keinen Gehalt mehr zu haben und nicht mehr von Bedeutung zu sein. Es geht, wie es scheint, im Leben «in Wirklichkeit» um den Tod; aus ihm allein scheint Tiefe zu erwachsen, weil er zugleich fest und bedrohlich erscheint.

So überzeugend ein solcher Gedanke angesichts der Gewalt des Todes unmittelbar erscheinen mag, so wenig überzeugend ist er aber bei rechter Betrachtung. Wieso soll der Mensch allein seine Auslöschung im Auge haben; so gewiss die Tatsache auch sein mag, dass seinem Leben, Lebenwollen, ja seinem ganzen Sein ein Ende gesetzt werden wird? Sich dem Tod ganz zu

überantworten stellt ja am Ende nichts anderes dar, als sich einer über-
menschlichen *Macht* zu beugen. Dabei muss freilich unterschieden werden
zwischen der Erkenntnis auf der einen Seite, dass der Mensch sterblich ist
und sein Dasein damit einen anderen Charakter hat als das Dasein etwa des
Matterhorns (als einer empirischen Tatsache, die dem Menschen zwar wegen seines engen Zeithorizontes ewig erscheint, die aber dennoch vergänglich
ist) oder etwa der binomischen Formeln (als einer formalen Tatsache, die an
sich besteht), und der Frage auf der anderen Seite, wie er sich zu dieser Tatsache *einzustellen* habe. Er mag sich damit auseinandersetzen, dass sein Dasein einen bestimmten Charakter hat, er mag bedauern, dass er nicht ewig
bestehe, und Philosophie mag (anders als Alltagsbeschäftigungen) dadurch
eine besondere Würde erhalten, dass sich der Mensch in ihrem Rahmen mit
dem besonderen Charakter seines Daseins auseinandersetzt. Das ist aber eine
Entscheidung, nicht ein Müssen. Sich einem anderen Thema zu widmen ist
nicht einfach «oberflächlich», wie behauptet werden mag – solange nicht absolut geboten wäre, was das Thema der Philosophie sein müsse, ist sie frei,
ihr Thema zu wählen; und ein solcher absoluter Zwang könnte nicht begründet werden. Zu behaupten, neben der Tatsache des Todes gebe es nichts anderes, worauf man sich beziehen könne oder dürfe, wie auch, dass nur er
allein Wichtigkeit habe, bedeutet dann aber nichts anderes, als sich einer
Macht zu ergeben und seine Menschlichkeit und Fähigkeit, sich zu seinem
Leben einzustellen, aufzugeben.[169]

Freilich scheint man, indem man sich auf den Tod bezieht, als Neben-
folge zu gewinnen, dass man mit ihm und der Überantwortung an ihn als
den einzigen Gegenstand, der Bedeutung zu haben scheint, scheinbar – endlich – einen festen Referenzpunkt gefunden hat, der jenseits von Willkür zu
stehen scheint. Indem man ihn sich zu eigen macht, scheint man der Aufgabe enthoben, zu suchen, was man mit Freiheit «anfangen» könne, und erst
recht sich der Aufgabe zu entwinden, die Leere, die mit Freiheit einherzuge-
hen scheint, auszuhalten.[170]

Der Ausrichtung auf den Tod setzt bekanntlich Hannah Arendt die
Vorstellung der *Natalität* entgegen.[171] Statt auf das Ende des Lebens zu starren, legt sie das Gewicht auf jenes Neue, das mit jedem Menschen ins Spiel
kommt – und kommen muss, denn jeder neue Mensch muss das Recht haben, seine Stimme erschallen zu lassen –, und rückt nun den Gesichtspunkt
des «Anfangens» ins Zentrum ihrer Überlegungen. Damit gibt sie dem Le-

ben gewissermassen Raum, statt es unter allerlei Vorspiegelungen von Tiefsinn oder Notwendigkeit in Vorstellungen einzuzwängen, die vorgeben, als einzige gelten zu dürfen. Immer wieder werden sich neue Menschen mit dem, was ihnen bedeutungsvoll erscheint, in das *Bezugsgewebe menschlicher Angelegenheiten* einschiessen; und es soll immer ein neuer Anfang sein.[172] Es kann wohl nicht genug betont werden, wie *würdig* eine solche uneingeschränkte Form von Offenheit ist: Sie gibt nicht nur dem je Einzelnen Bedeutung, sondern entzieht sich so gleichzeitig jeder Versuchung, in irgendeiner Form der Vorstellung das Wort zu reden, dass eines Tages die Welt irgendwie gewissermassen zu Ende begriffen sein könnte.

So gewiss es indessen sein muss, dass Arendts Begriff der Natalität und der grossen Bereitschaft zur Offenheit, die sich in ihm ausspricht, nicht den Fehler macht, absolute Bezugspunkte zu konstruieren, die im Rahmen von Freiheit bindend würden, so gewiss muss nun aber auch sein, dass auch ihre Vorstellung die Frage, wie sich Freiheit gestalten müsste, nicht beantworten kann. Sie lässt Neues zu und ist auf ihre Weise gross, weil sie Offenheit zulassen kann – gleichzeitig kann sie aber insofern noch immer nicht genügen, als ja auch Neues, so wünschenswert es erscheinen mag, und die Freiheit des je neuen Menschen, sich in die Welt einzubringen, nicht alleine garantieren können, dass dieses Neue, das so ins Spiel gebracht wird, schon alleine gut sei. Es mag zwar neu sein, und es mag wünschenswert sein, dass es in Erscheinung treten kann, aber auch es kann in Willkür, Bedeutungslosigkeit, Unsinn oder in Übles münden. Auch ein arendtsches Anfangen ist nicht einfach, weil es Anfangen ist, gut – auch ein solches Anfangen in Freiheit kann in Missbrauch der Freiheit oder Unsinn münden. Auch die Betonung, dass Anfangen möglich sein müsse, entpuppt sich damit allein als notwendige Bedingung, nicht als hinreichende Bedingung dafür, dass aus Freiheit etwas Wertvolles entstehe, das ihrer Würde entspricht.

2. «Sich durchsetzen»

An diesem Punkt betritt ein Philosophem den Plan, das alle genannten Schwierigkeiten auf einen Schlag beiseitezuschaffen scheint (und ebendeswegen überlegen zu sein scheint, weil es ja selbst – scheinbar – «Erfolg» hat). «Philosophem» mag es dabei genannt werden, weil es, wie sich schnell zeigt, ein Produkt faulen Denkens ist. Nicht die (ergebnislose) Suche nach einem irgendwie zweifellos Bestimmten oder «Wahren», wie sie die Wissenschaft oder Philosophie unternimmt, führt, wie es nun scheint, zu einem Haltepunkt, der nicht mehr in Zweifel gezogen werden kann, sondern richtig und wahr scheint ganz einfach das zu sein, was sich faktisch «durchsetzt», in einem Wettbewerb trivialdarwinistischer oder wirtschaftlicher Gestalt. Und was sich dann «durchsetzt», scheint darüber hinaus nicht nur eine notwendige Bedingung, sondern gleich noch auch eine hinreichende Bedingung für dessen Geltung herzustellen. Indem es sich «durchsetzt», bringt es in Form dessen, was sich «durchsetzt», etwas Bestimmtes hervor, und insofern als das der Fall ist, scheint sich die Frage, ob etwas mindestens so gestaltet sein müsse (damit es sich durchsetze) oder positiv so sein müsse, wie es ist, nicht mehr zu stellen. So, wie in der «Natur» eine Giraffe durch ihr faktisches Dasein eben so sein zu müssen scheint, wie sie eben ist, scheint auch ein Produkt, das die Wirtschaft herstellt, wenn es sich «durchsetzt», eben so sein zu müssen, wie es ist. Eben dadurch, dass sich etwas faktisch durchsetzt, scheint es genau das sein zu müssen, was es ist. Es ist der Fall, also *muss* es der Fall sein; sonst wäre es (wie es dann erscheint) nicht möglich, dass es sich durchgesetzt hätte.[173]

Ein solches Philosophem scheint sich von jenem statischen Hintergrund-Platonismus zu entfernen, der Jahrhunderte in Bann geschlagen hat, denn es scheint ja nun *dynamischer* Art zu sein. Wahr und richtig erscheint in seinem Rahmen nicht, was in unveränderlichen Mustern Gestalt annimmt, sondern was in einer Form von Wettbewerb die Oberhand gewinnt. *Wenn* ein konkreter einzelner Wettbewerb abgeschlossen ist und sich etwas «durchgesetzt» hat, kann es keinen weiteren Zweifel geben: Das und das hat sich als Sieger «durchgesetzt». Im faktischen Resultat eines Wettbewerbs tritt dann aber wieder schnell der scheinbar überwundene Platonismus zu Tage: in Form der Unterstellung, dass *nun* unverrückbar sei, was sich ergibt. Man mag zwar davon schwärmen, dass sich – theoretisch – in weiteren Wettbewerben immer weiter Neues durchsetzen könnte; aber das Augenmerk liegt ja immer auf dem einmal Erreichten, und dessen faktischer Erfolg scheint gewiss zu sein.[174] Und wenn man am Ende auch hinnehmen muss, dass sich immer wieder andere Personen oder Unternehmen oder Vorstellungen «durchsetzen», so scheint doch wenigstens für den nicht unmittelbar involvierten Beobachter die Tatsache festzustehen, dass es immer neue Sieger gibt;

sodass also jedenfalls gewiss ist, dass es Siege gibt, dass alle Herausforderungen in einen Sieg münden und diese, als Siege, bestimmende Kraft haben.[175] Man mag verstehen, wie ein solches Philosophem Gewalt über das Alltagsdenken der Moderne hat gewinnen können. Es wurzelt in einem Paradigma, das in der Nachfolge der Aufklärung in Form des wirtschaftlichen Liberalismus auf der einen, des um sich greifenden Darwinismus auf der anderen Seite Aufbruch gegenüber angeblich ewig richtigen Vorstellungen mit sich brachte, dann aber – freilich auf problematische Weise – am Ende mit seiner Siegerrhetorik doch unbezweifelbare Gewissheit herzustellen schien. Freilich ist es gleichzeitig so fragwürdig, dass bei rechter Betrachtung erstaunlich bleiben muss, dass es selbst kaum auf Kritik stösst – ausser man trüge dem Umstand Rechnung, dass Weltbilder, welche in der einen oder anderen Weise den Gedanken ausdrücken, dass die Welt gerade so, wie sie ist, richtig sei, ein tiefsitzendes Bedürfnis nach Sicherheit erfüllen und ebendeswegen kritiklos übernommen werden (nicht, weil sie tatsächlich sicher *sind,* sondern weil sie eine solche Sehnsucht *erfüllen,* was etwas ganz anderes ist).

Zunächst zeichnet sich das «Durchsetzungs»-Modell dadurch aus, dass es gewissermassen von einem harten Tatsachen-Charakter geprägt ist. Insofern als sich etwas «durchsetzt», scheint es eine Tatsache *ohne irgendwelches menschliches Zutun* zu schaffen und damit ähnlich wie das Matterhorn oder die binomischen Formeln gewissermassen *an sich* zu bestehen.[176] Weil es als Tatsache erscheint, kann es scheinbar nicht in Zweifel gezogen werden. Zwar mag es aus den Handlungen einzelner Akteure resultieren, die, anders als bei einem platonischen Weltbild, frei ihre eigenen Ziele anstreben können – aus diesen einzelnen Handlungen scheint dann aber die «unsichtbare Hand» (was immer das sein mag) eine Wirkung zu formen: ebendie, dass sich etwas «durchsetzt», etwas in einem Wettbewerb faktisch siegt und so als ein tatsächliches Resultat eines Wettbewerbs Berechtigung in sich zu tragen scheint. Gemäss diesem Modell verwandeln sich im Laufe des Prozesses eines Wettbewerbs einzelne zufällige Handlungen in ein Ergebnis, das dann in sich selbst fest ist: eben das Ergebnis eines Wettbewerbs bzw. die Konstituierung eines Siegers, und dieses Ergebnis erscheint dann berechtigt, weil es das Ergebnis eines Wettbewerbs ist.[177] Man lässt die einzelnen Akteure gewissermassen je so schnell rennen, wie es ihnen möglich ist – am Ende wird dann einer von ihnen das Rennen gewinnen und als Sieger ausgerufen; vor allem aber hat der Wettbewerb als Ganzes ein festes Resultat erbracht.[178] Nicht der Sieger ist wichtig, sondern die Tatsache, dass der Prozess des Wettbewerbs ein *festes Resultat* erbracht hat.

Damit einher geht nun aber, dass der Mensch im Rahmen eines solchen Prozesses am Ende über die Tatsache hinaus, dass er mit anderen zu einem Wettbewerb antritt, keine Eigenbedeutung hat. Es gilt nicht, was einem von ihnen wertvoll erscheinen mag oder was sich einer wünschen mag oder was er aus seinen Überlegungen heraus (etwa aus ethischen Vorstellungen heraus) als berechtigt empfinden kann, sondern was sich zum Schluss eines Wettbewerbs als Resultat gewissermassen von alleine ergibt. (Man lässt, gewissermassen, zum Beispiel Ludwig van Beethoven, ABBA und DJ Bobo gegeneinander antreten, ohne dass ihre Werke im Einzelnen bewertet würden, und bestimmt mittels einer Umfrage, wessen CDs am erfolgreichsten sind oder wessen «Lieder» – um einen banausenhaften Ausdruck zu verwenden – am meisten «heruntergeladen» oder «angeklickt» werden.) Im Rahmen einer solchen Vorstellung spielen Einschätzungen und Unterschiede (und damit dann auch der Mensch, insofern er als Mensch Einschätzungen vornehmen und Unterschiede setzen kann) am Ende keine Rolle[179] – auch ein solcher Wettbewerb ergibt ein zählbares Resultat, gegen das sich nichts mehr einwenden lässt: DJ Bobo zum Beispiel mag Sieger eines solchen Beliebtheitswettbewerbs sein – und soll dann als *Sieger* massgebend sein.

Damit hat sich der Mensch dem zu beugen, was sich als Resultate von Wettbewerben ergibt – er kann höchstens noch daran arbeiten, in Wettbewerben besser abzuschneiden als andere. In einem Wettbewerb ist es – wie es scheint – nun einmal so, dass der «Stärkere» gewinnt (auch wenn in diesem «Stärkeren» etwas Gestalt annimmt, was fragwürdig oder gar verbrecherisch ist); und man scheint nur daran arbeiten zu können, dass man selbst der Stärkere ist oder wird. Der Wettbewerb und die Tatsache, dass er nur einen Ausgang haben kann – dass eben der Stärkere gewinnt – scheint dagegen festgesetzt. So scheint es auch «in der Natur» vor sich zu gehen: Auch hier siegt faktisch der sich Durchsetzende, und weil er siegt, siegt er zu Recht – sich andere Verläufe auszudenken oder gar zu wünschen erscheint als sinnlos, weil es (scheinbar) keine anderen Verläufe geben kann.[180]

Bei rechter Betrachtung stellt sich freilich schnell heraus, dass ein solches Modell in mehrfacher Weise in die Irre geht. Zum einen zerstört es mit seiner Ausrichtung auf Wettbewerbe und das Siegen *Vielfalt* und stellt ebendeswegen kein Abbild natürlicher Vorgänge dar: Die «Natur» zeichnet sich ja nicht allein dadurch aus, dass in ihr Wettbewerbe stattfinden, sondern sie produziert umgekehrt ja auch eine riesige Vielfalt.[181] Es kann also keine Rede davon sein, dass im Grunde alles «Wettbewerb» sei (wie das etwa Wirtschaftsleute gerne geltend machen) – eine solche Vorstellung ist selbst ein Produkt menschlicher Annahmen bzw. das Produkt eines bestimmten Paradigmas. Es handelt sich dabei also nicht um eine Feststellung, die an sich unverrückbare Tatsachen abbildete, sondern um eine *Interpretation* der vorgefundenen Welt (im Gefolge eines bestimmten Paradigmas). Zum anderen sind Wettbewerbsgefüge, in denen sich Ideen, menschliche Vorstellungen oder Leistungen aneinander messen mögen, in ihrer Anlage ebenfalls nicht einfach festgefügt, sondern gemacht. Es gibt ja in der vorgefundenen Natur nicht etwa Fragestellungen wie die, wie man ein elektrisch betriebenes Auto bauen könne, wie man neue Antibiotika finden könne oder wie man ein möglichst billiges Bügeleisen herstellen könnte, und auch das Prinzip, dem solche Wettbewerbe folgen mögen: die Suche nach einer möglichst kostengünstigen Variante zum Beispiel, ist ein Produkt gewisser von Menschen ausgehender Vorannahmen. (Die «Natur» dagegen ist ja oft äusserst verschwenderisch …) Im Design von Wettbewerben verstecken sich also in mehr als einer Hinsicht *Setzungen,* die so geartet sein können oder anders – und das Resultat eines solchen Wettbewerbs besteht dann ebenfalls nicht einfach *an sich,* sondern stellt ein Resultat dar, in dem sich all die getroffenen Vorannahmen abbilden.[182]

Damit gehen nun zwei Dinge einher. Im Rahmen des «Durchsetzungs»-Modells scheint der Mensch – es ist schon angedeutet worden – keine wie immer geartete Rolle zu spielen und nicht als jemand in Erscheinung zu treten, der seine Welt gestalten könnte. Es kommt einfach heraus, was aus einem Wettbewerb herauskommt, und er hat sich dann dem zu unterstellen, was sich als Resultat ergibt. Er mag sich andere Ergebnisse wünschen;[183] er mag empört oder gar angewidert sein von dem, was angeblich sein müsse – er wird dann aber immer mit dem Hinweis darauf belehrt, dass man sich gegen Tatsachen nicht wenden könne.[184] Man habe die Welt vielmehr so hinzunehmen, wie sie sich ergibt.

(Angesichts des Umstandes, dass Wettbewerbe, die solche Resultate ergeben, immer menschengemacht sind, können sie nicht direkt auf Tatsachen zugreifen – direkt auf Tatsachen zugreifen können keine empirischen Untersuchungen, selbst wissenschaftliche nicht.[185] Andere Designs hätten andere Resultate zur Folge – ebendas wird aber damit versteckt, dass man behauptet, es gebe keine andere Organisation der Dinge.)

Vor allem aber gilt: Die Würde des Menschen besteht bekanntlich, mit Schelers Worten, darin, dass er «Nein» sagen kann und, verallgemeinert, darin, dass sich der Mensch zu dem, was ihm widerfährt, immer frei *einstellen* kann. Davon ist aber in diesem Zusammenhang nicht in Ansätzen mehr die Rede, ja eine solche Auffassung mag dann geradezu lächerlich erscheinen. Er scheint nicht nur hinzunehmen gezwungen zu sein, was angeblich faktisch und unverrückbar der Fall ist, sondern er muss zusätzlich noch, wenn er «vernünftig» sein will, angeblich genauso werten – etwas anderes scheint nicht möglich zu sein.

Genau eine solche Forderung sollte einen freilich misstrauisch stimmen und – endgültig – vor Augen führen, dass mit dem «Durchsetzungs»-Modell etwas nicht stimmt. Und da kommt man schliesslich zum Ergebnis, dass es die Freiheit als Ganzes ist, die in seinem Rahmen auf der Strecke bleibt. Etwas zu finden, das zweifelsfrei ist und unter allen Bedingungen richtig ist oder jedenfalls *de facto* befolgt werden muss, mag die Sehnsucht des Menschen nach Ordnung und Gewissheit befriedigen – gleichzeitig zerstört es aber den Menschen selbst, insofern als es ihm die Möglichkeit aus den Händen nimmt, sich selbst ins Spiel zu bringen, und ihn in Bedeutungslosigkeit (gegenüber den Tatsachen) drückt.

Ein Verstandesgebrauch, der in Gebilde hineinführt, die man für richtig halten *muss,* ist nicht mehr frei; eine Autonomie, die sich (angeblich) festen Bedingungen beugen *muss,* stellt keine Autonomie mehr dar; und eine Form davon, sich zu wählen, bei der schon gewiss ist, was dieses Wählen beinhalten *muss,* ist leer.

Der, welcher sich an die Spitze dessen hievt, was angeblich unveränderlich so sein muss, wie es ist – ein Manager, ein Naturwissenschaftler, ein Philosoph –, mag sich dabei in seinem Tun gross vorkommen – in Tat und Wahrheit dankt er als Mensch ab, indem er das tut, und trägt damit gleichzeitig zur Abdankung der Freiheit an sich bei.[186] Er mag sich gross vorkommen, weil er scheinbar Gewissheiten spazieren führt und so die moderne Gestalt eines unverwundbaren Helden spielen kann – gerade aber darin liegt seine Schwäche. Nicht nur masst er sich mit der Berufung darauf, dass er angeblich Zugang zu dem, was scheinbar *an sich* gilt, hat, etwas an, was der Mensch nicht erwerben kann – er zerstört auf diese Weise vor allem auch Freiheit.[187] Wenn etwas Freiheit ist, kann es, was seinen Ausgang betrifft, gerade *nicht allgemein bestimmt* sein – darin besteht eben das Merkmal von Freiheit. Und, umgekehrt betrachtet, muss man sich fragen, worin Freiheit denn bestehen solle, wenn nicht darin, dass sich Menschen in Freiheit frei verhalten, frei denken und frei werten können?

3. Ein abstossender Abgesang ...

Am Ende mag einem die dargestellte Form der Argumentation gar noch in potenzierter Form entgegentreten: im Hinweis darauf, dass der Mensch in Kriegs- und Notsituationen nicht nur keine Wahl mehr habe, sondern sich dann auch auf eine ganz primitive Weise ohne jede Hemmung und Moral nehme, was sich ihm biete, also zum reinen «Egoisten» werde.

In romantischer Form nimmt ein solches Denken im Hinweis darauf Gestalt an, dass es in Zeiten von Kriegen angeblich nicht nur weniger Selbstmorde und Depressionen gebe,[188] sondern der Mensch dann auch, ohne zu zögern, wisse, was er wolle, ohne sich in seinem Suchen zu verlieren. Bei einer solchen Vorstellung handelt es sich natürlich um ein abstossendes Beispiel des Überdrusses einer verwöhnten Gesellschaft gegenüber der Freiheit, in der sie lebt – und gleichzeitig um ein Gieren nach jener *Bedeutung* des Lebens, welches eine freie Gesellschaft scheinbar nicht «bietet»;[189] und die Not und Ausweglosigkeit darin scheinen die dazugehörige *Tiefe* zu liefern.[190] Die Not scheint das zu liefern, was sich die Menschen in freien Gesellschaften allenfalls nicht zutrauen (oder was sich zuzutrauen ihnen abgesprochen wird).

Gleichzeitig – und das ist der schlimmere Teil – unterstellt die besprochene Vorstellung nun aber auch, dass sich in der Beobachtung der Tatsache, dass Menschen in absoluten Notsituationen nur noch ihr eigenes Wohlergehen im Auge haben, zeige, wie die Menschen «wirklich» seien. In Notsituationen, in Situationen also, in welchen alle schönen Bilder des Menschen von sich selbst, wie sie etwa in Kultur und Ethik zum Ausdruck kommen, wegfielen, zeige sich der Mensch in seiner wahren Gestalt – und umgekehrt erweise sich dabei gleichzeitig, dass Kultur und Ethik gewissermassen nur zum

Schein bestünden und in Notsituationen sofort über Bord geworfen würden.[191]

Es ist eigentlich unverständlich, wie so ein plumper Fehlschluss Menschen hat in Beschlag nehmen können (ausser man würde immer weiter in
Rechnung stellen, dass Menschen sich nach nichts so sehnen, als zu essenti-
ellen Wahrheiten und damit zu (angeblicher) Klarheit zu gelangen). Als pubertäre Einsicht – als Einsicht eines jungen Menschen, der plötzlich erkennt,
dass die Welt nicht so schön und einfach ist, wie ihn sein Kinderglaube ge-
lehrt hat – mag sie im Sinne eines Erschreckens durchgehen, sicher aber
nicht als Einsicht eines erwachsenen Menschen. Man würde ja auch nicht im
Ernst sagen, dass Pflanzen, recht besehen, nichts wert seien, weil sie nur mit
Wasser zusammen blühen können. Und wie könnte eine Extremsituation
verraten, wie ein «Wesen» wirklich sei? In Tat und Wahrheit verhält es sich
ja wohl so, dass Menschen in absoluten Notsituationen nicht zeigen, wie sie
«wirklich» sind, sondern umgekehrt in solchen Situationen *keine Menschen
mehr sind* (bzw. sein können). Der Mensch zeichnet sich ja gerade dadurch
aus, dass er sich etwa mittels Kultur und Ethik über ein blosses banales vege-
tatives Sein erhebt und sich so von einem Gebundensein in reiner Not emanzipiert. Er ist also in Notsituationen nicht «wirklich» er selbst; er ist dann
kein Mensch mehr, sondern ein blosser Gegenstand der Verhältnisse. Die
scheinbar vorurteilsfreie Einsicht darein, dass der Mensch und erst recht
Kultur und Ethik nichts wert seien, und der Zynismus, der in ihr, als grossartige Einsicht verkleidet, Gestalt annimmt, weisen also vielmehr in die Leere.
Und die Sehnsucht nach solchen Situationen und der in ihnen einbeschlosse-
nen letzten Klarheit stellt sich als – abstossende – Sehnsucht von Menschen
heraus, keine Menschen mehr zu sein (oder sein zu müssen).

Gestalt nimmt ein solches Denken etwa im bis zum Überdruss zitierten
brechtschen Satz *Erst kommt das Fressen, dann kommt die Moral* an.[192] Wieder muss man sagen: Es ist unfasslich, dass ein so banaler Satz von Menschen ausgesprochen werden kann, als sei darin grösstmögliche Einsicht beschlossen. Auch bei ihm ist es natürlich der Gestus der Demaskierung, der
ihm scheinbar so viel Gewicht gibt; eine Demaskierung, die gleichzeitig, weil
sie mit ihrem Aufdecken, dass hinter Schönem Schlechtes verborgen zu sein
scheint, sich einen Anschein von ungeheurer philosophischer Tiefe gibt und
den, der sie vornimmt, als eine Person auszuweisen scheint, die mutig in die
Tiefe des Lebens zu sehen bereit ist.[193] Natürlich kann man wissen, dass das

brechtsche Zitat in einem Kontext der bürgerlichen und christlichen Überhöhung der Moral eine bestimmte polemische Funktion hat – für sich genommen und als Einsicht in die angeblich «wahre» Natur des Menschen aufgefasst, ist der Satz aber in mehr als einer Hinsicht kaum etwas wert und überdies in einem gewissen Sinn auch einfach anmassend und dumm.

Schon sein Anspruch, die «wahre Natur» des Menschen in einem Satz blosszulegen, ist verfehlt und stellt gleichzeitig Zeugnis eines verblasenen – und arroganten – Essentialismus dar. Und dazu kommt nun, dass er sich in einer einfältigen *Zweiwertigkeit* ergeht und sich schon allein damit als ein Grundsatz faulen Denkens erweist. Natürlich kann keine Rede davon sein, dass man die Welt – jenseits von formalen Gesetzen etwa der Logik und der Mathematik, die in Zweiwertigkeit wurzeln – mit zweiwertigen Aussagen umfassend beschreiben könnte. Der Mensch mag sich in einer absoluten Notsituation tatsächlich allein an seiner Not und seinem Überlebensinstinkt orientieren – eben am «Fressen» –, und eine allein auf Moral ausgerichtete Religion auf der anderen Seite mag von ihm verlangen, sich unter allen Umständen der Moral zu beugen (und in diesem Zusammenhang dann auch behaupten, das sei ihm möglich) – *zwischen* diesen Endpunkten der Skala gibt es aber, jenseits von absoluten Notsituationen, eine Vielzahl weiterer Verhaltensweisen. Das hängt damit zusammen, dass er sich als Mensch zu dem, was ihm widerfährt, *einstellen* kann. Er ist – ausserhalb von entwürdigenden Notsituationen – in der Lage, (mit Harry Frankfurt zu reden) seine primären Wünsche zu beurteilen und seinerseits Wünsche in Bezug auf diese primären Wünsche zu entwickeln. Er ist nicht einfach entweder ein Anhängsel an seine Wünsche oder aber dann ein willenloser Untergebener der Moral. Er kann seine primären Wünsche beurteilen und so eine Position zwischen dem Hingegebensein an «Fressen» und der gänzlichen Unterjochung unter Forderungen einer unindividuellen Moral entwickeln. Er kann als die Person, die er ist, allenfalls sein «Fressenwollen» (um diesen widerlichen Begriff noch einmal aufzunehmen) zugunsten von anderen Zielen hintanstellen; so wie er auch der Forderung einer absoluten Moral entgegentreten kann. Und selbst wenn er in einer konkreten Situation von seinem «Fressenwollen» übermannt worden sein sollte, kann er sich (solange er sich noch in einer Lage befindet, die ihm erlaubt, ein Mensch zu sein) immer noch vorwerfen, nicht so gehandelt zu haben, wie er es sich von sich gewünscht hätte.[194]

Natürlich passt das zweiwertige Weltbild, das Brecht scheinbar kühn, in Tat und Wahrheit aber im Rahmen einer banalen Reduktion ins Treffen führt, wunderbar in die Welt der Wirtschaft hinein: Diese redet dem Menschen ein, dass er nur am «Fressen» interessiert sei – ja vielleicht gar, dass er erst ein richtiger Mensch sei, wenn er Egoist sei –, weil sie ihn so mit ihrem Angebot leiten und ausnützen kann. Und Machthaber auf der anderen Seite tun allenfalls alles, um den Menschen in eine absolute und entwürdigende Notlage zu bringen, in der er sich mit seinem Überlebenswillen allem ergibt, was von ihm gefordert ist. Und selbst endlich hinter scheinbar gütigen Handlungen verbirgt sich das genannte zweiwertige Bild; dann, wenn man den Menschen als Wesen, das sich nicht zu seinem Leben einstellen kann und das über keine Abwehrkräfte verfügt, als Klötzchen behandelt, das man von aussen wie einen Gegenstand steuern kann und muss.[195]

Auch ein so plumpes Bild des Menschen von sich selbst mag daraus geboren sein, dass sich der Mensch nach etwas sehnt, was unbezweifelbar ist. Das ist auch schliesslich dann der Fall, wenn er daraus ein Bild von Ethik konstruiert, das alle Zweifel beiseitezuschaffen in der Lage zu sein scheint. Er beschäftigt sich dann am liebsten, den ursprünglich grossen Gedanken des Utilitarismus banalisierend, mit Triage-Problemen aller Art und meint auch hier wieder, in der Unerbittlichkeit, die sich in diesem Zusammenhang einstellt, wahre Tiefe und wahre Philosophie zu finden. Geleitet ist der Utilitarismus bekanntlich vom Gedanken, die Welt so zu ordnen, dass die grösste Menge der Menschen das grösste Mass an Glück erfahren kann – mehr als dieses Projekt (das ja dann an die eigene Substanz gehen würde![196]) interessieren aber wieder allein schwerste Notlagen; Notlagen, in denen man unter dem Druck der Verhältnisse nicht mehr allen Menschen helfen kann und sich dann dazu gezwungen sieht, einzelne Menschen zu «opfern». Die Frage zu beantworten, wie man dann – also wieder in Situationen, in denen Menschen nicht mehr würdig leben können – vorgehen müsste, bestimmt nun wieder das ganze Denken. Mit utilitaristischen Methoden mag man dann berechnen können, wer es «verdient», gerettet zu werden, und der, der solche Berechnungen anstellt, mag sich dann am Ende als ethisch vorkommen, selbst wenn er sich gegen gewisse andere Menschen wenden muss – es ist aber auch in diesem Falle allein wieder *die Ausrichtung auf unwürdige Zustände,* die seinem Berechnen Bestimmtheit und damit einen Schein von Berechtigung für sein Entscheiden gibt. Natürlich mögen gewisse Umstände

eine solche Berechnung verlangen – was dann jedoch das Ergebnis einer solchen darstellt, hat aber keinen ethischen Gehalt, sondern ist einfach faktisch
geboten; wer aufgrund solcher Berechnungen handelt, handelt weder gut
noch so, wie es irgendwie *an sich* geboten erscheint, sondern unwürdig; so
wie die Verhältnisse, die ihm eine Entscheidung abnötigen, unwürdig sind.

Gewiss muss aber sein, dass er nicht in irgendeiner Weise so handelt,
wie man handeln *muss* – auch er kann keine ewige Gewissheit finden.

4. ... und Verdrehung und Unredlichkeit zum Schluss

Zum Schluss soll eine Redefigur im Zentrum der Überlegungen stehen, mit
der die – gewiss berechtigte – Sehnsucht des Menschen nach Autonomie
und freiem Gebrauch des Verstandes in einem scheinbar überlegenen Gestus
von angewandter Vernunft als durch und durch unberechtigt erklärt und damit vollständig entwertet wird. Die Redefigur mag demjenigen, der sie anwendet, die falsche Befriedigung verschaffen, einer höheren Einsicht teilhaf-
tig zu sein – und damit alle Unsicherheit des menschlichen Erkennens hinter
sich zu lassen –; in Wirklichkeit mündet sie aber in Selbstabdankung, weil in
ihr im Namen der Vernunft alles Menschliche des Menschen am Ende verraten wird.[197]

Gemeint ist die Redeweise «Es kommt, ob man will oder nicht».[198] So
mag es wahlweise etwa heissen: «Die Digitalisierung kommt, ob wir wollen
oder nicht»; «Die Globalisierung kommt, ob wir wollen oder nicht»; «Der
neue Lehrplan kommt, ob wir wollen oder nicht»; «Das Ende (des Buches,
des herkömmlichen Konzertes, des Individualismus, des Begriffs der Wahrheit usw.) kommt, ob wir wollen oder nicht» etc. etc.

In wie vielfältiger Weise diese Redensart hinter ihrer scheinbaren «Vernünftigkeit», ihrer angeblichen Einsicht in das, was an sich gilt, und in ihrer
zur Schau getragenen Demut tiefste und gleichzeitig mehrfache Unredlichkeit verbirgt, bringt eine bedachte Analyse schnell zu Tage.

Zunächst ist ja schon der Tonfall, mit dem eine solche Aussage jeweils
vorgebracht wird, auffällig. Wie ist es möglich, dass jemand so bereitwillig
ins Spiel bringt, etwas «komme», trete also ganz losgelöst von allem und so
in einem gewissen Sinne auf seine Weise autonom in Erscheinung; so, dass
der Mensch es nur noch nachvollziehen könnte oder sich ihm überlassen

müsse? Selbstverständlich gibt es solche Tatsachen – zum Beispiel Stürme oder Hochwasser –, aber die erste Reaktion des Menschen auf so ein Geschehen ist doch Abscheu oder Flucht, nicht ein fast triumphierendes Festhalten der Tatsache, dass er allenfalls wehrlos sein wird. Wer als Segler auf hoher See in einen Sturm gerät, wird alles tun, um in einem solchen Sturm nicht zu Schaden zu kommen, statt stolz in die Welt zu posaunen, dass der Sturm komme, ob man wolle oder nicht. Statt sich mit der Autonomie, die zum Beispiel Naturmächten eignet, zu identifizieren, wird der Mensch alles daran setzen, sich selbst und damit auch seine eigene Autonomie, so gut es geht, zu bewahren. Alles andere wäre ja ein Heraustreten aus seinem Status als Mensch. Er ist ein Mensch, nicht die Natur an sich; er ist Mensch in einer bestimmten Situation, nicht jemand, der gewissermassen vom Weltall aus, also losgelöst aus allen menschlichen Zusammenhängen, beobachten kann, was auf Erden geschieht;[199] er ist ein Mensch, nicht Gott. Sich als angeblich Wissender einerseits eine Sonderstellung ausserhalb des menschlichen Daseins zuzuschreiben und sich andererseits mit nicht-menschengemachten Tatsachen zu identifizieren stellt nicht nur eine Anmassung dar, sondern auch eine Anmassung, mit der der Mensch sich mit seinem Grosstunwollen auch selbst zerstört.[200]

Und erst recht verfehlt ist dann (ganz losgelöst von möglichen Inhalten) der den Menschen in die Schranken weisende Nachsatz, etwas komme, *ob man wolle oder nicht.* Zunächst einmal stellt sich dabei die Frage, was ein Sturm, was ein Hochwasser, eine Seuche, eine wie immer geartete Tatsache mit dem menschlichen Wollen überhaupt zu schaffen haben. Man kann ja nur sagen: Sie treten (allenfalls) auf. Das Matterhorn steht da, ein Sturm kommt, der Mensch hat zwei Ohren, die binomischen Formeln lauten so und so – der Beisatz *ob der Mensch will oder nicht* ist in solchen Zusammenhängen sinnlos, weil solche Geschehnisse oder (formale oder empirische) Tatsachen allein Tatsachen und Geschehnisse darstellen und als solche keinen wie immer gearteten Bezug zum menschlichen *Wollen* haben. Tatsachen sind einfach der Fall; sie haben als reine Tatsachen keine wie immer geartete moralische Bedeutung. Mit dem Status des Menschen haben sie nichts zu tun: Sie und der Mensch stehen vielmehr nebeneinander da. Es gibt auf der einen Seite das Matterhorn, es gibt Stürme, und es gibt auf der anderen Seite Menschen. Tatsachen enthalten weder Bewertungen ihrer selbst noch Bewertungen in Bezug auf den Menschen. Tatsachen sind nicht irgendwie bedeutend (etwa weil sie mächtig sind), und der Mensch auf der anderen Seite ist umgekehrt nicht irgendwie unbedeutend, weil er auf sie keinen Einfluss hat. Insbesondere gibt es keinen Grund dafür, Tatsachen irgendwie eine gewissermassen höhere Berechtigung einzuräumen, weil der Mensch (möglicherweise) keinen Zugriff auf sie hat. Zu behaupten, dass sie eine solche Bedeutung hätten, stellt in Wirklichkeit eine *Interpretation* dar, und zwar eine Interpretation, die in der Verabsolutierung von blosser Macht gipfelt. Aus der Tatsache, dass etwas «kommt», ob der Mensch will oder nicht, folgt nicht, dass das, was «kommt», einfach weil es «kommt» bzw. an seinem «Kommen» nicht gehindert werden kann, eine wie immer geartete höhere Berechtigung habe. Macht begründet ja nicht Recht; sie mag faktisch überwältigend sein, aber daraus lässt sich nicht herleiten, dass ein solches Geschehen zu Recht erfolgen würde. Selbst wenn Gott die Menschheit vernichten wollte – eine gewisse Sorte von angeblich demütigen Menschen setzt sich ja bekanntlich gerne mit einem strafenden Gott (oder neuerdings mit einer angeblich strafenden Natur) in eins –, folgt daraus nicht, dass er ein Recht darauf hätte.[201] Er mag das können, aber er könnte damit nicht begründen, dass er ein Recht darauf hätte.[202]

Das bedeutet dann am Ende auch, dass zu behaupten, es sei verfehlt, sich gegen Entwicklungen zu wehren, die ausserhalb menschlichen Wollens liegen («vernünftig» sei vielmehr, sich in die Tatsachen zu schicken), nicht gerechtfertigt ist. Ein solcher Grundsatz kann höchstens *pragmatischer* Natur sein; und damit wäre er problematisch und könnte in Frage gestellt werden. Die angebliche «Vernünftigkeit» einer solchen Einstellung erschöpft sich in einem banalen Akt der Schlauheit (einer freilich zerstörerischen Schlauheit, wie gleich gezeigt werden soll), nicht in einer vernünftigen oder gar verantworteten Einsicht, wie dies die Berufung auf die Vernunft unterstellt. Man kann eine pragmatische Entscheidung wählen oder nicht; absolut folgt sie aus Tatsachen aber nicht.[203] Noch einmal sei es gesagt: Tatsachen haben keine moralische Bedeutung, und so gibt es in Bezug auf Tatsachen auch keine vernünftigen Haltungen und keine Haltungen, die absolut geboten wären.[204]

So viel einmal zum Grundsätzlichen. Nun kommen aber noch zwei gewissermassen praktische Gedanken hinzu. Zum einen hat ja längst nicht alles, was (angeblich) «kommt», die Natur eines Hochwassers, sondern ist allenfalls das Produkt von menschlichen Entscheidungen – ein unrühmlicher Trick besteht bekanntlich darin, sein Handeln und Planen als irgendwie absolut geboten darzustellen und so den Umstand zu vertuschen, dass es in Wirklichkeit aus Massstäben folgt, die in sich nicht absolut gelten.[205] So kann natürlich keine Rede etwa davon sein, dass die Digitalisierung oder die Globalisierung *an sich* «kämen» – dass das möglicherweise der Fall ist, stellt vielmehr die Folge von Entscheidungen dar, die der Mensch gefällt hat, weil ihm gewisse Vorstellungen wichtig sind oder richtig erscheinen, und die natürlich auch in Frage gestellt werden können. In vielen Fällen basiert das, was angeblich «kommt», ob man wolle oder nicht, auf gewählten Massstäben, die berechtigt sein können oder nicht, und sich ihm einfach ohne eigenes Zutun oder eigene Bedenken zu unterstellen bedeutet, auf ein Urteil darüber zu verzichten und sich ganz in das zu schicken, was nicht an sich der Fall ist, sondern angerichtet worden ist.

Sich einfach dem zu unterstellen, was (angeblich) «kommt», ist also sogar aus *zwei* Gründen verfehlt. Zum einen folgt grundsätzlich aus Tatsachen nicht, wie man sich in Bezug auf sie zu verhalten hat, und zum Zweiten muss man sich immer Klarheit darüber verschaffen, ob etwas, was angeblich «kommt», in Tat und Wahrheit gar keine einfache Tatsache darstellt, sondern ein Geschehen, das auf der Basis von Ansichten und Wertungen so angerichtet worden ist, dass es «kommt». In diesem Falle «kommt» etwas nicht einfach an sich, sondern «kommt» im Gefolge von Anordnungen und Massstäben; und solche Anordnungen und Massstäbe können in Zweifel gezogen werden, können abgeändert werden, können verworfen werden – oder natürlich allenfalls auch gebilligt und übernommen werden: Dabei handelte es sich dann aber nicht einfach um einen Nachvollzug von etwas, was *an sich* gälte, sondern um eine Übernahme von etwas, was einen ebenfalls überzeugt.[206]

Und zum anderen besteht die Würde des Menschen darin, dass er selbst nicht nur eine Tatsache darstellt, sondern sich ausserdem – im Unterschied zu einem Betonklötzchen – zu dem *einstellen* kann, worauf er trifft und was ihm widerfährt. Er kann Vorstellungen als wichtig oder berechtigt oder unwichtig oder verfehlt ansehen, er kann Tatsachen im Lichte von selbst entwickelten Vorstellungen bewerten, er kann ganz andere Sehweisen entwickeln, ja selbst unsinnige Vorstellungen kann er haben, er kann ganz Neues ersinnen und erschaffen, das zu den vorgefundenen Tatsachen hinzutritt; und er kann (mit Harry Frankfurt zu reden) etwas wollen oder nicht, und er kann wollen, etwas zu wollen, was er will, oder nicht. Darin unterscheidet er sich von blossen Tatsachen; und das bedeutet umgekehrt, dass er sich seiner Würde und seiner Menschlichkeit – und seiner Freiheit – begibt, wenn er unter welchem Titel auch immer darauf verzichtet, sich zu dem, was ihm widerfährt, einzustellen.[207]

Vor dem Hintergrund dieses Gedankens erkennt man nun die Verdrehung und deren Unredlichkeit, die statthaben, wenn sich ein Mensch unter allerlei schönen Worten in das schickt, was wirklich oder angeblich «kommt», ob er will oder nicht. Indem er sich unter dem Vorwand, sich besonders vernünftig oder besonders demütig zu verhalten, dem unterstellt, was «kommt», versucht er auf unredliche Weise einen festen Haltepunkt zu gewinnen; und zwar so, dass er sich dafür gleichzeitig als Mensch aufgibt. Er scheint, indem er sich mit dem, was «kommt», identifiziert, etwas in die Hände zu bekommen, was scheinbar zu Recht der Fall ist. Er scheint mit einem solchen Verhalten ewige Richtigkeit zu gewinnen; kann dies aber nur, indem er sich selbst als Mensch, der sich *einstellen* kann, zerstört. Zum einen reduziert er sich damit ebenfalls auf eine reine Tatsache, und zum anderen gibt er vor, dass Tatsachen in Bezug auf andere Tatsachen Forderungen hätten.[208]

In Tat und Wahrheit lügt sich damit ein Mensch, der so vorgeht, an der Einsicht vorbei, dass dem Menschen ein solcher ewig richtiger Haltepunkt gar nicht gewährt ist. Ein Mensch, der vorgibt, einen festen Haltepunkt gefunden zu haben, geht eben dadurch in die Irre und überhebt sich. Als Mensch *kann* er keinen festen Haltepunkt finden, sondern sich bloss ohne Gewähr daran ausrichten, was ihm als wichtig und richtig bloss erscheint und was er zu verantworten versucht.

5. Liebe, Neugier, Interesse, Phantasie

Die ins Spiel gebrachten Argumente münden in eine Aporie. Entweder gibt es absolut geltende Haltepunkte und Einsichten – dann aber geht Freiheit verloren. Oder Freiheit bleibt Freiheit nach allen Seiten hin – dann kann es keine Haltepunkte geben, die zweifelsfrei sind. Etwas Drittes scheint (jenseits von schönen Worten, die in Verdrehungen enden[209]) nicht möglich zu sein.

Eine Folge davon ist, dass Autonomie und freier Verstandesgebrauch nicht auf etwas zurückgreifen oder zu etwas vorstossen können, das ihnen irgendwie unbezweifelbare Sicherheit gäbe. In einem Raum der Freiheit kann es *von den Dingen her* keine solchen Haltepunkte geben (oder man könnte nicht wissen, wann man einen solchen Punkt erreicht hätte). Es kann in einem Raum der Freiheit keine Richtpunkte geben, die an sich bestünden und zu Gewissheit führten. (Das alles gilt nicht für Mathematik und Logik als rein formale Ordnungen, aber Mathematik und Logik führen ja nicht in Freiheit hinein, sondern fordern Nachvollzug dessen, was formal geboten ist, und ausserdem ist nicht alles, was der Fall ist, Mathematik und Logik.[210])

Das hat eine Reihe von Konsequenzen. Zunächst einmal kann unter diesen Umständen niemand den Anspruch erheben, seine Vorstellungen über die Welt seien gewiss und damit nicht bezweifelbar – das ist ja der Ausgangspunkt der Forderung nach Autonomie und freiem Verstandesgebrauch. Das gilt aber nicht nur in Bezug auf ein gewisses Set von Vorstellungen, das man meint zu Recht überwunden zu haben, sondern in Bezug auf *alle* Behauptungen dieser Art, auch gewissermassen gegen die Zukunft hin. In einem Raum der Freiheit *kann* es solche Vorstellungen nicht geben – wenn es sie gäbe oder wenn man gar die Sehnsucht nach solchen hätte, müsste man damit Freiheit aufgeben.[211]

Man kann weiter nicht voraussetzen, dass man über jene notwendigen Bedingungen hinaus, die in der vorgefundenen Welt gelten (wie sie etwa die Naturwissenschaften finden mögen), Vorstellungen finden könnte, die «objektiv» seien, wie man das gerne nennt, und dann für alle Individuen gleich gelten sollten. Weiter kann man in sich selbst kein Kriterium dafür finden, mittels dessen man mit Gewissheit behaupten könnte, sich mit seinen Vorstellungen über sich, mit seinem Lieben und Vorziehen oder mit der Ausrichtung seines Lebens als Ganzem auf dem richtigen Weg zu befinden. Und man kann endlich nicht absolut bestimmen, ob etwas, was im Rahmen der Freiheit möglich ist – bestimmte Handlungsweisen, bestimmte Denk- und Sehweisen, bestimmte Wertsetzungen –, nicht einfach willkürlich sei. Es mag dann gegenüber einem geltend gemacht werden, dass man so ja in «Irrationalitäten» abgleite – *wenn* es sich aber mit Freiheit so verhält, dann muss *das* hingenommen werden. Man mag sich nach Gewissheit sehnen, man kann eine solche aber nicht *zusammen* mit Freiheit gewinnen.

Das aber muss natürlich nicht in Verzweiflung führen, wie man vorschnell urteilen mag, wenn man zum Ergebnis kommt, dass man nichts Sicheres finden kann. Dass es sich so verhält, ist vielmehr der Freiheit geschuldet: Freiheit kann nur Freiheit sein, wenn sie sich losgelöst von unabänderlichen Gegebenheiten entwickeln oder jedenfalls in einem freien Sicheinstellen zu unabänderlichen Gegebenheiten zeigen kann. Es kann umgekehrt keine Freiheit geben, die hinsichtlich ihrer Inhalte schon bestimmt wäre. *Freiheit muss in Offenheit hineinführen, wenn sie Freiheit sein will.*[212]

Dabei muss man nun aber *zwei Gesichtspunkte* auseinanderhalten. Freiheit muss auf der einen Seite beinhalten, dass grundsätzlich immer wieder Neues möglich sei und in diesem Zusammenhang (im Sinne Hannah Arendts) *immer wieder neue Menschen neue Anfänge* vornehmen können. (Wohlverstanden: Sie sollen *anfangen* können – was aus ihrem Anfangen dann wird, können sie dann natürlich nicht bestimmen, weil sie sich mit ihrem Anfangen in, wie das Arendt nennt, das «Bezugsgewebe menschlicher Angelegenheiten» einfügen müssen, also mit anderen Menschen zusammenkommen.) Auf der anderen Seite muss Freiheit so gestaltet sein, dass sie allen Menschen die Freiheit lässt, *je auf ihre Weise* neu anfangen zu können. Im Unterschied zu Freiheiten, die man in der vorgefundenen Welt sucht, also gewissermassen «Freiheiten», die *an sich* gelten, bietet wirkliche Freiheit keinen Raum für Ausrichtungspunkte, die für alle Menschen gleichermassen gelten.[213]

Das bedeutet: Anstelle des Versuchs des Menschen, feste Richtpunkte in der vorgefundenen Welt zu suchen, muss er umgekehrt *aus sich heraus* immer neue Gesichtspunkte entwickeln, nach denen sich auszurichten sich lohnt bzw. die in die vorgefundene Welt als Werte hineingesetzt werden können. Die Richtpunkte müssen also aus dem Denken und Handeln des Menschen stammen und von ihm dann auf die vorgefundene Welt *gerichtet* werden, statt dass er aus der Welt solche Gesichtspunkte herauslösen würde. Nur so kann der Mensch Freiheit wahren.

Wie das vor sich geht, mag am Beispiel dessen, was Harry Frankfurt «Lieben», «wichtig Nehmen» oder «Sorgen für» nennt, deutlich werden.[214] Frankfurt macht geltend, dass es nicht die Gegenstände oder gewisse Eigenschaften dieser Gegenstände sind, die «Lieben» auslösen, sondern dass das Subjekt selbst aus sich heraus liebt, gewisse Dinge wichtig nimmt oder sich um sie sorgt. Die Quelle der «Liebe» in seinem Sinn ist also das Lieben selbst: Es schafft frei (weil es sich bei diesem «Lieben» ja nicht um eine Reaktion des Subjekts auf die Beschaffenheit der Welt handelt) eine Welt der

Wertsetzungen aus sich heraus und gestaltet so das Denken, Fühlen und Handeln des Subjekts. Ein solches Lieben will und kann sich nicht irgendwie absolut rechtfertigen oder gar gegen innen (im Rahmen des Nachdenkens des Subjektes über sich selbst) oder gegen aussen (gegenüber der Aussenwelt) geltend machen, dass es «richtig» bzw. am Platze sei: Es besteht (für das Individuum) einfach so, wie es ist. Es gilt aber nicht grundsätzlich (sodass es für andere verpflichtend wäre), sondern führt in die Wahlen hinein, die ein bestimmtes Individuum trifft. Damit führt es nicht in eine wie immer geartete Ungestaltetheit der Freiheit hinein, sondern in eine *mögliche* Sehweise; und die vorgefundene Welt erscheint nicht einfach unbestimmt oder gar «chaotisch», sondern gestaltet: eben so, wie sie ein bestimmtes Individuum aufnimmt und ordnet.

Man kann das, was sich mit Frankfurts Darlegungen auftut, verallgemeinern. Eine Haltung, die darauf wartet, was sich «durchsetzt» und was (angeblich) Erfolg hat, und dem sich Durchsetzenden dann folgt, allein weil es sich durchsetzt, führt selbstverständlich nicht nur nicht in Freiheit hinein, sondern stellt darüber hinaus eine Form von Abdankung des Menschen dar. Es mündet weder in Autonomie noch in einen freien Gebrauch des Verstandes, sondern in nichts anderes als in eine *Unterstellung unter Vorgefundenes*. Und «vernünftig» ist es schon gar nicht – solange nicht belegt sein kann, dass das, was der Fall ist, sein muss (das ist aber höchstens im Bereich formaler Ordnungen der Fall, nicht aber im Falle materieller Ordnungen). Gefordert ist vielmehr die gegenteilige Bewegung: *eine Wertsetzung, die vom Subjekt ausgeht;* eine Wertsetzung, im Zusammenhang mit welcher das Subjekt zu dem, was sich ihm darbietet, gewissermassen *Stellung bezieht*. Erst in einem solchen Rahmen entsteht Freiheit: eine Freiheit, die daraus erwächst, dass sich auf der einen Seite das Subjekt frei entfalten kann, statt Forderungen nachzuvollziehen – so würde Freiheit zerstört –, und auf der anderen Seite die vorgefundene Welt nicht bestimmt, wie man sich zu ihr einstellen muss.

Ein Bild dafür ist das eines idealen *Mäzenatentums.* Ein Mäzen oder eine Mäzenin fördert bekanntlich nicht das, was aus welchen Gründen auch immer schon längst anerkannt ist – Anerkanntes braucht ja keine Mäzenin und keinen Mäzen mehr –, sondern wendet sich dem zu, das ihm bedeutungsvoll erscheint.[215] Ideales Mäzenatentum blickt in die Welt hinein, *neugierig* auf das, was zu Tage tritt, und wendet sich etwas so Gefundenem mit

Interesse zu. Dabei wurzeln eine solche Neugier und ein solches Interesse im Subjekt. Das Subjekt *stellt* sich frei zu dem *ein*, was ihm gegenübertritt. Es nimmt seine Freiheit wahr, indem es sich dem zuwendet, was ihm bedeutungsvoll erscheint, ja es ist in vielen Fällen selbst in dem Sinne produktiv, als es in der vorgefundenen Welt *entdeckt* und *erspürt*, was förderungswürdig erscheint – und wie man weiss, haben nicht nur viele Werke der Kunst den Weg in die Welt gefunden, weil sie von Mäzenen und Mäzeninnen gefördert worden sind, sondern auch Gedanken, Entdeckungsreisen, Forschungswege und Menschen, welche die Welt neu betrachtet haben.[216] Echtes Mäzenatentum ist dabei nicht selbst schöpferisch, sondern es erkennt Schöpferisches und verhilft ihm, gewissermassen hebammenartig, ohne Eigeninteresse, zum Leben.[217] Ohne das Interesse und die Neugier von Mäzenen und Mäzeninnen hätte umgekehrt vieles nicht Anerkennung gefunden.

Dabei lehnen sich Mäzene und Mäzeninnen nicht einfach in die Leere hinaus, sondern blicken immer in die vorgefundene Welt und das, was sie zeigt, hinein. Sie fördern und greifen nicht irgendetwas heraus, sondern etwas, was ihnen als bedeutungsvoll vorkommt, was ihnen als Keim von etwas, was wachsen kann, erscheint. Und in dem, was es ihnen sagt, kommt es gewissermassen zu einer *Verbindung* von etwas in der vorgefundenen Welt auf der einen Seite und dem, was sie mit ihrem mäzenatischen Blick ihn dieser zu erkennen meinen. Es ist etwas da, aber es *bestimmt* nicht (wie etwas, was sich «durchsetzt» und damit gewissermassen fordert, dass es zur Kenntnis genommen werde), wie es aufgenommen wird.

Mäzene und Mäzeninnen haben die Eigenschaft, sich dem Daseienden zuzuwenden, nicht dem irgendwie schon als (angeblich) wertvoll Erkannten. Sie zeigen eine besondere Fähigkeit zu sehen, wenn man so will; sie wenden sich etwas zu, was sich nicht irgendwie rechtfertigen kann (nach den geltenden Massstäben). So bringen sie in Unsicherheit eine Form von Sicherheit hinein. Das, dem sie Aufmerksamkeit schenken, rechtfertigt sich ja nicht selbst – es ist vielmehr unsicher, ob es wertvoll oder bedeutungsvoll ist. Indem sie sich ihm zuwenden, tritt es aber ans Licht; nicht weil es sich «durchgesetzt» hätte, sondern weil sie es als bedeutungsvoll erspüren, ohne Beweis, dass es wirklich gewissermassen bedeutungsvoll ist, sondern weil es ihnen bedeutungsvoll oder liebenswert oder förderungswürdig erscheint. Es wird so zum Gegenstand, dem man sich zuwendet.

Natürlich werden Mäzene und Mäzeninnen dann allenfalls abermals gefeiert, wenn sie eine «gute Nase» haben, wie es heisst; wenn sich das, was sie aufgenommen haben, dann «durchsetzt» – auf diese Weise werden sie aber nur wieder unter das alte Muster subsumiert. Sie gelten dann auf ihre Weise als gut und erfolgreich, wenn sie viele Entdeckungen machen. Das ist aber nicht der Kern des Mäzenatentums. Es will nicht Erfolg haben, sondern der vorgefundenen Welt mit Interesse begegnen und erspüren, was da ist.

Freiheit erwächst also aus der Fähigkeit eines Subjekts, (im Sinne Frankfurts) zu lieben, etwas wichtig zu nehmen, einem Gegenstand mit Interesse zu begegnen, ferner aus Neugier und der Phantasie, mit der es Schneisen in die Welt legen kann. Freiheit entsteht aus der Fähigkeit und dem Mut von Subjekten, Wahlen zu treffen und Wahlen (nach bestem Wissen und Gewissen) zu *verantworten*. In solchen Haltungen – nicht in Versuchen, aus dem Vorgefundenen herauszudestillieren, was «richtig» und bedeutsam ist oder sein könnte – und den dazugehörigen Handlungen: einzustehen etwa für das, was man als wichtig oder bedeutsam erkannt hat, nimmt Gestalt an, was sein könnte; was wertvoll sein könnte, was wirklich förderungswürdig wäre, was neu sein könnte.[218] Und dieses Neue wäre einfach als Mögliches schön, als Beitrag zu einer möglichen Vielfalt des Gefundenen, nicht *gegen* etwas anderes, sondern als etwas, was ebenfalls wert wäre, verfolgt zu werden. Damit würde es sich also auch aus dem verheerenden Wettbewerbsdenken lösen, das scheinbar alles zu bestimmen scheint.

Dem, was aus solchen Akten der Liebe, des Interesses, der Neugier und der Phantasie entsteht, vorzuwerfen, es sei *irrational* und ebendeswegen nichts wert, geht aus mehreren Gründen in die Irre. Zum einen unterstellt es, dass das, was sich in der vorgefundenen Welt «durchsetze», sich zu Recht durchsetze. Das ist aber natürlich ein plumper Fehlschluss, der nicht nur allein seiner fehlenden Phantasie wegen verfehlt ist. Zu behaupten, dass das, was ist, zu Recht sei, setzt voraus, dass irgendeine Macht – mit dem Donnerwort «Realität» wird die Vorstellung einer an sich bestehenden Richtigkeit beschworen – dafür sorge, dass das, was sich in der vorgefundenen Welt ergebe, von sich aus das Richtige sei. Man kann aber in Bezug auf so etwas bloss sagen: Es hat sich faktisch «durchgesetzt» – weitere Aussagen sind nicht möglich. Und die Phantasie fügt an: Unter anderen Umständen hätte sich etwas anderes «durchsetzen» können.[219] Zum anderen versteht eine solche Argumentation aber nicht, was Freiheit ist. Wirkliche Freiheit kann nur mit dem, was man Irrationalität nennen mag, verbunden sein – es muss in ihr alles *möglich* sein: Es gibt in ihrem Rahmen keine vorausgehenden Massstäbe (solche würden Freiheit ja gerade wieder aufheben), also keine Form von «Rationalität», auf deren Basis man einen Befund als berechtigt bezeichnen könnte oder nicht.

Der Bezug auf sichere Massstäbe wird im Rahmen der Freiheit ersetzt durch *Verantwortung.* Im Rahmen von freien Entscheiden und Wahlen ist wohl, wie es scheint, alles möglich – und am Ende scheint eine Offenheit zu stehen, die sein kann, wie sie will. An dieser Stelle tritt aber die Verantwortung auf den Plan, die ein Subjekt für sein Wählen und sein Entscheiden nimmt: Es wählt aus dem Möglichen aus, was es verantwortlich herausgreifen kann, nicht indem es gegebenen Normen der Verantwortung folgen müsste, sondern indem es es liebt oder ihm Neugier entgegenbringt und dem folgt, was es so erkennt. In diesem Sinne führt Freiheit nicht in Leere, Willkürlichkeit oder gar Chaos hinein, sondern in eine *offene* Welt, in welche das Subjekt *Spuren legt,* indem es in einer verantwortlichen Weise mit etwas in Beziehung tritt. Hinter seiner Wahl steht die Persönlichkeit, die wählt. Und gleichzeitig bleibt die Welt immer weiter offen und damit frei, insofern als ein solches Wählen ja nicht ein Wählen ist, das Allgemeingültigkeit für sich beansprucht – das könnte es ja gar nicht –, sondern eine *mögliche* Form des Wählens darstellt; mit dem Zusatz, dass andere Menschen auf andere Weise verantwortlich wählen. So entsteht aus jener Fülle oder Leere, die Freiheit eröffnet, etwas, das *Gestalt* (und Gehalt) hat.

Mehr kann nicht gefordert sein, mehr kann nicht möglich sein; so schwer es einem erscheinen mag, von der Vorstellung eines *an sich* richtigen Entscheidens, Wählens und Lebens Abschied zu nehmen. Mit Freiheit geht einher, dass sie Offenheit herstellt und in dieser Offenheit Unbestimmtheit von der vorgefundenen Welt her produziert. Freiheit – so sehr sie in eine unliebsame Offenheit hineinführen mag, im Rahmen welcher der Einzelne Orientierung verliert – wertet aber gleichzeitig den Einzelnen auf. Insofern als er sich nicht aus den Dingen abgeleiteten Wahrheiten unterstellen muss, sondern verantwortlich seiner Wege gehen darf, wird er wirklich autonom, kann er wirklich sich seines eigenen Verstandes bedienen und kann er wirklich er selbst werden, einfach nach und nach in Akten des Liebens, des Verstandesgebrauchs und der Verantwortung, die ihm zu vollziehen bedeutsam erscheint. Das ist unsicher, aber gleichzeitig würdig. Umgekehrt: *Sicherheit zu suchen stellt menschliche Unwürdigkeit her.*

V. Persönlichkeit

1. Eine Persönlichkeit zu sein bedeutet, eine *bestimmte* Person zu sein

Alles Gesagte zieht sich im Begriff der Persönlichkeit zusammen, und zwar so, dass einer Persönlichkeit Freiheit, freie Bestimmung über sich selbst, Autonomie und freier Verstandesgebrauch nicht nur *gewährt* sein sollen, sondern Autonomie und freier Verstandesgebrauch durch freie Personen und die dazugehörige *Offenheit* auch tatsächlich der Fall sein *müssen,* wenn nicht Wiederholung, Zerstörung und am Ende *Leere* siegen sollen. Es ist also nicht damit Genüge getan, dass Persönlichkeiten sich selbst folgen *dürfen,* wie dies etwa eine offene liberale Ethik fordert, sondern sie *müssen* ihren Weg auch wirklich und zu Ende gehen.

Hannah Arendt macht geltend, dass mit jedem Individuum etwas Neues anfange. Im immer neuen Einzelnen ist die Möglichkeit zu etwas Neuem beschlossen, und er kann seinen Weg nur mit Würde antreten, wenn er das *Recht* dazu eingeräumt bekommt, ein neues Leben – eben *sein* Leben – zu leben. In einer unfreien Welt hätte sein je neues Leben keinen Sinn: Es würde sich in einem wertlosen Nachvollzug dessen, was ist, erschöpfen.[220] Mit jedem Einzelnen wird aber die Vielfalt dessen, was es gibt, vermehrt; und es gibt keinen Grund dafür, dass nicht Vielfalt sein sollte. Es gibt in der empirischen Welt keinen Massstab, der das Recht hätte, sich als absolut darzustellen, weil *materielle* Massstäbe nicht endgültige Gewissheit beanspruchen können. Die empirische Welt kann nicht in absolut geltenden Vorstellungen zu Ende kommen, wie sich dies etwa Formen religiöser oder politischer Macht oder perfektionierte Utopien zu behaupten anmassen. Wie sich auch die empirische Wissenschaft der vorgefundenen Welt mittels immer neuer Hypothesen bloss anzunähern versuchen kann, stellt auch jedes neue Anfangen durch einen neuen Menschen einen neuen möglichen Weg, zu sein, zu werten, zu lieben und zu erkennen dar. Die Vorstellung, dass der Prozess der Erkundung der empirischen Welt auf eine wie immer geartete Weise gestoppt werden könnte; mittels etwa der Feststellung, dass nun *genug geforscht* sei und das, was man bis zum jetzigen Zeitpunkt erreicht habe, endgültig gelten müsse, muss als völlig abwegig erscheinen.[221] Empirische naturwissenschaftliche Wissenschaft kann nicht zu einem solchen Ende kommen, weil alles, was sie findet, immer bloss auf Zusehen hin gilt und so ihre Ergebnisse immer nur gewissermassen der beste bis jetzt erreichte Irrtum darstellen.[222] In gleicher Weise nimmt die Welt in dem, was der je neue Einzelne (in der Redeweise von Arendt) «anfängt», immer neue Gestalt an, und weil sie nicht zu Ende bestimmt werden kann, ist es notwendig, dass immer neu angefangen wird und immer neue Menschen neu anfangen dürfen.

Das mag im Ganzen grundsätzlich klar und durchsichtig sein. Unter konkreten Bedingungen wird diese Erkenntnis freilich schnell etwa mittels des Vorwurfes unterlaufen, dass Neues geltenden Massstäben nicht genüge. Das Ergebnis davon ist, dass immer wieder Menschen daran irregemacht werden, einen neuen Weg einzuschlagen.[223]

Das Neue, das im je neuen Menschen Gestalt annimmt, führt aber natürlich nicht einfach deswegen in Verfehlung hinein (wie unterstellt wird), weil es bestehenden Vorstellungen nicht genügen kann. Eine solche Forderung zu stellen würde den *Raum der Freiheit* als Ganzes zerstören. Es darf nicht nur etwas gelten, was den bestehenden Massstäben genügt – wenn das der Fall wäre, gäbe es gar keine Freiheit. Freiheit umfasst nicht nur das Recht, in Bezug auf bestehende Vorstellungen bzw. Massstäbe irgendwie neuartig zu sein, sondern ermöglicht auch ganz neue Vorstellungen und Massstäbe. Erst so verwirklicht sich Freiheit als eine *Offenheit in Unbestimmtheit* hinein. Freiheit besteht nicht einfach darin, etwas Bestimmtes, zu Ende Definiertes allenfalls auf neue Weise zu bewältigen (etwa, um ein Beispiel zu machen, indem man bestehende Werke der Musik neu interpretiert), sondern indem man ganz neue Massstäbe entwickelt (und diese dann auf nie gekannte Weise zu erfüllen sucht).[224] (Ähnlich verfehlt ist ja auch die Vorstellung von Hochbegabung: Diese wird immer wieder allein als Fähigkeit, bestehende Fragestellungen irgendwie schneller zu bearbeiten, aufgefasst – Hochbegabung mündet aber auch in die Erfindung ganz neuer Fragestellungen und Massstäbe.[225])

Erst recht verfehlt und zudem fast unsichtbar und deswegen schwer durchschaubar ist eine Haltung, welche andere Menschen (und dann das in ihnen beschlossene Neue) nicht nur nicht aufleben lässt, indem es diese bekämpft oder an sich irrezumachen versucht, sondern anderen Menschen überhaupt keine Anerkennung als Menschen gewährt und so ihre Stimme gar nicht zur Kenntnis nimmt, als ob sie als Menschen nichts, also gar nicht existent wären. Eine solche Haltung zeichnet sich dadurch aus, dass sie andere Menschen gar nicht als Wesen mit dem Recht zu sein und damit mit dem Recht zu Geltung oder Bedeutung anerkennt, ja eigentlich gar nicht wahrnimmt.[226] Bekannt ist die Forderung Kants, dass man keinen Menschen nur als Mittel statt als (Eigen-)Zweck behandeln darf[227] – eine solche Warnung setzt aber immer schon voraus, dass der andere darin wahrgenommen wird: Sie fordert dazu auf, einen Menschen nicht zu instrumentalisieren, setzt dabei aber immer voraus, dass es den Menschen als eigenständiges Wesen schon gibt, und gibt dann zu bedenken, was man mit ihm *nicht* anstellen darf. Über Jahrhunderte hinweg sind aber Menschen – die *da* gewesen sind – gar nicht als Menschen wahrgenommen worden –, und folglich ist auch nicht bedacht worden, dass ihnen als blosses Mittel begegnet worden ist: In der Antike und dann in der Neuen Welt Sklaven, über Jahrhunderte weiter Frauen, immer noch Kinder und ganz allgemein in Machtverhältnissen im Grossen wie im Kleinen Untergebene; allenfalls sogar so, dass Menschen meinen, sie hätten ein Recht darauf, andere Menschen so zu behandeln.[228] Dass das der Fall war, mögen solche Menschen gar nicht einmal bemerkt haben, weil ihnen gar nicht bewusst war oder gemacht wurde, dass sie Menschen mit Eigenwert darstellten. Ihnen selbst wurde und wird so nicht das Recht eingeräumt, zu sein, ja sie mögen nicht einmal erkannt haben oder erkennen, was mit ihnen geschieht. Und via sogenannte Traditionen und andere angeblich nicht korrigierbare Regeln oder unter Berufung auf Gott mögen sie so präpariert worden sein, dass sie nicht erkennen konnten, was der Fall war.[229]

Damit geht nun aber auch das, was in nicht anerkannten Menschen Gestalt annähme, wenn sie ihre Stimme erschallen lassen dürften, verloren: Dieses kann auch nicht in Erscheinung treten. So wird erkennbar, dass es mit der liberalen Forderung, nach der alle Menschen das Recht hätten, sich zu artikulieren, solange sie nicht ebendieses Recht anderer beschränkten, nicht sein Bewenden hat. *Es müssen auch alle Menschen das Recht dazu haben (da) zu sein* – und sich dann zu Wort zu melden. Eine Gemeinschaft, welche gewisse Menschen daran hindert, in Erscheinung zu treten, ist nicht nur zutiefst ungerecht, sondern verarmt so auch: Sie entzieht sich jener beständigen Erneuerung, welche wirkliches Leben voraussetzt, und endet in Erstarrung und völliger Leere.[230]

Natürlich mag dann schnell der Vorwurf zur Hand sein, dass alles in einen fehlgeleiteten Individualismus, wenn nicht gar in ein nicht mehr irgendwie regelgeleitetes Chaos münde, wenn alle Menschen gehört und beachtet würden bzw. sich anmassen würden, dass es auch auf sie ankomme.[231] Eine solche Argumentation geht aber in mehrfacher Weise in die Irre. Zum einen steht in ihrem Hintergrund die Auffassung, dass es eine wie immer geartete einzig richtige Sehweise gebe, von der abzuweichen niemand das Recht habe (und in einer bestimmten Generation von Vätern, Lehrern, Wissenschaftlern zum Abschluss komme). Das ist aber offensichtlich deswegen verfehlt, weil es über allen Zweifeln stehende Massstäbe in einer empirischen Welt nicht geben kann und dementsprechend auf solche sich zu berufen Anmassung ist. Zum anderen wird mit ihr unterstellt, dass Individuen, die ihr «Eigenes» ins Zentrum stellten, andere daran hinderten, einen solchen Schritt ebenfalls zu tun. Aber auch eine solche Behauptung ist nicht am Platz, weil sie ohne weiteres Argument unterstellt, dass ein Individuum immer nur auf Kosten der anderen Individuen leben könne. Das ist ja aber überhaupt nicht notwendigerweise der Fall: Individualismus und Ausschliesslichkeit begründen einander nicht; nur fehlgeleiteter Individualismus beansprucht für sich Alleingeltung.[232] Vielmehr begründet sich, indem ein Individuum je immer zu den bestehenden Individuen hinzutritt und hinzutreten darf, *Vielfalt:* die Vielfalt des Existierenden.[233] Und zum Dritten kann der jeweils neue Mensch mit dem, was in ihm Gestalt annimmt, ja immerzu nur «anfangen», nicht (etwas) (nach seinen Vorstellungen) zu Ende bringen. Der je Einzelne bringt sich und das, was in ihm Gestalt annimmt, ins Spiel und tritt so, wie es Arendt nennt, in das *Bezugsgewebe der menschlichen Angelegenheiten* ein: Etwas Neues betritt damit den Plan, trifft dort, wie ein «Schuss» in die «Kette» eines Gewebes, auf andere Fäden und begründet mit diesen zusammen das, was den Teppich oder das Tuch der menschlichen Gesellschaft bildet. Er kann also nur bestimmen, worin ein Anfang besteht – nicht, was aus einem solchen Anfang wird (was etwas ganz anderes wäre).[234]

Erst damit würde das eine Individuum dem anderen Individuum verwehren, selbst seiner eigenen Wege zu gehen.

Es muss aber immer mitbedacht sein, dass ein solches Anfangen des je neu in die Welt tretenden Individuums *eine Bewegung in die Freiheit hinein* darstellt. Es *soll,* indem es seinen eigenen Weg einschlägt, Autonomie gewinnen dürfen, es *soll* sich seines eigenen Verstandes bedienen können – mit beidem tritt es aber in die *Unbestimmtheit* der Freiheit ein. Es kann sich in einem freien Raum nicht *irgendwie versichern, und es kann sich umgekehrt nicht aus Unbezweifelbarem herleiten.* Es kann das, was es als Autonomie für sich einfordert, nicht auf etwas schon Bestimmtes zurückführen; es kann seinen eigenen Verstandesgebrauch nicht auf schon bestehende Richtpunkte ausrichten; es kann am Ende das, was es werden will, nicht auf schon bestehende Muster zurückführen, sondern muss es (als das Individuum, das es nun einmal ist) aushalten und wagen, neue Wege zu gehen. Freiheit und Sicherheit zusammen sind nicht zu haben, und Autonomie und Gewissheit darüber, in die richtige Richtung zu gehen, indem man autonom ist, kann es nicht geben. Den Verstand frei zu gebrauchen und gewiss zu sein, dass das, wohin ein solcher freier Verstand führt, *an sich* richtig ist, ist nicht möglich. Und *man selbst* zu sein und zu *wissen,* dass man auf die richtige Weise *man selbst* ist (ja, ob es überhaupt so etwas wie ein «Selbst» gibt), ist einem verwehrt, weil sich der Raum der Freiheit ja gerade dadurch auszeichnet, dass es in ihm nicht allem durch Handeln in die Welt Tretenden vorausgehende Baupläne geben kann. (Bei alledem geht es nicht darum, gewissermassen eine Mathematikaufgabe zu lösen, also aus allenfalls verwirrenden Anfangsbedingungen, wie sie die Aufgabenstellung bietet, die richtige Lösung einer Aufgabe zu erschliessen.) Das ist schwierig, ja mag gar als bedrohend empfunden werden, was dann dazu führen mag, dass ein je in die Welt tretendes Individuum einer solchen Aufgabe allenfalls auszuweichen verführt ist. Es mag sich zurücksehnen nach dem «Gängelwagen», nach Führung durch Menschen und Institutionen, die sich dazu aufwerfen, eine solche Führung zu bieten; es mag in angeblich uralten «Traditionen»[235] oder bei Scharlatanen, die es zu angeblich wahren Einsichten zu führen versprechen, Zuflucht suchen. Oder dann versucht es mittels Macht, die Frage nach Richtigkeit oder Berechtigung zum Schweigen zu bringen, indem es sich andere Menschen botmässig macht, und die Tatsache, dass das gelingen mag, als Beweis seiner Berechtigung zu nehmen. Der je Einzelne mag deswegen an sich irregemacht werden; indem er etwa dazu aufgefordert wird, zu *begründen,* wieso er so ist und so wählt, wie er ist oder wählt; indem er mittels angeblich übergeordneter Werte dazu aufgefordert wird, sich selbst unterzuordnen[236] – dazu gehört insbesondere auch eine verfehlte Berufung auf die angeblich auf ewige Wahrheiten Zugriff nehmende Vernunft –; oder indem er dann selbst gegenüber anderen Individuen, die für sich die alleinige Deutungs- und Handlungsmacht beanspruchen (ohne doch für ein solches Verhalten eine Begründung geben zu können), nicht bestehen zu können oder zu dürfen meint.

Nun tritt aber zu der Forderung, dass der je Einzelne immer sein Neues ins Spiel bringen dürfe, *die viel stärkere Forderung* hinzu, dass er das, was in ihm beschlossen ist, *ernst nehmen muss.* Mit ihm tritt etwas Neues ins Spiel ein – das ist das eine. Er muss es nun aber – das ist das andere – auch selbst aufnehmen; so wie jeder neue Mensch einerseits in einem basalen Sinne zu leben anfängt, dann aber auch das, was in seinem neuen Leben in die Welt drängt, sich wirklich zu eigen macht.[237] Auf andere Weise als durch neue Wertsetzungen, ausgehend von einer Persönlichkeit, kann Neues ja gar nicht entstehen. Neues, umgekehrt, kann also nur in die Welt treten, wenn einzelne Menschen das, was in ihnen zu Tage tritt, Gestalt annehmen lassen – selbst wenn sie dabei entweder im Rahmen der geltenden Massstäbe nicht unterstützt werden, ja gar den Bereich der geltenden Massstäbe verlassen müssen.

Der einzelne Mensch muss dem, was in ihm Gestalt annimmt, mit Interesse, mit Neugier begegnen, und er muss sich – statt von der Welt her die Bestätigung, dass er auf dem «richtigen» Weg sei, zu erwarten (wenn das möglich wäre, lebte er nicht in einer Welt der Freiheit) – mittels seiner Autonomie und seines eigenen Verstandes dem zuwenden, was in ihm aufsteigt (und selbstverständlich auch das gelten lassen, was in anderen Individuen aufsteigt, bzw. sie dazu ermuntern, ebenfalls erstehen zu lassen, was in ihnen zum Ausdruck drängt). Er muss aus sich heraus Dinge wichtig nehmen, Dinge für bedeutend halten, sich um Dinge sorgen und sie lieben – statt von der vorgefundenen Welt zu erwarten, dass sie ihm richtige Massstäbe liefere. Er muss gewissermassen Mäzen seiner selbst werden. Nur so können in einem Raum der Freiheit Bezugspunkte entstehen.[238]

Dass so Bezugspunkte entstehen – Hypothesen in Bezug auf die vorgefundene Welt, Wertsetzungen, Schöpfungen –, kann dabei aber natürlich nicht bedeuten, dass allein aus der Tatsache, dass sie einem Individuum als bedeutend erscheinen, folgen würde, dass sie irgendwie an sich berechtigt wären; und erst recht nicht kann jemand den Anspruch erheben, er habe (wie auch immer) überlegenes Wissen gewonnen. Wie wissenschaftliche Sehweisen stellen sie *Möglichkeiten* des Sehens und Wertens dar und müssen dann in einem zweiten Schritt an die Welt herangetragen und an der Welt überprüft werden. In solchen Bezugspunkten nimmt nicht etwa Irrationalismus Gestalt an – dieser Vorwurf wird sich sofort einstellen –, sondern zunächst einfach eine Möglichkeit, sich der Welt zu nähern. Die vorgefundene Welt kann ja nicht einfach so aufgenommen und verstanden werden, sondern nur dadurch, dass gewissermassen auf Probe hin Vorstellungen über sie entwickelt werden und erst in einem zweiten Schritt dann an ihr überprüft werden. *Eine andere Möglichkeit, sich der vorgefundenen Welt zu nähern, gibt es nicht.* Es wäre gewiss wünschenswert, dass es eine endgültig sichere Weise gäbe, die Welt aufzufassen – aber es gibt sie nicht und *kann* sie nicht geben.

An die Stelle eines illusionären Versuchs des Menschen, Sicherheit zu gewinnen, tritt etwas, was man unpräzise ausgedrückt *Verantwortung* nennen könnte. Der Einzelne soll sich dessen, was in ihm Gestalt annimmt, so annehmen, dass er es nach bestem Wissen und Gewissen zur Grundlage dessen nimmt, was er über die Welt aussagt (so wie ein naturwissenschaftlich Forschender Hypothesen zu entwickeln versucht, die Ergebnisse liefern können oder auf einen ersten Blick hin sinnvoll erscheinen). Böte die Welt jene Gewissheiten, ohne die offenbar gewisse Menschen nicht leben zu können glauben, gäbe es in ihr keine Freiheit; weder für sie selbst noch für alle folgenden Menschen. Zu leben hiesse dann ungefähr, sich in einer computergesteuerten Modelleisenbahnanlage zu bewegen. Dabei geht es natürlich nicht um das banale Argument, dass so ein Leben «langweilig» wäre (das wäre es auch) – furchtbar wäre, dass der Mensch in einem solchen keine Bedeutung hätte. Umgekehrt bietet Verantwortungsübernahme zwar keine Sicherheit, wohl aber Bedeutung, Sinn, Engagement und am Ende Offenheit. Verantwortung ist immer Verantwortung in Unsicherheit hinein; sonst handelte es sich bei ihr nicht um Verantwortung, sondern um eine billige Form von Pflicht oder von Ausübungsgehorsam, im Rahmen welcher der je Einzelne je durch einen anderen Einzelnen (der sich gleich gut an die Pflicht halten könnte) ersetzt werden könnte. Eben in der je neuen Verantwortungsübernahme tritt auf der einen Seite der je Einzelne in Erscheinung und treten auf der anderen Seite jene Inhalte, denen er sich widmet, zu Tage.

Der Einzelne gebiert – so könnte man diesen Gedanken zusammenfassen – immer neue Seh-, Denk- und Erlebnisweisen. Wie bei wissenschaftlichen Hypothesen ist es dabei unerheblich, was für eine Gestalt sie haben. Indem der Einzelne dann aber das, was in ihm zur Erscheinung drängt, auf eine verantwortete Weise zu leben beginnt, zu prüfen beginnt, was aus ihnen hervorgeht, und sich Rechenschaft darüber gibt, inwiefern seine Vorstellungen tragen oder nicht, macht er das, was in ihm aufsteigt, allenfalls fruchtbar; in gleicher Weise wieder, wie man untersuchen mag, ob eine wissenschaftliche Hypothese fruchtbar ist oder nicht, wenn sie an die vorgefundene Welt angelegt wird.

Am Beispiel der Phantasie soll das alles noch einmal deutlich gemacht werden. Bei wirklicher produktiver Phantasie handelt es sich selbstverständlich nicht um jenes öde Tummeln im Reich einer (unverstandenen) Modallogik, das den Menschen zum Beispiel im Zusammenhang mit der Corona-Krise von sogenannten «Experten» und Journalisten bis zum Überdruss präsentiert worden ist.[239] Einfach im Rahmen des Möglichen jetzige bestimmte Zustände gewissermassen weiterzurechnen (und sich dann mit erdachten Folgen medienwirksam noch zu überbieten) ist selbstverständlich nicht das Produkt von Phantasie, sondern stellt geradezu das *Gegenteil von Phantasie* dar, weil es über die Grundlagen des Ausgangszustandes ja nie herauskommt (und im Übrigen ja allein von der Angst geprägt ist, nicht «falsch», also widerlegbar zu sein). Selbstverständlich kann alles, was möglich ist, auch eintreten – mit so einer Behauptung wird man immer recht haben. Es fehlt einer solchen Weiterrechnung – neben der Tatsache, dass es ja nie auf einen urteilenden Menschen und damit auf ein wertendes Subjekt trifft[240] – aber die produktive Kraft, die ebenfalls im Möglichen liegt. Selbstverständlich könnte zum Beispiel ein Flugzeug abstürzen, und selbstverständlich gibt es tausend Ursachen, die einem Neugeborenen das Leben kosten könnten – aber das Flugzeug erreicht sehr wahrscheinlich sein Ziel, und das Neugeborene wird gross und stark werden –, ohne eine solche hoffnungsvolle Phantasie könnte der Mensch gar nicht leben, und es zeichnet ihn eben aus, dass er der vorgefundenen Welt Vorstellungen davon, was der Fall sein könnte, Wünsche, Ziele entgegenhalten kann. Oder solche Fragen könnten in einem bestimmten Lebenszusammenhang auch einfach keine Rolle spielen, weil ganz andere Vorstellungen im Zentrum stehen: Wer zum Beispiel nach Monaten der Trennung in Oslo wieder seinen Geliebten in die Arme schliessen kann, wird sich gewiss nicht die Frage stellen, ob in seinem Flugzeug alle Schweissnähte in gutem Zustand sind.

Indem man bloss die Möglichkeiten eines bestimmten (und in der Folge unveränderten) Ausgangszustandes bedenkt, *nicht aber, was sonst noch im Raum des Möglichen – und Freien – liegt*, verharrt man im Grunde im Ausgangspunkt, und was man dann produziert, bleibt immer ohne Hoffnung, ohne die Vorstellung anderer Handlungsverläufe (im Rahmen welcher ganz andere Faktoren zu wirken beginnen könnten), ohne Fähigkeit, Neues zu schaffen oder zu ersehnen, ohne Versuch, Neues zu erschaffen – oder sich einfach gegenüber dem, was eintreten könnte, offen zu verhalten. Was im Ausgangspunkt liegt, könnte sich so und so verschlimmern – es könnte sich aber auch *der Ausgangspunkt als solcher verändern*, und ganz neue, nie vorher bedachte Gesichtspunkte könnten ins Spiel kommen.²⁴¹ Wenn alles möglich ist, was nicht unmöglich ist, eröffnet sich mit dem Möglichkeitsraum eine weite, offene und freie Welt, die nicht endgültig erfasst werden kann. Man kann sie allein in immer neuen Versuchen, etwas zu verstehen, in Überzeugungen davon, dass etwas wichtig genommen werden muss, und im Offensein für das, was in Erscheinung treten mag, nach und nach zu ergründen suchen.

Dabei geht es nicht nur darum, in konventioneller Weise Phantasie als eine Ausgeburt von leeren Hoffnungen und leeren Phantastereien abzustempeln, sondern auch *einen falschen Gegensatz zwischen Phantasie*²⁴² *und Vernunft* (bzw. was sich die Vernunft zuschreibt) *zu errichten*. Es kann keine Rede davon sein, dass die «Vernunft» (ausserhalb von formalen Ordnungen) einen gesicherten Zugang zu sicheren Aussagen haben könnte, während die Phantasie einfach ins Blaue hinein erdichtete, was ihr einfällt. In Tat und Wahrheit bezieht sich die Vernunft auf gesetzte Massstäbe, die unter gewissen Umständen in die Welt gekommen sind, weil sie Menschen überzeugend erschienen sind.²⁴³ Ist das einmal begriffen, so kann sich zwischen «Vernunft» und Phantasie hinsichtlich der Frage, welche menschliche Fähigkeit Zugang zu sicherem Wissen hat, kein Gegensatz auftun. In produktiver Phantasie wiederholt sich im Grunde einfach das, was einmal Grundlagen für «vernünftige» Annahmen geschaffen hat. Sie öffnet nun aber den Raum der Möglichkeit und der Freiheit *neu*. Sie ist in dem Sinne produktiv, als sie

neue Massstäbe schafft, neue Gegebenheiten, neue Sehweisen eröffnet, neue
Gesichtspunkte, die man ins Zentrum seines Überlegens stellen könnte, und
– in Form von Kunstwerken – nicht nur die vorgefundene Vielfalt vermehrt,
sondern endgültig zeigt, wie verfehlt die Vorstellung ist, dass sich «Vernunft» den Zugang zu allem Möglichen schaffe.[244] Niemand würde sagen
können, die Erschaffung eines Streichquartetts (etwa des Streichquartetts
Nr. 13, op. 130, von Ludwig van Beethoven) sei «unvernünftig» – was für
ein Massstab könnte ein solches Urteil stützen?[245] Eine solche Vorstellung ist
nicht nur kaltherzig und letztlich menschenverachtend, insofern als sie das
Streben von Zehntausenden von Menschen und Kultur, Kunst, ja selbst religiöse Bedürfnisse herabwürdigt, sondern vor allem auch hohl. Das, was sie
dann despektierlich als «Unterhaltung» bezeichnen mag (auf die man in Zeiten der Not angeblich halt auch einmal verzichten müsse), bildet vielmehr
den Stoff, aus dem sich das Leben jetzt und das Leben der Zukunft nähren
wird und in deren Rahmen jene Vielfalt entstehen kann, welche die Grundlage dafür bildet.[246]

Wie sich vor dem Hintergrund eines solchen falschen Gegensatzes zeigt,
paart sich «Vernunft» sowohl mit Verantwortungslosigkeit wie dann auch
mit Mutlosigkeit – und produziert in der Folge gerade nicht, was notwendig
wäre. Im Rahmen eines hohlen Bezugs auf eine angeblich *an sich* Richtiges
produzierende Vernunft erscheint ja erneut die Vorstellung, dass es die vorgefundene Welt selbst, nicht der hinzutretende Mensch sei, der Wahres be-
reitstelle. Auch damit entzieht sich der Mensch der Verantwortung, von sich
selbst ausgehend in die Welt zu sehen, sie aufzunehmen, als Liebender, Sor-
ge-Tragender und Etwas-für-wichtig-Haltender (im Sinne Harry Frankfurts), als Neugieriger, als Interesse-Zeigender und als Urteilender, der zuerst
seine Hypothesen entwickelt und sie dann an der vorgefundenen Welt misst
(nicht allein die Welt reden lässt – das kann sie ja gar nicht). So gesehen ist
eine (angeblich) bloss vorurteilslos aufnehmende Haltung in Tat und Wahrheit *armselig;* sie entzieht sich der Forderung, die an den Menschen ergeht.
Mit Aristoteles könnte man sie gar als im Grunde genommen *feige* bezeichnen. Sie wagt es nicht, der Welt als Person gegenüberzutreten. Wenn sie in
diesem Zusammenhang in gespielter Demut behauptet, sie allein lasse eben
(angeblich) die Tatsachen sprechen, während Phantasie in eine leere, nicht
zu begründende Verwegenheit münde, dann lässt sie es in Wirklichkeit an
dem fehlen, was *zwischen* Feigheit und Verwegenheit liegt: sie lässt es in Tat

und Wahrheit an Mut fehlen. (Was wäre zum Beispiel aus der freien Welt geworden, wenn nicht ein Mann wie Winston Churchill es gewagt hätte, sich gegen Ratgeber, die für sich die Vernunft reklamierten, zu wenden.[247]) Geleitet ist eine solche Haltung allein vom Bestreben, sicher keinen Fehler zu machen, nicht irgendwann in seinen Wertungen eines Besseren belehrt zu werden oder überhaupt als jemand dazustehen, der zu einem gewissen Zeitpunkt das und das behauptet hat oder dem und dem gefolgt ist.[248] Mut dagegen würde darin bestehen, nach bestem Wissen und Gewissen, und indem man die Tatsachen gleichsam durch ein sich auf die vorgefundene Welt einstellendes und versuchsweise urteilendes Subjekt hindurchziehen liesse, eine bestimmte Sehweise, einen bestimmten Standpunkt, allenfalls auch eine bestimmte Hoffnung zu entwickeln – immer auf die Gefahr hin, allenfalls enttäuscht oder widerlegt zu werden. Aber gerade darin besteht Mut: in der Fähigkeit, der Welt mit einer bestimmten Haltung entgegenzutreten. Und es ist zudem wichtig und würdig, *Mut zu haben.*[249] Sich jederzeit auf die sichere Seite zu stellen, ist nicht nur feige – eine solche Haltung als in Tat und Wahrheit sogar als geboten darzustellen, weil alles andere angeblich tollkühn oder überheblich wäre, potenziert die Feigheit nicht nur noch, sondern mündet am Ende dann ja auch in Leere, in der jede Form von Persönlichkeit verloren geht.[250]

Eine Persönlichkeit zu werden, heisst aufzunehmen, was in einem als Sehnsucht nach einem eigenen Sein, als Bestreben, sich ins Spiel zu bringen, als Recht wie als Befähigung, im arendtschen Sinne «anzufangen», sowie als keimender Inhalt beschlossen ist. Das geht über jenen banalen Wunsch, etwas «Besonderes» zu sein, in dem sich falscher Individualismus erschöpft, hinaus.[251] Eine Persönlichkeit soll eine *bestimmte* Person sein: eben eine, welche das aufnimmt, was in ihr Gestalt annimmt, und es Wirklichkeit werden zu lassen versucht.

Mit ihr werden *bestimmte* Inhalte an die Welt herangeführt (wie ja auch im wissenschaftlichen Bemühen *bestimmte* Hypothesen an die Welt herangetragen werden sollen). Das hat zunächst zur Folge, dass eine einzelne Person als *bestimmte* Person einen solchen Gang als Weg in die *Vereinzelung* erfahren mag, weil ja das, was in ihr neu Gestalt annimmt, nicht das ist, was ihr Nebenmensch oder gar die Gesellschaft als Ganzes vielleicht für richtig hält oder was bis jetzt gelten mag. So fordert der Weg, den eine Persönlichkeit, die *bestimmt* sein will, einschlagen muss, *Mut* – den Mut, den es braucht, einen eigenen Weg zu gehen, allenfalls gegen bestehende Sehweisen, und den Mut, der darin besteht, überhaupt Neues anzufangen und so in den Raum der Möglichkeiten einzutreten. Wenn sie das tut, wendet sie sich von geltenden Sehweisen ab und mag so die Einbindung in die geltenden Massstäbe verlieren. Gleichzeitig *gewinnt* sie aber etwas: nämlich das, was sie «anfängt». Wie ein Künstler, der mit seinem eigenen Werk allenfalls geltende Massstäbe über den Haufen wirft, damit aber ein neues Werk schaffen kann, bringt sie mit ihrem Mut und ihrer Neugier gegenüber sich selbst etwas Neues ins Spiel. Mit der Bestimmtheit, die aus dem Bezug auf das, was sie findet, resultiert, schafft sie neue Massstäbe, Sehweisen und Denkweisen, die sich allenfalls als wertvoll und fruchtbar erweisen können und neue Schneisen in die vorgefundene Welt legen.[252]

Natürlich ist die Versuchung gross, einer solchen Vereinzelung und den Schwierigkeiten, die sich dabei auftun, auf verschiedene Weisen auszuweichen. Man mag einerseits sich selbst gegenüber untreu sein, das, was in einem Gestalt annimmt, nicht ernst nehmen und nicht «anfangen», was in einem beschlossen ist. Man mag es nicht nur nicht wagen, sich seines Verstandes zu bedienen, sondern auch nicht wagen, jene bestimmte Person zu sein, die aus der Verfolgung dessen, was in einem anfangen will, entsteht. Oder dann geht man den entgegengesetzten Weg: Man behauptet, das, was man vorbringe, stelle alles dar, was möglich ist. Damit wiche man Bestimmtheit aber wieder aus: Bestimmt ist nicht, was alles ist, sondern was sich auf etwas Vereinzeltes bezieht (so wie ja auch wirkliche Liebe nicht darin besteht, alle Menschen zu lieben, sondern einen besonderen bestimmten Menschen). Bestimmtheit führt, eben weil sie sich auf bestimmte Inhalte bezieht, in Vereinzelung; und ihre Würde besteht darin, dass sie Bestimmtheit ohne Gewähr und Sicherheit ist und etwas Einzelnes herausgreift. Wie das mit an die vorgefundene Welt herangetragenen Hypothesen der Fall ist, führt erst Bestimmtheit weiter: In ihr nimmt etwas eine konturierte Gestalt an.

Aus den gleichen Gründen sind auch *Demut* und erst recht *Gleichgültigkeit* nicht am Platz. Es gibt keinen Grund, deswegen *demütig* zu sein, weil man nicht alles ist. Es kann gar nicht anders sein, als dass man als Einzelner nicht alles ist; und gerade umgekehrt ist es von Bedeutung, dass sich der Einzelne nicht in einer solchen Forderung verliert. Wenn er aufgeben würde, was in ihm Gestalt annimmt, weil das nicht alles ist (was man erkennen, denken, lieben könnte), könnte mit ihm gerade nicht eine neue Sehweise, einer neuen Hypothese gleich, auf die Welt treffen.[253] Verfehlt ist damit auch Gleichgültigkeit – eine Haltung, im Rahmen welcher der Einzelne das, was in ihm zu Tage treten will, nicht ernst nimmt, weil es ihm belanglos erscheint. Es mag sich am Ende nicht als fruchtbar erweisen, wie das mit jedem Versuch des Menschen, die vorgefundene Welt zu ergreifen, geschehen kann – es ist aber nicht deswegen belanglos, weil es *nicht alles* ist; und Menschen und Institutionen, die selbst den Anschein erwecken, bedeutend zu sein, haben gewiss kein Recht, Einzelmenschen mit ihrer angeblichen Überlegenheit einzuschüchtern, weil man wissen kann, dass ein solcher Anspruch gerade umgekehrt mit Gewissheit verfehlt ist: Der Mensch kann die vorgefundene Welt nur in Einzelerkenntnissen ergreifen, und so verdient etwas, was in einem Einzelmenschen aufsteigt, Beachtung, was es dann auch sei. Dem, was einem bedeutend erscheint, mit Gleichgültigkeit zu begegnen, weil es ein Einzelnes ist, wäre so verfehlt wie die Haltung der Skepsis als Ganzes: Aus der Tatsache, dass der Mensch nicht Gewissheit finden kann, folgt nicht, dass er umgekehrt alles Bestreben, etwas zu erkennen, aufgeben soll – stattdessen muss er sich der vorgefundenen Welt nach und nach und immer auf Zusehen hin nähern. Das scheint wenig zu sein, aber es ist nicht nichts, wie dies Skepsis einem einreden will.[254]

So mündet das, was der Fall sein soll, in ein *Paradox,* das jenem ähnelt, welches Toleranz zugrunde liegt.[255] Die Persönlichkeit muss sich so verhalten, wie das eine tolerante Person tut. Man muss Toleranz üben, weil man anerkennen muss, dass kein Mensch Zugang zur Wahrheit an sich hat. Aus diesem Grunde kann niemand, kein Mensch, keine Institution und keine religiöse Ausrichtung, den Anspruch geltend machen, das Wahre allein zu repräsentieren. Das hat aber nicht zur Folge – das würde eine völlig verkehrte Vorstellung von Toleranz darstellen –, dass er *deswegen* nichts wichtig nehmen und sich zu eigen machen dürfe (oder sich den Ansprüchen der anderen beugen müsste). Das Gegenteil ist der Fall – ein toleranter Mensch soll fähig dazu sein, etwas für bedeutsam und richtig zu halten, *obwohl* er wissen kann, dass er keinen Zugang zum Ganzen hat und seiner Vorstellung andere Vorstellungen gegenüberstehen dürfen. Dass seine Vorstellung nicht alles ist, ist mit anderen Worten kein Argument dafür, dass er es nicht für bedeutsam halten könnte und sollte; solange er immer akzeptiert, dass andere das gleiche Recht haben (und er überdies immer weiter allenfalls offen bleibt).[256] So mündet Toleranz in die scheinbar widersinnige Folgerung, dass verschiedene Vorstellungen «richtig» zu sein und je Beachtung zu verdienen scheinen. Das Paradox löst sich aber so auf, dass sich alle Beteiligten je auf ihre Weise nur auf den *Weg* zur Wahrheit machen können; weil kein Mensch Zugang zur ganzen Wahrheit hat. Der Einzelne soll, indem er seine Vorstellung ins Spiel bringt, auf seine Weise dazu beitragen, *dass überhaupt Vorstellungen entwickelt werden* – und sich dereinst allenfalls als bedeutsam erweisen könnten. Wenn der je Einzelne nicht *ernst* nähme, was ihm bedeutungsvoll erscheint, könnte überhaupt nichts entstehen, und Leere wäre dann der Fall (oder Macht würde sich in dieser Leere breitmachen und ihre Sehweise zu verabsolutieren versuchen).

Das mag für viele Menschen eine Kränkung sein; eine Kränkung, der der Mensch indessen nicht ausweichen kann – und die am Ende einen eigentlich auch nicht kränken oder verunsichern muss. Man muss eine bestimmte Person sein, im Wissen darum, dass man nicht alles ist. So wird man die Welt mit dem Neuen, das in einem Gestalt annimmt, bereichern. Man wird sie *bereichern,* wohlverstanden, nicht *erlösen.*

In diesem Sinne soll Autonomie sein, soll freier Verstandesgebrauch stattfinden, sollen Menschen, indem sie handeln, nach und nach zu sich kommen. Sie folgen damit dem, was in ihnen Gestalt annimmt, tragen aber, indem sie das tun, gleichzeitig immer dazu bei, dass überhaupt etwas entsteht. Ihre Suche nach Autonomie, freiem Verstandesgebrauch und ihr Ernstnehmen von sich selbst haben nicht nur deswegen Bedeutung, weil so ihr eigenes Leben aufgewertet werden würde und sie (wie das moderne Menschen gerne sagen) zeigen könnten, dass sie eigenständige «Individuen» seien, sondern weil sie, wenn sie diesen Weg wirklich zu gehen wagen, indem sie mit Neuem in Erscheinung treten, die Welt *reicher* machen. Sie haben also eine Bedeutung, die weit über ihr eigenes Wohlbefinden oder ihre Geltungssucht hinausweist.[257]

Freiheit und freie Gesellschaften können nur bestehen, wenn in ihnen Persönlichkeiten in Erscheinung treten. Sie können sich nur aus ihnen regenerieren und immer weiter am Leben bleiben.

Habe den Mut, dich deines Verstandes zu bedienen, heisst es: Der je Einzelne soll erstens wagen, sich selbst als Urteilenden ins Spiel zu bringen; und er soll den Mut haben, wie ein Entdeckungsreisender in den Raum der

Freiheit vorzustossen und darin ganz Neues zu finden. Andere werden ihm auf neue Kontinente folgen.

2. Coda

Das Gesagte lässt sich auch im Bild des *Spiels* zusammenfassen. In ähnlicher Weise wie Toleranz ist Spiel (wirkliches Spiel, nicht Wettkampf) von einer tiefen Paradoxie gekennzeichnet. Wer spielt, entfernt sich auf der einen Seite von dem, was man gemeinhin «Realität» nennt, und tritt mit dem Spiel in eine (mittels Spielregeln definierte) Form von Möglichkeit ein. Gleichzeitig nehmen die Spielenden – *obwohl* sich ihr Spiel von dieser (angeblichen) Realität abhebt – dieses ihr Spiel absolut *ernst*. Nicht also eine wie immer geartete «Realität» fordert und bestimmt diesen Ernst, sondern das Spiel selbst. Das Spiel schafft – paradoxerweise – *als Spiel* Ernst.

Es gibt zwei Weisen, Spielen und das im Spielen angelegte Paradox zu verfehlen; und manche Menschen können ja überhaupt nicht spielen (wie ja auch manche Menschen keinen Zugang zum inneren Gehalt von Toleranz gewinnen können). Die eine Weise besteht darin, nur *Ernst* gelten zu lassen; genauer gesagt: allein die Form von Ernst, die angeblich gilt oder angezeigt ist, gelten zu lassen bzw. als die alleinige Form von «Richtigkeit» anzuerkennen. Wer so denkt und erlebt, beruft sich gerne auf Notwendigkeiten oder auf Absolutheiten, die keine spielerischen Zugänge erlauben, weil es angeblich keine Alternativen dafür gibt, so zu denken und handeln, wie es angeblich absolut gefordert wird. Von so einer Sehweise aus gesehen erscheint Spiel als ein Abgleiten in Unernst, Unsinn, ja gar Haltlosigkeit. Gelten lassen könnte sie höchstens Wettkampf, weil in einem solchen das Bestreben, zu siegen bzw. der Beste zu sein, wenigstens einen Abglanz von Ernsthaftigkeit zu erzeugen scheint. Oder dann spielen Menschen, die nicht spielen können, Spiele, die in Wirklichkeit überhaupt kein oder sehr wenig spielerisches Potential haben, sondern sich weitgehend im Erfüllen von Regeln bzw. im Erfüllen von festen Massstäben erschöpfen.[258]

Die andere Form lässt nur *Spiel* gelten, lässt sich also nicht vom Ernst des Spiels verpflichten, sondern sucht stattdessen die schrankenlose Freiheit dessen, der sich zu nichts verpflichten lässt oder gar nur so tut, als spiele er (indem er zum Beispiel in Wirklichkeit allein eigenen Interessen folgt). Dazu gehört zum Beispiel, sich möglichst in keiner Weise binden zu lassen oder sich nicht an Regeln zu halten und so ein Spiel eben dadurch recht eigentlich zu zerstören. Das Spiel ist ja gerade durch seine Regeln und den Ernst, mit dem diese verfolgt werden, konstituiert: Wer die Regeln also bricht, schafft sich nicht nur einen unrechtmässigen Vorteil gegenüber anderen, fair Spielenden, sondern löst das Spiel selbst auf. Und Spiel einfach im Sinne von Spass haben, alles seinen Launen unterwerfen und nichts für bedeutungsvoll halten mündet am Ende auch in die Auflösung des so angeblich Spielenden. Er gibt so seinem Tun keine Richtung und kommt in diesem in dem Sinne nicht mehr vor, als er sein Tun nicht irgendwie *gestaltet*.

Wer spielt, nimmt etwas ernst, *obwohl* es von der Sache her gesehen nicht ernst ist, und er ist in seinem Spiel erst recht nicht darauf ausgerichtet, dass das, was er spielend tut oder erlernt, dann in der Welt der sogenannten Realität brauchbar ist. *Es ist das Spiel selbst, das er ernst nimmt.* Indem er ein Spiel ernst nimmt, erlernt er – wenn schon – das Ernstnehmen als solches. Ein schönes Bespiel dafür sind jene mathematischen Fragestellungen, die wertlos, weltfremd, ja grotesk erscheinen, von Mathematikern aber recht eigentlich erfunden werden im Hinblick darauf, dass sie dann aber mit allem Ernst darauf untersucht werden können, ob und wie allenfalls sie bewältigbar sind. Es handelt sich dabei um selbst entwickelte Fragestellungen, die allein deswegen interessant erscheinen, weil ihre Lösung schwierig ist und Scharfsinn verlangt – und sie erwecken die Lust am Lösen von Aufgaben.[259] In gleicher Weise mag man sich die Aufgabe stellen, ein Spiel zu bewältigen, indem man einen Ball nur mit dem Fuss berühren darf oder indem man mit einem Lederball ein Querhölzchen auf drei aufgestellten Hölzern treffen muss oder indem man zum Beispiel mit fünf Männchen auf einem Parcours voll von Tücken und Schwierigkeiten «heimkommt»;[260] oder man mag sich als Künstler die Aufgabe stellen, in einem Werk der Kunst etwas Gedachtes, Gefühltes oder Erlebtes oder als wichtig Erkanntes zu gestalten oder etwa in ein mit einem Schilfstückchen versperrtes Rohr zu blasen und einem solchen Gebilde in geeigneter Weise Töne zu entlocken.

Im Spiel, genauer gesagt im Setting des Spiels, nehmen Alternativen zur sogenannten «Realität» Gestalt an. Das Spiel schafft andere Fragestellungen und Herausforderungen und emanzipiert so den Spielenden in doppelter Weise von einer scheinbar alternativlosen Realität. Diese Herausforderungen mögen vom Gesichtspunkt der Realität aus gesehen sinnlos sein und keine

Lösungen für scheinbar an sich bestehende Forderungen bieten. Gleichzeitig öffnet das Spiel mit seinen Bildern und Regeln aber den Raum für andere Sehweisen, Möglichkeiten und Verläufe, macht so offenbar, dass es noch anderes gibt, als was in der sogenannten «Realität» Gestalt annimmt, und löst so die Menschen aus dem Banne von angeblich *an sich* bestehenden Forderungen. Und gleichzeitig zeigt es, dass man auch Herausforderungen, wie sie das Spiel selbst erfindet, mit Ernst begegnen kann und soll. Es löst also auch den Ernst von den Fragestellungen allein ab und führt den Spielenden zu einem Ernstnehmen des Ernstes selbst und zum Bewusstsein, dass er Ernst aus sich heraus entwickeln kann.[261] Es ist schön und würdevoll, etwas ernst zu nehmen, weil in diesem Ernstnehmen der Mensch auf seine Weise zu sich kommt.

Wer nur den Ernst leben will, begeht ausserdem den Fehler zu verkennen, dass es (ausserhalb von formalen Ordnungen) nicht in dem Sinne eine «Realität» *an sich* gibt, sondern immer nur Tatsachen sowie dazugehörige *Interpretationen* dieser Tatsachen. Die Interpretationen folgen aus den gesetzten Massstäben, die an Tatsachen angelegt werden; diese Setzungen sind aber nicht selbst Tatsachen, sondern Möglichkeiten, die Tatsachen zu sehen oder einzuordnen.[262] Diese Erkenntnis mündet nicht, wie gewiss schnell behauptet wird, in Skeptizismus oder gar Irrationalität, sondern stellt eine Einsicht in die Natur der empirischen Aufnahme der vorgefundenen Welt dar – die empirische Welt kann gar nicht anders, als im Lichte von Sehweisen aufgenommen zu werden.

Unter dem Gesichtspunkt der Autonomie gesehen stellt sich nun heraus, *dass erst jener Mensch Autonomie gewinnt, der spielen kann.* Wer nur Notwendigkeiten der sogenannten «Realität» gelten lassen kann, überantwortet sich ganz dieser Realität. Er scheint wie kaum jemand sonst «vernünftig» zu sein, bringt sich aber selbst gar nicht ins Spiel. Er scheint, ganz dem Ernst jener Notwendigkeiten, die er ins Treffen führt, verpflichtet zu sein, löscht sich aber eben dadurch ganz aus und verliert nicht nur seine Autonomie, sondern erweckt gar den Anschein, dass es gar keine Autonomie geben könne.[263] Wer nicht spielen kann, erweist sich mit anderen Worten als eine Person, die nicht autonom und so auch nicht frei sein kann.

So stellt dann das Paradox des Spiels im Grunde ein Sinnbild des menschlichen Erkennens dar. Manche Menschen mögen Anstoss daran nehmen, dass man Erkennen als Spiel darstellt – wer das täte, hätte aber das Paradox, das im Spiel Gestalt annimmt, nicht verstanden. Spiel ist Spiel und Ernst zugleich.

Menschliches Erkennen in einer empirischen Welt kann sich gar nicht anders als in einem zwischen Spiel und Ernst oszillierenden Tun gestalten. Der Mensch kann nicht anders, als sich der vorgefundenen Welt in spielerischer, offener, auch immer neuer Weise zu nähern – entscheidend ist *dann* aber die Ernsthaftigkeit, mit der er sein Spiel sozusagen weiterverfolgt. Keine Gewissheit kann er ins Treffen führen, wenn es um die Begründung seines Spiels geht; dann aber setzt der Ernst ein, mit dem das Spiel verfolgt wird; und Grösse und Würde hat sein Tun, weil er, was er zum Spiel gewählt hat, ernst weiterverfolgt, mit allem, was dazugehört.

Wer (zum Beispiel) Fussball, Tennis oder Cricket, Karten- oder Brettspiele spielt, unternimmt ein Projekt, das in sich seltsam ist (sowohl in seinen Regeln wie in seinem Setting und erst recht seiner Zählweise) – dieses lässt sich gewiss nicht irgendwie begründen. Im Spielen offenbart sich dann aber ein nicht mehr bestreitbarer Ernst des Verhaltens – und das Spiel selbst lässt etwas Gestalt annehmen, das in sich Gehalt hat und würdig ist. Wie das Spiel öffnet auch menschliches Erkennen die Welt. Das Resultat ist eine Form von Freiheit. Während alleiniger Ernst – und die Suche nach Erkenntnissen, die endgültig sind – Freiheit zerstören würden, öffnen Spiel und die Suche nach immer neuen Auffassungsweisen der Welt nicht nur den Raum der Freiheit, sondern ermöglichen auch tatsächlich immer neue – und hoffentlich ertragreiche – Zugänge zur Welt.

VI. ... und ein Bild ...

Ein Leuchtturm kann mit seiner Leuchtkraft nicht die Nacht zum Tag machen. Nicht einmal den Küstenstreifen, an dem er steht, oft über gefährlichen Abgründen, kann er erleuchten. Mit seiner Kennung, dem bestimmten Lichtzeichen also, das er aussendet (zum Beispiel Fl(4)W.20[264]), zeigt er aber an, wo er steht. Das weiss er bestimmt. Und indem er so seine Position anzeigt, weist er den Schiffen draussen im Meer und in der Nacht ein wenig ihren Weg, von Leuchtturm zu Leuchtturm.

Anmerkungen

1 Dazu etwa Charles Taylor, *Der Irrtum der negativen Freiheit.*

2 Die dann dem «Bauch» *Befriedigung* verschaffen würden.

3 Während jener amerikanische Tennisspieler, der sich seine spätere Frau in einem Bademode-Katalog «ausgelesen» hatte, den umgekehrten Weg ging: Er führte ein freies Hingucken in eine verpflichtende ernste Beziehung über.

4 Dass eine solche Überantwortung an die angeblichen eigenen Wünsche zu einem erneuten Verlust von Autonomie führen könnte, geht dabei unter.

5 Eine in diese Richtung weisende Forderung etwa von Kant weisen zum Beispiel moderne Gymnasiasten und Gymnasiastinnen weit von sich. Vgl. Immanuel Kant, *Grundlegung zur Metaphysik der Sitten.* Vgl. etwa die Darstellung der dritten Pflicht, S. 53 f. bzw. BA 55 f. – Freilich mögen sie dann in der Folge eine beträchtliche Mühe darauf verwenden, eine grossartige Position im Leben zu erreichen. Dabei steht aber nicht so sehr ein eigenes, einen als Person bestimmendes Talent im Vordergrund, sondern die Aussicht darauf, «Erfolg» zu haben und damit im Zusammenhang reich zu werden – und diese Aussicht mündet dann wieder in die oben beschriebene banale Vorstellung von Autonomie, sich dereinst «alles kaufen» zu können etc. Dass sie sich auf dem Weg dorthin allenfalls selbst verlieren könnten, ist ihnen nicht bewusst.

6 Eine andere Form, wie Menschen zusammenleben könnten, entwirft mein *Ich und der Andere.*

7 Wie der dostojewskijsche Grossinquisitor geltend macht, kann das gar nicht anders sein. *So rebellieren Kinder, die sich in ihrer Klasse zusammenrotten und den Lehrer davonjagen. Aber die Begeisterung der Kinder wird ein Ende haben, und dieses Ende wird sie teuer zu stehen kommen. [...] Aber schließlich werden die törichten Kinder einsehen müssen, daß sie zwar Rebellen sind, aber kraftlose Rebellen, die ihre eigene Rebellion nicht aushalten können.* Vgl. dazu: Fjodor M. Dostojewskij, *Der Grossinquisitor* (= *Die Brüder Karamasov*, 2. Teil, 5. Buch, V), S. 414.

8 So sagen sie spätabends, in einer Stammtischrunde etwa, wenn auch ganz unbedacht lebende Menschen zu «philosophieren» beginnen, gerne: «Es geht uns im Prinzip viel zu gut.» Und die Massenmedien (selbst ein Medium wie die NZZ, die einst den Anspruch hatte, ein Qualitätsmedium darzustellen) haben sich im Zusammenhang mit der Corona-Pandemie mit allerlei tiefsinnigen Artikeln des Typs *Was uns die Corona-Pandemie lehrt*

... überboten; die dann immer einfach darin münden, dass der Verfasser oder die Verfasserin (unter schamloser Ausnützung der Angst, die eine solche Pandemie auslöst) behauptet, im Zusammenhang mit der Pandemie müssten «wir» «wieder» lernen ..., und dann folgte ihre in letzter Zeit nicht mehr nach Wunsch beachtete Lieblingsvorstellung (wahlweise «Bescheidenheit», «Wiedererkennen des Wahren und Wichtigen», «Achtsamkeit», «Einsicht darein, dass der Mensch auch (!) nicht alles ...» etc. etc. etc.). – Vom philosophischen Standpunkt aus muss einen in einem solchen Zusammenhang erschrecken, wie schnell die Öffentlichkeit, wenn es brenzlig wird, in solche absurden Ergüsse von Pseudo-Tiefsinn gleitet (und wie ungenau sie in diesem Zusammenhang argumentiert). Eine Gesellschaft – muss man freilich anfügen –, die sich nur ihrer selbst vergewissern kann, wenn sie sich in Bedrängnis sieht, befindet sich nun wirklich in einem erbärmlichen Zustand. – Die Pandemie hat selbstverständlich keine Stimme und keine Absicht; es handelt sich bei ihr um ein Geschehen, das im Rahmen der naturwissenschaftlichen Gesetze und den von ihnen zugelassenen (nicht voraussehbaren) Möglichkeiten (zum Beispiel Mutationen) stattfindet. Sie kann uns nicht gottgleich etwas «lehren», weil sie kein intentionales Subjekt ist, sondern den Menschen einfach sekundär vor Augen führen, was sie in der Vergangenheit falsch gemacht haben (zum Beispiel im Rahmen von «Effektivitäts»-Vorstellungen vorgenommene Reduzierungen der Bettenzahl in den Spitälern, optimierte enge Treppenhäuser und dergleichen mehr) – von solchen Dingen reden die Pseudophilosophen aber nie: sie gehen immer gleich (und zwar auf *einer einzigen* Zeitungsseite) aufs Ganze einer Ethik an sich und schieben dann die Schuld an einem Geschehen nicht bestimmbaren bösen Einzelnen zu (zu denen *sie* selbst nie gehören: Sie sagen zwar: *Wir müssen wieder lernen ...*, aber sie meinen immer die anderen). Und selbst, wenn sich in schrecklichen Geschehnissen eine solche Intentionalität wirklich zeigte, so bliebe immer noch die Frage, wie es die Pseudophilosophen geschafft haben, zu ergründen und zu verstehen, was diese Stimme will (sie könnte ja auch etwa meinen, dass man angesichts von etwas Nichtfassbarem endlich «wieder» mehr Mut zeigen müsste ... – vielleicht ist ja Gott in Wirklichkeit all der Feiglinge, die seine Welt in Besitz genommen haben, überdrüssig). – Solche Erscheinungen zeigen, dass moderne Menschen zwar (zu Recht) Freiheit erworben haben mögen, in Bezug auf sie und ihren Gehalt aber durchwegs und in erschreckender Weise *unsicher* sind. Das gilt auch für Zeitungen, Parteien und Politiker, die sich, solange es nicht gefährlich ist, so gerne als «liberal» bezeichnen – auch viele von ihnen haben dann aber schnell Angst vor wirklicher Liberalität und sind ebendann bereit, Liberalität aufzugeben, wenn sie nötig wäre.

9   Selbst diese Redeweise ist im Grunde genommen verfehlt, weil sie unterstellt, dass es irgendwie *absolut geltende* Massstäbe gebe, die man dann ohne jeden möglichen denkbaren Einspruch einhalten müsse. Wenn schon, dann mag als absolut die Forderung gelten, dass die Menschen gleich seien und über sich verfügen können müssten und dass der kategorische Imperativ und vergleichbare *formale* Gesetze Geltung haben müssten. Freiheit kennt aber sonst keine Haltepunkte: Die Menschen können in ihrem Rahmen im

Kleinen ein leeres, belangloses Leben führen oder sich mit Rauschgiften ruinieren oder im Grossen ihre Angelegenheiten nicht in Angriff nehmen (etwa indem sie es zulassen, dass Gesellschaften im Zusammenhang mit der Einkommens- und Vermögenssituation immer ungerechter werden, oder indem sie sich nicht mit möglichen Klimaveränderungen auseinandersetzen). Sie *sollen* das nicht tun, aber nicht, weil es «fünf vor zwölf» ist (wie Politiker gerne sagen, wenn sie beginnen, die «Bevölkerung» wie kleine Kinder zu behandeln), sondern weil sie sich *dazu entscheiden* müssen, in einer gewissen Weise verantwortlich zu handeln, was etwas anderes ist. Mit anderen Worten: Sie müssen *ethisch* handeln, und zwar zu jedem Zeitpunkt.

10 Vgl. dazu Martin Mosimann, *Das Paradox der Ordnung*.

11 Und man mag vielleicht noch ergänzen, dass man mit wortgewaltigen Berufungen auf einen strafenden Gott weder *bewiesen* hat, dass es einen solchen gibt, noch, dass er das «meint», was man ihm unterstellt; dass man mit Berufungen auf eine angeblich alles zurückfordernde «Natur» verstanden hat, was zu ihrem Schutz allenfalls zu tun sei, etc.

12 Man beachte dabei auch wieder die Wortwahl: Das Wort «zurückschlagen» impliziert nicht nur eine blinde Gewalt sowie das Recht einer Instanz darauf, eine solche Gewalt anzuwenden, samt dem dazugehörigen masochistischen Strafbedürfnis, sondern vor allem auch eine Form von Ausweglosigkeit.

13 Es ist in diesem Zusammenhang bezeichnend, dass Harry Frankfurt im Rahmen seiner Überlegungen zur Begründung der *Persönlichkeit* nie von solchen Überwindungsträumen redet. Er macht vielmehr geltend, dass sich eine Persönlichkeit darin zeige, welchen Wünschen sie in Bezug auf ihre basalen Wünsche zum Durchbruch verhelfen will. Nicht also ein «Sieg» eines angeblich Guten über bedenkliche Wünsche steht im Zentrum seiner Überlegungen, sondern eine Form von *Einstellung* des Subjekts zu sich selbst. Vgl. dazu etwa Harry Frankfurt, *Gründe der Liebe*. – Einen ähnlichen Einbindungs- und Banalisierungsversuch stellen auch die herkömmlichen Beschreibungen der Pubertät dar. Da wird etwa gönnerhaft davon gesprochen, dass in dieser Zeit «die Hormone verrücktspielten» (wie ja das ganze Geschehen immer schnell auf rein sexuelles Erwachen reduziert wird) oder immer eine furchtbare Unreife zu Tage trete. In Tat und Wahrheit konstituiert sich in der Pubertät immer ein neuer Mensch mit dem, was in ihm beschlossen ist, neu. Das mag zu Beginn ungelenk erscheinen: Das ist aber bei allem so, das neu in die Welt tritt. Selbst Roger Federer (für manche Menschen der Inbegriff eines Sportlers ohne Fehl und Tadel) hat sich einmal ungeschickt bewegt und ist ein Flegel gewesen.

14 Die immerzu angefügte Warnung, es gebe nun keine Alternative (zu etwas Gefordertem) mehr, ist ein Anzeichen dafür, dass mit solchen angeblich «tiefen» Gedanken etwas nicht stimmt – sie engen ein dreiwertiges Feld auf eine verfehlte Zweiwertigkeit ein. Vgl. Martin Mosimann, *Das Paradox der Ordnung*. – Als Ziele werden Entitäten präsentiert, die scheinbar den Endzweck in sich enthalten; dies aber gerade kaum tun. Die Forderung, einem Gott nur damit zu huldigen, dass man ihm gehorcht, postuliert einen armseligen Gott und eben: kein über ein solches Gehorchen hinausweisendes Ziel; und die

«Natur», der man gehorchen soll, enthält ja auch kein weiteres Ziel in sich. Die «Natur» soll dereinst «wieder» (wie man sagt) ganz bei sich sein – und dann? Was soll dann der weitere Sinn von jemandes Leben sein? Wie man schnell erkennt, geht es bei all diesen Phantasien nur darum, wenn überhaupt, eine *notwendige* Bedingung für etwas allenfalls Schönes zu schaffen – dazu müsste dann aber noch die *hinreichende* Bedingung treten, die unter solchen Bedingungen dann auch wirklich etwas Schönes entstehen liesse. – Es ist nicht nur bedenklich, dass unsere Zeit kaum eigene grosse und würdige Ziele hat, sondern vielmehr erschreckend, dass sie *meint* und *unterstellt,* dass es nur Ziele gebe, die in eine Form von Gehorchen und Sich-Unterstellen münden. – Besonders abstossend ist es, Menschen, wie dies etwa in einem frommen, kleinbürgerlichen oder einfach (angeblich) «gut erzogenen» Milieu der Fall ist, daraufhin zu eichen, sich ganz einer wie immer gearteten «Harmonie» zu unterwerfen (wie dies ja über Jahrhunderte hinweg zum Beispiel – leider mit grossem Erfolg – mit Frauen geschehen ist). Menschen, die so erzogen worden sind, entwickeln den Wunsch, autonom zu werden, gar nicht, ja *wagen* es nicht einmal, einen solchen Wunsch zu entwickeln, weil ein solcher, wie es dann scheint, eine scheinbar geltende «Harmonie» zerstören würde. Umgekehrt erhalten sie Lob (aber nur dann), wenn sie sich den geltenden «Harmonie»-Massstäben ganz unterwerfen. Eine solche Verhinderung von Autonomie ist deswegen so abstossend, weil sie von ihren Opfern kaum als Machtversuch durchschaut werden kann: Wie könnte man gegenüber einem so schönen Bild wie dem der «Harmonie» darauf pochen, einen Eigenwert zu haben, wenn sich ein solcher angeblich bloss zerstörend auswirken kann? Ein solches Bild der «Harmonie» ist ja deswegen so verkehrt, weil sich «Harmonie» bestenfalls einstellt, wenn sich alle Menschen unter Einsatz ihrer menschlichen Fähigkeit *am Ende* in Harmonie *finden.* Sie ist dann allenfalls das Produkt menschlichen Verhaltens. Sie muss also von Menschen und unter Einbezug *aller* Menschen immer neu erworben werden; sie ist (wie «Ordnung») nicht von Anfang an gegeben.

15   Dass Pubertierende diesen Zusammenhang nicht durchschauen, mag darauf zurückzuführen sein, dass eine wie immer geartete Befreiung zu erreichen all ihre Energie erschöpft. Ein erwachsener Mensch dagegen sollte weiter denken können …

16   Bemerkenswerterweise beschweren sich junge Menschen in Wohlstandsgesellschaften unterdessen darüber, dass jung zu sein deswegen so schwierig sei, weil ihnen *so viele* Möglichkeiten *offenstünden.* Das mag zwar wirklich der Fall sein, ist aber kein Grund zur Klage – sondern lässt offenbar werden, dass eine moderne Welt der Freiheit (im Gegensatz zu einer eingeschränkten früheren Welt, in der es kaum Möglichkeiten gab) eben *verantwortete Wertungen* verlangt. – Die Angst davor führt dann zu den bekannten abstossenden Verherrlichungen von Zeiten der Not.

17   Das gilt selbstverständlich auch für die ganze Anklagerede des Grossinquisitors bei Dostojewskij. Diese ist gewiss grossartig in der schonungslosen Aufdeckung der Schwäche der Menschen – selbst aber ist sie erstens hoffnungslos autoritär und zweitens, in diesem Zusammenhang, völlig perspektivlos. Das ist ja immer die Schwäche solcher konservati-

ver Tiraden. Sie mögen zwar genau menschliche Schwächen beschreiben und dann den Eindruck erwecken, weil sie das können, über ein irgendwie höheres Wissen zu verfügen. Das haben sie aber nicht: Sie unterstellen vielmehr immer ohne Beweis (und ohne jede Phantasie) einfach, dass es nicht anders «weitergehen» könnte.

18   Es gehört dabei gewissermassen zum Gesamtpaket des Projektes. Wer zum Beispiel ein Hallenbad betritt, weil er schwimmen will, kann sich nicht darüber beschweren, dass er damit im Zusammenhang nass wird.

19   Arthur Schopenhauer, in seinem bekannten Pessimismus, macht geltend, dass sich in einer Komödie der Vorhang nach der glücklichen Hochzeit nur deswegen so schnell schliesse, weil ja dann sofort Streit ausbreche … Das mag pessimistisch-witzig erscheinen – und ja auch tatsächlich manchmal der Fall sein –, zu einer solchen apodiktischen Aussage ist man aber natürlich nicht berechtigt. In Tat und Wahrheit ist nun einfach alles offen und kann zum Schlechten wie auch zum Guten ausschlagen. Der schopenhauersche Pessimismus ist deswegen verfehlt, weil er, ohne Gründe anzugeben, Ungewissheit durch Gewissheit ersetzt, und weil der Leser so sozialisiert ist, dass er die Annahme einer Entwicklung zum Schlechten hin als gewissermassen «bedeutungsvoller» und «tiefer» ansieht als Entwicklungen zum Guten hin – und so eine solche verfehlte Annahme ohne eigenes Nachdenken als «philosophisch» akzeptiert. Schopenhauer als Philosoph müsste aber sagen (wie das während der Corona-Krise die sogenannten «Experten» hätten tun müssen): Niemand kann in die Freiheit hinein sicheres Wissen legen.

20   Aus diesem Grunde sind ja auch zum Beispiel an Jugendliche gerichtete Maturreden und andere Abschlussreden so verlogen: In ihnen wird jeweils in grossen Worten betont, wie wunderbar der jetzige Moment sei, weil nun alles offenstehe. Das stimmt und mag auch ein grosser Moment sein – verschwiegen wird dabei aber, dass dieser Moment auch schrecklich ist, insofern als jetzt alles offen ist. – So schön von der Freiheit reden nur Menschen, die sich in Sicherheit wähnen bzw. mit verlogener Sentimentalität an die Zeit zurückerinnern, in der sie sich noch nicht in jene Wahlen verrannt haben, die sie nun bedauern mögen …

21   Als Konsument ist er daran gewöhnt, dass ihm «Angebote» gemacht werden.

22   Selbst zum Beispiel Angst kann, als Angst, paradoxerweise insofern «befreiend» wirken, als sie einem Freiheit nimmt, indem sie eine Richtung weist – die Richtung, sich allein mit ihr zu beschäftigen.

23   Vgl. dazu die Rückkehr einiger romantischer Dichter in den Schoss der katholischen Kirche – unter völliger Aufgabe ihrer dichterischen Potenz.

24   Jemand mag etwa (um ein banales Beispiel anzuführen) mit einem eigenartigen Stolz geltend machen, dass er nach 18 Uhr keinen Kaffee oder nach dem Nachtessen keine frischen Früchte mehr «vertrage» – und damit einem Gastgeber befehlen, wie seine Speisekarte auszusehen hat.

25   Vgl. dazu aber Martin Mosimann, *Ich und der Andere*.

26   Aus diesem Grunde gehen zum Beispiel Absolventen und Absolventinnen des Gymnasiums der Studienwahl, solange es irgendwie möglich ist, aus dem Wege; indem sie entweder «Zwischenjahre» einlegen oder dann im Rahmen absurder Pläne mehrere Studienrichtungen zusammen verfolgen wollen. Sie mögen ein solches Zögern sogar als Zeichen ihrer Grossartigkeit und Vielfalt erscheinen lassen – dahinter aber verbirgt sich die Not von Menschen, die, einer absurden Freiheitsvorstellung folgend, nicht damit zurechtkommen, etwas *Bestimmtes* werden zu müssen.

27   Immanuel Kant, *Beantwortung der Frage: Was ist Aufklärung?* – Mit Wehmut liest man einen solchen Text im Spätherbst des Jahres 2020; angesichts des täglich auf einen hereinprasselnden Wusts von Information, Desinformation, «Analysen» von sich mittels Schreckensbotschaften in den Vordergrund schiebenden «Experten», ausgesetzt jenen «Massnahmen», die wild um sich werfende Behörden getroffen haben – und der dazugehörenden fast völligen Ausschaltung der pauschal so genannten «Bevölkerung» (wie die Summe der Individuen, sie sich ihres Verstandes bedienen könnten, von den «Experten» gönnerisch genannt wird).

28   Es ist zum Beispiel kaum zu fassen, wie schnell es Beamte und Behörden und Hohepriester der Virologie – und offensichtliche Scharlatane – geschafft haben, mit einem gefährlichen Virus im Rücken, erstens ganze Bevölkerungen zu bevormunden und zweitens zu erreichen, dass ganze Bevölkerungen sich frei nennender Gesellschaften, sich selbst ausschaltend, bereitwillig in den *Gängelwagen* ihrer Massnahmen haben sperren lassen. – Und wenn sich dann ein Schüler oder eine Schülerin, unter Berufung auf den Text von Kant, gegen eine Massnahme oder Aussage seiner oder ihrer Lehrkraft zur Wehr setzen würde, wendete diese auf der Stelle einen der beiden Abwehrtricks an, mit denen ein solcher Versuch traditionellerweise auf der Stelle ausgehebelt wird: Die Lehrkraft würde entweder einen solchen Anspruch mit den Mitteln der Autorität zum Erliegen bringen und sich etwa als (angeblich) sachverständig jede Kritik verbitten, oder sie würde sofort behaupten, das Vorgebrachte sei nicht «vernünftig» – als Schüler oder Schülerin könnten er oder sie noch gar nicht beurteilen, was richtig oder falsch sei. – Das ist das eine. Das andere ist aber die Tatsache, dass daraus eine furchtbare Form von *Doppelmoral* entsteht, wenn, wie dies leider üblich ist, Schüler und Schülerinnen ein solches Verhalten antizipieren (müssen) und sich in die Situation schicken. Auf der einen Seite *lesen* sie etwas, was bedeutsam wäre, auf der anderen Seite wissen sie aber aus praktischer Erfahrung, dass man das Gelesene selbstverständlich *nicht anwenden* darf, wenn man sich nicht in Schwierigkeiten bringen will. Auf diese Weise kommt es nicht nur zu Duckmäusertum, Unbeweglichkeit und Entwertung, sondern auch zu einer Zweiteilung der Welt in einen dann «wirklich» genannten Teil der Welt und eine (schöngeistige, ideale, aber nicht wirkliche und in ihren Forderungen nicht ernst genommene) Welt der Philosophie; und so wird Philosophie natürlich zwecklos. – Mit gönnerischer Miene etwa wendet sich ein Rektor mit der Aussage an einen Philosophielehrer: «Ja weisst du, in der wirklichen Welt gelten halt andere Gesetze»; und ein Oberexperte in Bezug auf Philosophie-Prüfungen macht einleitend darauf aufmerksam, dass in der Runde, der er präsidiere, natürlich keine Rede davon sei, dass hier die Regeln der Diskurs-Ethik gelten würden: Er sei der Chef. Dass solche Einschüchterungsversuche immer wieder vorgenommen werden, mag man hinnehmen, weil Machtmissbrauch allgegenwärtig ist; furchtbar ist dann aber, dass sie *hingenommen* werden, als ob ethische und epistemische Erkenntnisse tatsächlich darum bitten müssten, gnädigst beachtet zu werden bzw. umgekehrt in schwierigen Situationen bedenkenlos ausser Kraft gesetzt werden dürften (notabene von Personen, die sie nicht in Ansätzen in ihrer Tragweite verstanden haben).

29   Edison, der sprichwörtliche Erfinder, mag es, wie man im Rahmen eines Gedankenexperimentes sagen könnte, wirklich gewagt haben, sich seines Verstandes zu bedienen – wie hat es sich aber bei seinen Mitarbeitern verhalten? Und bei seiner Ehefrau?

30   Wie man weiss, wird daraus immer wieder schnell ein Argument gegen die Demokratie zusammengeschustert, das manchen Menschen – wenn sie sich in Bezug auf gewisse Einsichten keine Rechenschaft geben – auf der Stelle einleuchtet. Zwar mag einen nicht mehr die Forderung überzeugen, dass die Philosophen Könige sein sollen – bei den «Experten» scheint es sich da aber ganz anders zu verhalten: Sie erheben den Anspruch, (als Naturwissenschaftler) endgültige Sachverständige zu sein, und es scheint dann mehr als verfehlt, wichtige Entscheidungen Menschen zu überlassen, die nicht «Experten» sind. – Das Argument setzt aber immer voraus, dass «Experten» Zugang zu einer völlig perspektivlosen und interesselosen Wahrheit hätten. *Wenn* das der Fall wäre, so müsste man ihnen tatsächlich folgen – eine solche Vorstellung bricht sich aber an den Tatsachen; und zwar nicht nur in menschlicher Hinsicht, sondern vor allem auch in *epistemischer* Hinsicht. Es kann in der vorgefundenen (empirischen) Welt keine Einsichten an sich geben; folglich kann auch ein «Experte» irren bzw. höchstens *vorläufige* Erkenntnisse gewinnen. Und das wiederum hat zur Folge, dass auch andere Menschen, also Nicht-«Experten», ein Stimmrecht haben; nicht weil sie (zum Beispiel in ihrer Mehrheit) umgekehrt einen besseren Zugang zu Erkenntnissen hätten, sondern weil sie darin (mit den «Experten») gleich sind, möglicherweise zu irren. – Und dazu kommt, dass «Experten» immerzu nur *einen* Gesichtspunkt im Auge haben – ebenjenen, in Bezug auf den sie allenfalls «Experten» sind –, nicht aber die *Gesamtheit* der Gesichtspunkte. (Im Allgemeinen sind sie aufgrund schon ihrer Spezialisierung umgekehrt unfähig zu systemischen Einsichten.) Demokratische Prozesse versuchen dagegen, der Gesamtheit der Menschen und Sehweisen eine Stimme zu geben. – Nur um der Vollständigkeit willen muss noch einmal klargemacht werden, dass man ja auch gerade dann wieder, wenn man «Experten» entscheiden liesse bzw. sich von ihrem (angeblichen) Sachverstand einschüchtern liesse, wieder nicht wagen würde, sich seines Verstandes zu bedienen. So beisst sich die Katze zum Schluss auf seltsame Weise in den Schwanz. Im Umkreis der Aufklärung kann sich eine Naturwissenschaft etwa von Theologie oder politischen Machthabern emanzipieren, in dem sie sich ihres Verstandes bedient – nur 200 Jahre später beginnt sie nun zu unterstellen, dass nur *sie* ein Stimmrecht habe; dass man ihr folgen müsse, weil sie wissenschaftlich argumentiere, weil ihre Wortführer aus der ETH stammten etc. etc. –, sie leugnet also nun, dass auch andere sich jenes Prinzip zu eigen machen dürfen, dem sie ihren eigenen Aufstieg zu verdanken haben.

31   Dabei mag eine Person so schwach sein, dass sie nicht einmal selbst merkt, dass sie das tut – so erfolgversprechend wäre es dann, was sie tut.

32   Solche Versuche werden dann je nach dem Charakter des Paradigmas, vor dessen Hintergrund sich ein solcher Emanzipationsprozess abspielt, beurteilt: Ist im Hintergrund ein Paradigma mächtig, das behauptet, nur das Herkömmliche sei gerechtfertigt bzw. jeder Aufbruch führe in Verfehlung und Sünde hinein, wird ein Misserfolg schnell als *Beweis* dafür genommen, dass Abweichungen nicht glücken können, und Erfolge werden entweder nicht zur Kenntnis genommen oder als Vorstufen von sich mit Gewissheit dereinst doch einstellenden Misserfolgen interpretiert. Ein Paradigma des Aufbruchs dagegen geht gerade einen umgekehrten Interpretationsweg: Misserfolge erscheinen dann nur als Stationen auf dem Weg zu einem endgültigen Erfolg; und gefeiert wird der, der immer weiter «an sich glaubt» (wie er dann sagt), während warnende Stimmen diskreditiert werden, obwohl doch niemand, der etwas wagt, auch wirklich sicher sein kann, dass er gewinnt. (Zwar sagt das Sprichwort: «Wer wagt, gewinnt» – aber das ist natürlich Unsinn. Wer wagt, weiss überhaupt nichts in Bezug darauf, wohin ihn sein Aufbruch führt – etwas zu «wagen» ist höchstens die notwendige Bedingung dafür, dass etwas glücken *kann*.) Auf diese Weise beeinflussen Hintergrundparadigmen den Gang der Ereignisse. Sie geben dabei ein Wissen vor, das niemand haben kann; eben weil die vorgefundene empirische Welt nicht zu Ende begriffen werden kann.

33   Bezeichnenderweise ist zum Beispiel in einer neueren Beschreibung dessen, was «Aufklärung» darstelle, von dieser Frage nie die Rede. In ihrem Rahmen wird geltend gemacht, dass sich die Aufklärung gegen Vorurteile wende und den Anspruch erhebe, den Menschen kritik- und urteilsfähig zu machen – wohin eine solche Kritikfähigkeit dann aber führen könnte, wird nicht thematisiert, als ob gewiss sei, dass sie am Ende in *eine* richtige und anerkannte Vorstellung münden werde. Vgl. dazu Annemarie Pieper, *Denkanstösse zu unseren Sinnfragen*, S. 95–110.

34   Eine ähnliche Übereinstimmung unterstellt auch die zur gleichen Zeit aufkommende Aufforderung, seinem Gefühl zu folgen (z. B. *[…] gewähre, wie du's fühlst*, J. W. Goethe, *Iphigenie auf Tauris*, V. 1992. – Das freilich funktioniert gewiss nicht, wie nicht zuletzt der berühmteste Text aus dieser Zeit, der Roman *Die Leiden des jungen Werther*, zeigt.

35   Wie man weiss, gibt die moderne Schule vor – und ist gar sehr stolz auf diese angebliche Offenheit –, statt einfach Inhalte an junge Menschen heranzutragen, sie diese «selbst suchen» zu lassen. Sie erweckt also den Eindruck, von jenem dogmatischen Hintergrund Abstand zu nehmen, den man herkömmlicherweise mit Schule verbindet, und stattdessen die Kinder und Jugendlichen in einem Prozess einer von ihnen ausgehenden Induktion zu ihren Inhalten vorstossen zu lassen. So – lautet die Behauptung – müssten die Jugendlichen nicht einfach nachvollziehen, was von einer Lehrkraft an sie herangetragen werde, sondern sie dürften selbst ihren Verstand einsetzen. Das nun ist freilich eine Täuschung der plumpesten Art, und es ist erstaunlich, dass ein so offensichtlicher Denkfehler in pädagogischem Handeln Gestalt annehmen kann (ausgeheckt worden ist dieses wohl an Schreibtischen pädagogischer Fachhochschulen). Dabei gibt es zwei grundsätzliche Dinge zu bedenken. Erstens: Es gibt keine Induktion an sich – man kann nicht in die Welt hineinsehen und dort gewissermassen ein *an sich* Richtiges finden, wenn man nur gescheit sei (das ist nun wirklich verblasenster Rationalismus). In Tat und Wahrheit besteht Induktion darin, dass man von Annahmen und Massstäben ausgehend untersucht, ob diese der Fall seien oder nicht – man geht dabei von allem Beobachten vorausgehenden (einem möglicherweise unbewussten) Vermutungen aus und untersucht die Welt unter dem Gesichtspunkt, ob sie sich bewahrheiten oder ob sie falsifiziert werden. Man kann nicht *einfach so* Richtiges erkennen. Ein solcher Unterricht gestaltet sich dann zweitens in Wirklichkeit so, dass die Schüler und Schülerinnen das «finden» müssen, was die Lehrkraft als richtig auffasst – alles andere ist «falsch». Das kann sich ja gar nicht anders verhalten, weil die Schule doch bestrebt sein muss, in den Schülern und Schülerinnen bestimmte Inhalte zu installieren (wie unter anderem deren Lehrpläne zeigen), und ja auch immer mehr an der Idee der *Vereinheitlichung* ausgerichtet ist. Man liest da: *Die Schülerinnen und Schüler können … Die Schülerinnen und Schüler kennen … Die Schülerinnen und Schüler sind in der Lage, zwischen xxx und yyy zu unterscheiden, etc.* – Wie wäre es möglich, solche Versprechungen zu machen, wenn die Schülerinnen und Schüler angeblich ganz frei in die Welt blicken können dürften? Da wäre es doch möglich, dass ein Schüler oder eine Schülerin anderes können oder erkennen würde; und Vereinheitlichung könnte so erst recht nicht stattfinden. In Tat und Wahrheit kann aber natürlich keine Rede davon sein, dass in der neuen Lehrmethode wirklich Induktion Gestalt annehme würde oder es den Schülern und Schülerinnen tatsächlich erlaubt würde, ihren Verstand anzuwenden. Ein solcher Unterricht kann natürlich nur in *Scheininduktion* münden. Selbstverständlich ist von allem Anfang an bestimmt, was gelten soll, und es ist umgekehrt nun so, dass nur als «vernünftig» gilt, wer einen solchen Inhalt «findet»; wer dagegen etwas anderes für richtig hält, gilt dann als «unvernünftig». – «Streichen Sie alles Wichtige an!», mag es dann etwa unter einem Arbeitsblatt eines Gymnasiums heissen – aber wie bestimmt sich, was wichtig ist und was nicht? Dass Schülerinnen und Schüler ähnliche Dinge «finden» wie ihre Lehrkraft, mag der Fall sein, weil diese in Wahrheit erraten und erfühlen, was man finden «muss», oder, wenn sie den gleichen Bildungshintergrund haben wie ihre Lehrkräfte, ein ganzes Set von Vorannahmen mit diesen teilen (mit dem Ergebnis, dass dann Schüler und Schülerinnen aus sogenanntem «bildungsfernen» Milieu schlecht abschneiden); oder dann mögen Arbeitsblätter und Unterrichtspläne so aufgebaut sein, dass aus *ihnen* – nicht aus Schlüssen eines autonomen Verstandes – folgt, was als richtig gelten muss; so wie ja auch aus einem Kreuzworträtsel die richtigen Antworten folgen. Wer im Rahmen eines solchen Unterrichts dagegen etwas anderes «findet», muss erleben, dass er (angeblich) nicht nur etwas «Falsches» für richtig gehalten hat, sondern er wird dazu noch als unvernünftig bzw. dann einfach als dumm gebrandmarkt. – In einer ersten Stunde im Fach Geschichte werden die Schülerinnen und Schüler dazu aufgefordert, geschichtliche Ereignisse zu nennen. Eine Schülerin nennt den Bau der ersten Stradivari-Violine und das Köpfen von Maria Stuart als Beispiele. Die Geschichtslehrerin nimmt diese beiden Nennungen nicht auf. Das Erste – so lautet ihr Kommentar – sei kein geschichtliches Ereignis (wieso, sagt sie nicht), und das Zweite wischt sie beiseite, weil sie sich in englischer Geschichte nicht auskennt. «Richtig» ist aber die von anderen Schülern genannte «Mondlandung». Es kann keine Frage sein, dass solche Erlebnisse junge Menschen je nach Temperament entweder an der eigenen Wahrnehmung irrewerden lassen oder Streber unausgesprochen dazu auffordern, nicht wirklich «entdeckend zu lernen», sondern in Tat und Wahrheit das für die Lehrerin «Richtige» anzustreben. Selbstverständlich wäre jedes Geschehen, das irgendwie in der Zeit individuiert werden kann, ein geschichtliches Ereignis. –

In Tat und Wahrheit mündet die Ausrichtung auf (scheinbar) induktives Unterrichten erneut einerseits in versteckten Dogmatismus, andererseits nun aber *noch zusätzlich in Irreführung,* und erst recht kann keine Rede davon sein, dass sie in irgendeiner Weise zu Ermächtigung und Emanzipation führe. Statt die Welt zu öffnen, schliesst sie sie, und zwar nun gründlich. Ungefilterten Dogmatismus kann man mit wachsender Persönlichkeit als solchen erkennen und von sich weisen, wie sich denn ja (fast) jedermann von Dingen, welche von Lehrkräften dogmatisch an ihn herangetragen worden sind, befreien kann. (Ein Geographielehrer mag zum Beispiel allen Ernstes behaupten, in Norwegen schneie es nie. Dessen Dummheit entlarvt aber schnell jedes Winterfoto von Norwegen.) Dogmatismus, der via Scheininduktion installiert worden ist, kann dagegen nur schwer durchschaut werden: Man hat Inhalte ja angeblich nun gefunden, indem man seinen «Verstand» eingesetzt hat; und man hat ausserdem gelernt, dass alle anderen Sehweisen und Wertungen «falsch» sind. Und so hat man auch gelernt, dass man ohne Führung einer Lehrkraft eben doch nicht auskommt. Wenn man seinen Verstand ohne Hilfe einer solchen frei schweifen lassen würde, würde man sich im Raum des Unvernünftigen verlieren oder gar sich anmassen, ein eigenes Urteil fällen zu dürfen. Und abermals ist so im Namen eines Ideals, das angeblich nur von Lehrkräften erreicht werden kann und von ihnen gewissermassen verwaltet wird, Ungenügen installiert worden. Es scheint im Rahmen einer solchen Fehldeutung eine feste Welt des «Vernünftigen» zu geben; und indem man den «Verstand» richtig einsetzt, gewinnt man Zugang zu dieser festen Welt. Es braucht nicht mehr gesagt werden: Das ist genau das Gegenteil der Öffnung, die mit Kants Aufforderung, sich seines Verstandes zu bedienen, insinuiert ist.

36   Vgl. Martin Mosimann, *Das Paradox der Ordnung.*

37   Ausser man würde dem Traum der Rationalisten und Lehnstuhlphilosophen (und in Fachhochschulen tätigen Schreibtischpädagogen) anhängen, dass die «Wahrheit» vielleicht verborgen, aber grundsätzlich da sei und ganz direkt verstanden werden könnte, wenn man es nur richtig anstellte. Das ist nun aber gewiss eine Vorstellung, die kaum haltbar ist. – Vgl. dazu auch zum Beispiel (Sir) Karl Popper, *Von den Quellen unseres Wissens und unserer Unwissenheit.*

38 Auch wenn das manche Naturwissenschaftler nicht gerne hören: Einen Zugang zur vorgefundenen Welt kann auch die Phantasie eröffnen; aber so, dass die Phantasie einen interessanten Massstab oder eine interessante Sehweise etabliert. Von Bedeutung ist dabei nicht, aus welcher Quelle der Massstab stammt, sondern wie weiter mit ihm verfahren wird. Es soll einmal eine bestimmte Sehweise etabliert sein. Dann erst setzt das methodische Vorgehen (und damit der Verstand) ein: indem es mit geeigneten Methoden herauszufinden versucht, ob die Sehweise zu Erkenntnissen führt oder sich in der Begegnung mit der vorgefundenen Welt nicht halten lässt, von ihr also falsifiziert wird. – Aus einem solchen Befund geht nicht, wie das gleich unterstellt werden mag, Relativismus hervor, wohl aber die Erkenntnis, dass menschliches Erkennen an die vorgängige Etablierung eines Forschungsgesichtspunktes gebunden ist, unter dem die vorgefundene materielle Welt untersucht wird. – Wenn ein Mensch von einem Augenarzt und dann von einem Ohrenarzt untersucht wird und diese je zu verschiedenen Befunden kommen, führt das nicht zu Relativismus – die Untersuchungshaltungen bringen einfach gemäss ihrem Ausgangspunkt verschiedene Resultate hervor: Der Untersuchte mag zum Beispiel *in Bezug auf die Augen* gesund sein, *in Bezug auf die Ohren* aber nicht.

39 Auch bei der Logik handelt es sich um ein *Verfahren,* mittels dessen man aus gegebenen Prämissen folgende Konklusionen erschliessen kann; so wie es sich bei der Arithmetik um ein Verfahren handelt, mit dem man beispielsweise richtig addieren kann. Niemand würde aber behaupten, dass aus der Tatsache *allein,* dass zwei Beträge arithmetisch korrekt zusammengezählt seien, hervorgehe, dass die Summe dieser Beträge irgendwie wirklich bestünde.

40 Des gleichen Tricks bedienen sich herkömmlicherweise Maturreden an schweizerischen Gymnasien; wobei sie den Begriff des «Verstandes» dann noch zusätzlich mit dem Begriff der «Reife» aufladen. So kommen sie dann zu folgendem Ergebnis: *Nun sind Sie reif, und nun verstehen Sie auch, dass man* – es folgt die Lieblingsvorstellung des Redenden – *... muss.* Angemessen wäre aber natürlich etwas ganz anderes: Junge Menschen sollten dazu aufgefordert werden, sich nun in geeigneter Weise ihres eigenen Verstandes zu bedienen und dann dem, was sie so finden, mit aller ihrer persönlichen (verantworteten) Kraft nachzuleben, sei es dann, was es sei (dabei aber stets die Diskussion mit anderen, die das ebenfalls tun und zu anderen Erkenntnissen kommen, nie abbrechen zu lassen). Solche Reden werden aber nicht gehalten, und leider streckt anlässlich der Maturfeier kein Schüler oder keine Schülerin auf und sagt: *Herr Soundso, Kant sagt aber etwas anderes, wie wir durchgenommen haben und Sie eigentlich auch wissen müssten! Wir sollen unseren eigenen Verstand einsetzen, nicht an einem Gängelband laufen. Und das werden wir jetzt, da wir für reif erklärt werden, tun. Sparen Sie sich also bitte Ihre*

Worte und gehen Sie nach Hause! Machen Sie uns nicht an uns selbst irre. Unseren Weg müssen wir nun ganz alleine finden! Wir, die wir heute als «reif» erklärt werden, brauchen keine Lehrer und Lehrerinnen und Vortragsredner mehr, die uns den angeblich richtigen Weg weisen.

41   Vgl. Martin Mosimann, *Das Paradox der Ordnung.*

42   Nicht einmal Gott hat sich bekanntlich mit seiner Schöpfung an diesen Gesichtspunkt gehalten; wenn er sich zum Beispiel die Extravaganz erlaubt hat, 13'000 Ameisenarten zu erschaffen ...

43   *Handle nur nach derjenigen Maxime, durch die du zugleich wollen kannst, daß sie ein allgemeines Gesetz werde.* – Mit anderen Worten: eine Maxime, woher immer sie komme, soll daraufhin überprüft werden, ob sie vernünftigerweise verallgemeinert werden kann. So stellt der kategorische Imperativ ein *formales* Verfahren dar, an dem etwas *Materielles,* die geprüfte Maxime, daraufhin untersucht werden kann, ob sie gewisse *formale* Bedingungen erfüllt.

44   Es ist ja immer möglich, dass eine Maxime zwar das Prüfverfahren besteht, aber keinen ethischen Gehalt hat. – *Vor dem Schlafengehen sage ich allen meinen Stofftierchen gute Nacht* wäre eine solche Maxime. Ich kann sie vernünftigerweise wollen (sie würde ja keinen Schaden setzen), aber sie ist ethisch wertlos. – Mit anderen Worten: Der kategorische Imperativ kann nur überprüfen, welche notwendige Bedingung eine Maxime erfüllen muss, wenn sie nicht verfehlt sein soll. Er kann aber nicht in einem hinreichenden Sinne selbst solche Maximen aufstellen.

45   Von vielen Menschen nicht erkannt, hat sich auch in diesem Rahmen einfach *eine* Weise, die Dinge zu sehen, zu verabsolutieren versucht. So haben sich im Zusammenhang mit der Corona-Pandemie in der Schweiz etwa unbedeutende lokale ETH-Grössen in den Vordergrund geschoben, ohne immer, wie es ihre wissenschaftliche Pflicht gewesen wäre, darauf hinzuweisen, dass anderenorts andere Grössen von anderen renommierten Hochschulen (es gibt ja in der Welt nicht bloss die ETH, was sie wissen könnten) andere Sehweisen entwickelt haben. Darin hat sich im Grunde abermals die Fehldeutung dessen, wozu der Verstand in der Lage ist, durchgesetzt; in Form der Auffassung, dass es nur *eine* richtige Sehweise gebe. Und weil das faktisch nicht der Fall gewesen ist, hat man andere Ergebnisse entweder nicht zur Kenntnis genommen oder diskreditiert. – Im Hintergrund des Ganzen hat aber ein überraschendes Nichtwissen in Bezug auf die Situation empirischer Naturwissenschaften gestanden – weder die «Bevölkerung» noch auch Politiker haben, kurz gesagt, offenbar ganz verstanden, wie Naturwissenschaften funktionieren. Man fügt nicht gerne an: Offensichtlich haben auch ausgebildete Naturwissenschaftler zum Teil keinen Einblick in das, was sie tun, wenn sie sich mit der empirischen Welt beschäftigen.

46   Stellvertretend für eine solche Argumentation kann das Argument des *Patriarchen* in Lessings *Nathan der Weise* gelten: [...] *Ei freilich / Muss niemand die Vernunft, die Gott ihm gab, / Zu brauchen unterlassen, – wo sie hin- / Gehört. – Gehört sie aber überall /*

*Denn hin? – O nein! – Zum Beispiel: wenn uns Gott / Durch einen seiner Engel [...] / [...]
ein Mittel / Bekannt zu machen würdiget, das Wohl / Der Ganzen Christenheit, das Heil
der Kirche, / [...] / Zu fördern, zu befestigen: wer darf / Sich da noch unterstehn, die Willkür des, / Der die Vernunft erschaffen, nach Vernunft / Zu untersuchen?* (V. 2476–89; IV,
2).

47   Davon sind Gegenstände zu unterscheiden, in denen der Verstand als Ganzes nichts
zu suchen hat. Es geht nicht darum, zu behaupten, der Verstand habe Zugang zu *allen*
Bereiche des menschlichen Erlebens; wo aber *argumentiert* wird, gelten seine Regeln.
Ein Mensch kann aber selbstverständlich ohne weiteres etwa eine Landschaft schön finden, ohne das begründen zu können; und sein Wohlgefallen wird nicht fragwürdig, wenn
er es nicht begründen kann. Das gilt selbstverständlich auch für religiöse Erlebnisse. Auch
sie müssen sich nicht rechtfertigen, solange sie nicht einen argumentierenden Anspruch
erheben. *Wenn sie aber zu argumentieren beginnen, müssen sie sich dem argumentativen
Diskurs stellen.* – Nicht erlaubt kann sein, dass in Diskussionen eine Instanz via ihre Autorität bestimmt, dass von einem gewissen Punkt an nicht mehr «weiter diskutiert werden» dürfe oder gewisse Themen aus inhaltlichen Gründen nicht diskutiert werden dürften; etwa via Empfindlichkeitsbeteuerungen. Auch empfindlich darf selbstverständlich
jedermann sein; aber er darf nicht daraus Forderungen an andere ableiten.

48   Der Gebrauch des Verstandes solle ja allen späteren Menschen ebenfalls offenstehen
– wenn der Verstand aber ein für alle Mal «Richtiges» finden würde, hätten sie und ihr
Verstand keine Bedeutung mehr: Ihr Schicksal bestünde dann darin, einfach nachzuvollziehen, was erkannt worden wäre …

49   Man kann es nie oft genug sagen: Verstandesgebrauch ist auch an die Ermöglichung
von Phantasie gebunden: Die Phantasie entwickelt das Material (wenn es sich um eine
kreative Phantasie handelt, entwickelt sie interessante Fragestellungen), und der «Verstand» (oder wie immer man dann jene Instanz nennt, die aus dem Material methodisch
etwas entwickelt) formt das Material dann in sinnvoller Weise um. Aber eben: Ohne
Phantasie bzw. ohne Material geht es nicht.

50   Dass es dann zuweilen zu Scheidungen kommt, spricht nicht gegen diesen Vergleich: Man kann sich ja im Moment der Eheschliessung nur nach bestem Wissen und
Gewissen mit einem anderen Menschen verbinden: Man *kann nicht wissen,* dass man ihn
immer liebt und immer achten kann. In gleicher Weise kann man mit den Mitteln des
Verstandes einen Massstab wählen, der sich später als verfehlt erweist – darin besteht ja
die Situation der Öffnung gerade eben: dass man nicht weiss, ob ein eingeschlagener Weg
«richtig» ist, weil es dafür keinen allgemeinen Massstab gibt.

51   Indem sie zum Beispiel via Behauptung von Allergien und Unverträglichkeiten aller
Art Sonderrechte verlangen oder mit gewichtigem Tonfall geltend machen, dass *für sie*
das und das richtig sei. Aber die Berufung einfach auf eine Meinung, die jemand hat, ist
ganz wertlos.

52 Vgl. Martin Mosimann, *Ich und der Andere*. – Die Behauptung allgemein, dass ein «Richtiges» in jedem Falle alles andere aus dem Weg zu räumen habe, ist gewiss voreilig (und resultiert aus der Nichtunterscheidung von *formalen* und *materiellen* Ordnungen). Um ein Beispiel zu wiederholen: Beethovens Streichquartette «erledigen» nicht Haydns Streichquartette, sondern treten zu ihnen hinzu. Aus der Tatsache, dass Beethoven nicht mehr so komponieren wollte wie Haydn – eine gewiss achtbare Entscheidung –, folgt in Bezug auf den Eigenwert der Streichquartette Haydns nichts. Diese sind immer weiter grossartig – die Streichquartette Beethovens treten zu ihnen nun einfach hinzu.

53 Aus einer solchen Not resultiert zum Beispiel auch jene Haltung, die man gemeinhin Lehrkräften zuschreibt: Sie geben sich (oft) so absolut, weil sie (jedenfalls die aufrichtigeren unter ihnen) dumpf erkennen mögen, dass sie nicht absolut begründen könnten, was sie vorbringen. Manchmal hilft der Bezug auf ein Lehrbuch, aber auch ein solches kann natürlich keine absolute Gewissheit für sich in Anspruch nehmen. – Wie etwa sollte man begründen können, dass das Gedicht *Mondnacht* von Joseph von Eichendorff zu den schönsten Gedichten der deutschen Sprache gehört?

54 Diesem Argument entwindet man sich nicht, indem man etwa darauf hinweist, dass die Naturgesetze oder die Gesetze der Ethik für alle gleich gälten. Das mag durchaus der Fall sein, ohne dass aber Autonomie dadurch verunmöglicht würde: Der Einzelne tritt zuerst mit der Ausrichtung des Lebens, die er wählt, in Erscheinung und mag sich dann in einer konkreten Situation zum Beispiel die (ethische) Frage stellen, ob er etwas darf, und sie mit den Mitteln des kategorischen Imperativs beantworten – aber eben: erst, wenn er mit dem Handeln begonnen hat. In seinem Losschreiten kann er frei sein; und dass er dann einen Raum betritt, in dem gewisse Gesetze gelten, tut dem, was er sich in diesem Raum zum Ziel setzt, keinen Abbruch; es schränkt ihn höchstens ein wenig ein.

55 Dazu die sich auf der Stelle einstellenden philosophischen Dampfplauderer, die für sich ein unbezweifelbares Wissen beanspruchen.

56 Andere Gebilde, welche in einer Gesellschaft, die angeblich Autonomie sucht, vor der Gefahr einer solchen Suche aber immer schnell zurückweicht, die Sehnsucht nach Gewissheit bedienen, sind: «uralte Traditionen» (die möglichst auf die alten Ägypter zurückgehen), politischer Autoritarismus aller Art, die Vorstellung, dass man Macht an «gute Herrscher» übergeben müsse, die Auslieferung an «Experten der Wissenschaft» (als ob es die *eine* Wissenschaft geben könnte), der Wunsch, ganz «im Einklang mit der Natur» zu leben, das Bestreben, sich gesund zu ernähren, ganz «man selbst» zu sein etc. etc. – Der Umfang, den unterdessen Esoterik-Ecken in Buchhandlungen für sich beanspruchen, spricht Bände …

57 Das lässt sich erst recht nicht vertreten – Allaussagen in Bezug auf die Zukunft massen sich ein Wissen an, das es nicht geben kann.

58 Zum Beispiel sind am Ende der 60er Jahre, im Anschluss an die Veröffentlichung des Films *Doktor Schiwago* (David Lean, USA 1965), sogenannte «Maxi Jupes» (auch in warmen Breitengraden) Mode und zu einem riesigen Geschäft geworden. Aber inwiefern könnte man ein solches Modegeschehen als «richtig» bezeichnen? In Bezug auf welchen Massstab wäre ein solches Geschehen «richtig»?

59 Wenn sich zwei Buben verprügeln, von denen der eine stärker und grösser ist als der andere, und es dem grösseren Buben gelingt, den kleineren zu Boden zu strecken, so kann man ja auch nicht sagen: Weil es sich so verhalte, sei damit Recht geschehen. Man kann nur *faktisch* sagen: Der eine hat gewonnen.

60 Auch die Mafia hat ja in gewissen Gegenden «Erfolg», etwa mit Erpressungen von Schutzzahlungen.

61 Vgl. Martin Mosimann, *Richtiges Scheitern und falscher Erfolg.* – Aus diesem Grunde ist es ja so schwierig, zukünftige «Erfolge» gewissermassen zu konstruieren.

62 Aristoteles macht etwa geltend, dass es zwischen den Haltungen der Feigheit auf der einen und der Tollkühnheit auf der anderen Seite die Haltung des *Mutes* gibt; also eine Haltung, die eine verantwortete Mittelposition zwischen zwei Haltungen, die selbst je eindeutig sind, einnimmt. Feige zu sein ist leicht; tollkühn auf andere Weise ebenfalls – wer indessen Mut zeigt, lässt sich auf verantwortete Weise, also als in seinem Handeln in Erscheinung tretende Persönlichkeit, auf etwas ein, dessen Ausgang er nicht kennt. Vgl. Aristoteles, *Nikomachische Ethik,* III, 10.

63 Auch herkömmliche Freiheitsdefinitionen geben auf diese Frage keine Antwort. Sie erheben zwar den Anspruch, den Einzelnen seinen Weg gehen zu lassen, solange er nicht den anderen Einzelnen daran hindert, das ebenfalls zu tun; und sie behaupten, dass sich dann aus dem Aufeinandertreffen solcher freier Individuen etwas Sinnvolles ergebe. Das ist aber ein wenig armselig; weil es in eine Freiheitsdefinition mündet, im Rahmen welcher paradoxerweise dem Einzelnen selbst keine Bedeutung zukommt, insofern als ganz ausser Betracht fällt, dass er sich im Rahmen seiner Freiheit in geeigneter Weise als Persönlichkeit verhalten muss. Die Begründer der Freiheitsideen haben sich in diesem Zusammenhang zu wenig Rechenschaft darüber gegeben, dass sie sich selbst über das hinaus, was sie als Freiheit definiert haben, an eine Menge von Zusatzvoraussetzungen gehalten haben: dass sie etwa gebildet gewesen sind, vielleicht immer noch religiösen Mustern gefolgt sind etc. – Das ist dann aber Generationen später nicht mehr der Fall. Dann muss *bedacht* werden, was für Zusatzvoraussetzungen gelten müssen, damit Freiheit wirklich glücken kann. Nicht erlaubt ist (wie das die Moderne an allen Ecken und Enden zeigt) eine Rückkehr zu vor-autonomen Zuständen – gesucht sein soll vielmehr eine Form des richtigen und nachsichtigen Gebrauchs der Freiheit.

64 Wie er ja seinen Fokus ganz allgemein nicht auf den einzelnen Menschen richtet.

65 Es mag ausreichen, einer Auslegeordnung, wie sie etwa Jürgen Habermas in seiner jüngsten Geschichte der Philosophie mit dem Titel *Auch eine Geschichte der Philosophie* gibt, zu folgen. Vgl. Band 2, S. 668–702. Und natürlich gibt das Werk *Entweder – Oder* einen guten Zugang zu einem ersten Teil und zum Gestus des Denkens Kierkegaards als Ganzem.

66　Vgl. etwa Søren Kierkegaard, *Entweder – Oder*, II. Teil, oder *Die Krankheit zum Tode.*

67　Statt dass eine Persönlichkeit nach und nach und in der fortgesetzten Begegnung mit der Umwelt einfach *de facto* entstehen würde.

68　Søren Kierkegaard, *Entweder – Oder*, I. Teil.

69　Was dann freilich Kierkegaard als weitere Aussichten anbietet: zunächst die Lebensweise eines «Ethiker» genannten Menschen, der zwar die lebemännische witzige Schlauheit des Ästhetikers überwindet, dann aber in wenig lebendiger Manier in abstrakten Richtigkeitsvorstellungen versandet, und in späteren Darlegungen die geforderte Überantwortung an absurd erscheinende, jeder ethischen Einsicht spottende Gebote eines Gottes bzw. den sich darin äussernden «Sprung» in nicht mehr beeinflussbare, ja nicht einmal verstehbare Forderungen eines absolut gesetzten voluntaristischen Gottes, ist wenig dazu angetan, einen dazu zu verlocken, sich auf den Weg zur radikalen Selbstwahl zu machen. Der Ästhetiker ist, so unsympathisch er auch gezeichnet sein mag (etwa im Rahmen seines abstossenden *Tagebuch[s] des Verführers*), ein Mensch von Fleisch und Blut, und dazu ist er gescheit … – Aber selbstverständlich ist der Gedankengang Kierkegaards, so fremd er einem erscheinen mag, nachvollziehbar. Er ist von einem ernsten ethischen Anspruch an den Einzelnen geprägt. Sich ganz ethischen Geboten zu übergeben, wie dies der Ethiker tut, mag einem am Ende deswegen ja nicht als genügend erscheinen (so ernsthaft der Ethiker auch argumentiert), weil Geboten zu folgen keinen individuellen Gehalt hat und einem Menschen ausser der Bereitschaft, die Gebote gelten zu lassen, nichts abverlangt. Wenn man so will, erschöpft sich ein solches ethisches Leben in einem maschinenartigen Nachvollziehen von Regeln ohne innere Beteiligung.

70　Etwa wie ein alttestamentarischer Prophet, der der ihm von Gott übertragenen Aufgabe zu entrinnen versucht.

71　Vgl. dazu eine herkömmliche Forderung: Wenn es im Rahmen einer solchen darum geht, etwa einen besonders schweren Stein möglichst weit zu werfen, kann der Einzelne darauf hinarbeiten, dass er das kann, oder er kann am Ende einsehen, dass er dazu nicht fähig ist. Wenn er aber gar nicht weiss, was von ihm gefordert wird, kann er auf der einen Seite nicht auf irgendeine verantwortete Weise an sich arbeiten bzw. andererseits das Arbeiten an etwas, was ihm unmöglich ist, aufgeben. Einer unbestimmten Forderung gegenüberzustehen produziert also eine Potenzierung des Ungenügens. Dieses besteht nun erstens im Erleben des Ungenügens selbst und zweitens im Ungenügen, das daraus resultiert, dass man vergeblich die Quelle dieses Ungenügens sucht.

72　So sagt der Ethiker beispielsweise *Der Ehemann hat als ein wahrer Sieger die Zeit nicht getötet, sondern sie erlöst und bewahrt in aller Ewigkeit. Der Ehemann, der das tut, lebt in Wahrheit poetisch, er löst das große Rätsel, in der Ewigkeit zu leben und doch die Stubenuhr schlagen zu hören, dergestalt, daß ihr Schlag seine Ewigkeit nicht verkürzt, sondern verlängert …* Das ist gewiss schön pfarrerhaft gesprochen, aber kann es auch überzeugen? Vgl. Søren Kierkegaard, *Entweder – Oder*, II. Teil, *Die ästhetische Gültigkeit der Ehe.*

73 Dass am Ende des Weges eine durch und durch quälerische Suche stehen wird, vernebelt Kierkegaard damit, dass er den vorausgehenden Zustand der Flucht vor der Selbstwahl so kenntnisreich als unwürdig beschreibt (etwa in *Die Krankheit zum Tode*). Aber aus der Tatsache allein, dass man Formen von Verzweiflung gut beschreiben kann, folgt natürlich nicht, dass man ihnen abhelfen kann.

74 *Die Wahl selbst ist entscheidend für den Gehalt der Persönlichkeit; durch die Wahl sinkt sie in das Gewählte hinab, und wenn sie nicht wählt, welkt sie in Auszehrung dahin. […] Wenn du mich also recht verstehen willst, so darf ich immerhin sagen, daß es beim Wählen nicht so sehr darauf ankommt, das Richtige zu wählen, als auf die Energie, den Ernst und das Pathos, womit man wählt. […] Es ist deshalb nicht so sehr die Rede davon, daß man wähle, ob man das Gute oder das Böse will, als vielmehr davon, daß man das Wollen wählt […]*. Vgl. *Entweder – Oder*, II. Teil, *Das Gleichgewicht zwischen dem Ästhetischen und dem Ethischen in der Herausbildung der Persönlichkeit.*

75 Vgl. unten, Kapitel V, Persönlichkeit.

76 Vgl. dazu die eindringliche Beschreibung der Gewissensnot Abrahams im Zusammenhang damit, dass Gott von ihm die Opferung seines Sohnes, also einen Mord, fordert. Vgl. dazu Søren Kierkegaard, *Furcht und Zittern, Stimmung / Lobrede auf Abraham.*

77 Die Ausführungen des «Ästhetikers» im ersten Teil des Werkes *Entweder – Oder* sind gespickt mit Hinweisen darauf, dass Vorstellungen, die nicht gewiss sein können, *ebendeswegen* wertlos erscheinen müssen. Der «Ethiker», im zweiten Teil, verfolgt die umgekehrte Strategie: Er macht geltend, dass man einerseits mit der Verpflichtung, die mit einer Wahl einhergeht, und mit der Überantwortung an «Allgemeines» andererseits zu sich komme. Vgl. Søren Kierkegaard, *Entweder – Oder.*

78 Vgl. Martin Mosimann, *Das Paradox der Ordnung.*

79 Während eine sartresche Wahl in eine unsichere Leere hinausgreift.

80 Aus diesem Grunde mündet moderner zur Schau getragener Individualismus immer schnell in ein «Besonderssein» in Bezug auf bekannte (unoriginelle) Vorstellungen und Werte statt in ein wie immer geartetes absolutes Neusein. Vgl. dazu Martin Mosimann, *Ich und der Andere*, Kapitel 1.

81 Dass in ihnen möglicherweise einfach nicht mehr «stecken» könnte, wird dabei kaum erwogen. Sie mögen sich so lange «wählen», wie es immer geht: Es kommt nicht mehr heraus!

82 Solche Selbsterziehungsprozesse nehmen in den bekannten Entwicklungsromanen Gestalt an.

83 Entweder in sogenannten «Analysen», die sich über Jahrzehnte erstrecken und nie abgeschlossen werden können, weil das Ziel, das sie versprechen, nicht erreichbar zu sein scheint (bezeichnenderweise gibt es keine Dokumente von Menschen, die bezeugen, sie hätten ein solches Ziel wirklich erreicht oder seien dann gar wirklich produktiv geworden); oder dadurch, dass sich Menschen in einer nicht abreissenden Kette von immer neuen Versuchen, sich auf der Basis von immer neuen «Methoden» und ihnen gewidmeten neuen Wochenendseminaren zu «finden» (wie sie sagen), verstricken.

84   Hinter einer solchen Beschreibung steht nicht zuletzt auch die banale trivialdarwinistische Vorstellung, dass alles aus Kampf gegenüber einem anderen erfolge. Neues entsteht aber nicht, indem es Altes, dieses bekämpfend, besiegen würde – damit wäre es ja nur bekämpftes Altes, nicht wirklich Neues –, sondern weil es *ganz anders* ist.

85   Das ist, wie man hoffentlich klar erkennt, etwas anderes als das, was allerlei postmoderne Philosopheme behaupten: dass der Begriff einer *einen* Persönlichkeit als solcher verfehlt sei. Wie immer zeichnet sich dabei schlechte Philosophie dadurch aus, dass sie viel zu schnell von Bedenken, die der Fall sein müssen, in ein konträres Gegenteil überwechselt und so auf eine falsche Weise den Anschein von Bedeutung und grossartiger skeptischer Tiefe erweckt. Aus der Tatsache, dass man gegenüber einem festen Persönlichkeitsbegriff Bedenken haben kann, folgt natürlich nicht, dass es *keine* Persönlichkeit gebe. Nur wer den Unterschied zwischen dem kontradiktorischen und dem konträren Gegenteil nicht kennt, kann einen solchen Schluss ziehen.

86   In gleicher Weise hat etwa die Sturm-und-Drang-Bewegung einfach vorausgesetzt, dass eine Welt, in der jedermann seinem Gefühl folge, in sich harmonisieren würde. Vgl. Martin Mosimann, *Ich und der Andere*, Kapitel 1 und besonders Anmerkung 12.

87   Und da ist man nicht mehr weit entfernt von einer Organisation, in deren Rahmen etwa gewisse Personen mehr Recht darauf hätten, ein «Selbst» zu sein, oder einfach der Schnellere, jener, der sein «Selbst» schneller präsentieren würde, gewinnen würde. Mit anderen Worten: Man wäre dann bei reiner Machtausübung angelangt.

88   Freilich scheint ein solches Wissen selbst in funktionsfähigen Demokratien nicht wirklich in allen Menschen implantiert zu sein, wie nicht zuletzt einerseits die abstossenden Strafphantasien, andererseits die Aufforderung zu und die Hinnahme von völlig willkürlichen ungesetzlichen Massnahmen, wie sie im Zusammenhang mit der Corona-Pandemie in Foren aller Art geäussert worden sind, offenbaren. Was einem hier manchmal entgegengetreten ist, ist kaum über die Vorstellung eines völlig voluntaristischen Vaters (oder voluntaristischen alttestamentarischen Gottes) hinausgekommen.

89   Vgl. Franz Kafka, *Der Proceß*, S. 161 ff.

90   Natürlich versucht Joseph K. in der Folge, Kenntnisse über den zu erwartenden Prozess zu gewinnen; die Tatsache aber, dass man aus heiterem Himmel «verhaftet» werden kann, wird nie diskutiert.

91   Kierkegaard verhindert, dass eine solche Frage aufkommt, wie gesagt, indem er die Weigerung der Selbstwahl als verwerfliche Verhaltensweise anprangert und etwa im Ästhetiker (in *Entweder – Oder*) einen Menschen Gestalt annehmen lässt, der offensichtlich abstossende Züge zeigt. Bei Kafka dagegen kann man nicht aus einem wie immer gearteten fragwürdigen Vorleben Joseph K.s herleiten, dass ihn zu verhaften begründet sein könnte (was freilich beflissene Germanisten nicht daran hindert, eine irgendwie verborge-

ne Schuld zu suchen oder herbeizuschaffen; nach dem Kleinbürgermotto: Wenn jemand bestraft wird, muss er sich doch irgendwie schuldig gemacht haben).

92   Er würde dann sein Leben so gestalten, dass er sich immer wieder neu (im Sinne Harry Frankfurts) mit Wünschen zweiter Ordnung auf seine Wünsche erster Ordnung beziehen und versuchen würde, in Bezug auf diese eine gewisse Haltung zu zeigen, und er würde sich so immer neu als eine bestimmte Person bestimmen.

93   Das ist ja auch im Rahmen etwa des Christentums der Fall. Es mag ein Zeichen tiefsten religiösen Eifers sein, sich selbst die Rolle eines abgrundtiefen und vor allem nicht korrigierbaren Sünders überstülpen zu lassen: Damit wird aber auch ausgesagt, dass man ein völliges Nichts ist; ein Nichts, das sich nicht einmal ein wenig «bessern» kann – jede Bemühung dazu scheint ja doch nichts wert. Das Ergebnis ist paradox: Im Bemühen, sich gegenüber einem fordernden Gott möglichst kleinzumachen, löscht man sich so umfassend aus, dass man gar kein persönlich frommer Mensch werden kann. Dem entspricht ja auch die eigenartig gestaltlose Frömmigkeit der Personen, die sich besonders religiös gebärden: Sie nimmt schnell nicht in Handlungen und Einstellungen anderen gegenüber Gestalt an, sondern brüstet sich damit, gewissermassen Frömmigkeit an sich darzustellen.

94   Damit sind sie mit der pauschalen religiösen Beschuldigung, der Mensch sei als Mensch grundsätzlich ein «Sünder», zu vergleichen. Eine solche Zuschreibung ist ebenfalls wertlos, weil sie keinen bestimmten Gehalt hat. Ich soll grundsätzlich ein «Sünder» sein – daraus kann ich aber keine bestimmte Aufforderung, mich in einer bestimmten Weise zu «bessern», ableiten, und weil mir die Eigenschaft grundsätzlich zugeschrieben wird, kann ich gegen sie auch nichts unternehmen.

95   Kant versucht eine solche Verpflichtung immerhin auf der Basis des kategorischen Imperativs zu begründen. Vgl. Immanuel Kant, *Grundlegung zur Metaphysik der Sitten*, S. 53 f. bzw. BA 55 f.

96   Weil sie keine Inhalte transportieren, sondern formale Bezüge, die, wie man sagen kann, in «allen Welten» gelten. — Daher erfreuen sich solche Gegenstände so grosser Beliebtheit bzw. umgekehrt sind viele Menschen auch in *materiellen* Bereichen verführt, zu versuchen, ihre Positionen als «logisch» oder «einzig möglich» erscheinen zu lassen. Und eine verhängnisvolle Rolle spielen dabei Computer, weil im Zusammenhang mit ihnen der Eindruck erweckt wird, dass sie bzw. die sogenannte «künstliche Intelligenz» Zugang zu ewigen Wahrheiten habe; wo doch Computer einfach Rechenmaschinen sind und ihre Ergebnisse immer von dem abhängig sind, was als Vorannahmen in ihre Programme Eingang findet. Vgl. dazu auch Martin Mosimann, *Das Paradox der Ordnung*, Kapitel 10.

97   Nach einem Gespräch über den (angeblichen) «Formzerfall» der Jugend äussert ein (offenbar zutiefst verunsicherter) Physiklehrer gegenüber seinen Lehrerkollegen resigniert: «Wenigstens die Gesetze der Physik gelten immer weiter.» Das ist aber unsinnig und stellt ja wohl auch das Resultat der Tatsache dar, dass der redende Lehrer – er unterrichtet wie viele Physiklehrer auch Mathematik –, obwohl er Fachmann sein müsste, offenbar nicht zwischen Mathematik und Physik unterscheidet. Bei der Physik handelt es sich um eine empirische Wissenschaft, die sich als solche mit der *materiellen* Welt auseinandersetzt, und so kann keine Rede davon sein, dass die «Gesetze der Physik» an sich gälten (und erst recht beschreiben sie nicht, gewissermassen massstab-gebend, *alles*). Die «Gesetze der Physik», so staunenswert sie an sich auch sein mögen, stellen nicht Tatsachen dar, sondern Interpretationen von Tatsachen (weswegen sie ja von neuen Erkenntnissen verbessert oder gar über den Haufen geworfen werden können). *Dass* es sich so verhält, ist dabei kein Makel der Physik oder der empirischen Wissenschaft – darin besteht eben ihre Natur. Ein Makel ist es aber, eine Gewissheit für sich in Anspruch zu nehmen, die nicht besteht und nicht bestehen *kann*.

98   Ein Ausdruck davon ist, dass moderne Menschen in freien Gesellschaften von der Sorge angetrieben werden, mit ihrem Wählen «richtig» zu wählen (statt sich ihrer Freiheit zu erfreuen); und eine Heerschar von Beratern, unter allen möglichen Titeln, bietet sich bekanntlich an, diese Frage für sie zu lösen oder sie auf den «richtigen» Weg zu führen. Woher dann freilich *sie* wissen könnten, worin ein «richtiges» Wählen bestehen könne, steht in den Sternen. – In Tat und Wahrheit ist es eben das Merkmal von Freiheit, dass es ein solches «Richtig» oder «Falsch» nicht mehr geben kann. Es kann in Bezug auf das Neue, das nun möglich ist, definitionsgemäss keinen Massstab geben, aufgrund dessen man dieses Neue beurteilen könnte: Darin besteht das Wesen der Freiheit.

99   Darin unterscheidet sich die kierkegaardsche Forderung von jener Sartres – dieser verlangt vom Einzelnen nur noch, dass er «wähle», lässt ihn dann aber mit der ihm zugeschriebenen Freiheit *allein*. Vgl. Jean-Paul Sartre, *Der Existentialismus ist ein Humanismus*.

100   Es ist, so gesehen, kein Zufall, dass sich sowohl die Vorstellungen Kafkas wie am Ende auch die von Kierkegaard zu einer Zeit entwickeln, da sich im Gefolge der Entstehung von Massengesellschaften (und der gleichzeitigen Loslösung von religiösen und traditionellen Verortungen des Einzelnen) auf der einen Seite Menschen vorfinden, die keine Bedeutung (mehr) zu haben scheinen, und auf der anderen Seite die Menschen keine «grossen Fragen» mehr umtreiben. Unter solchen Umständen scheint ein Rest von Bedeutung aus einer (uninteressanten) perspektivlosen Beschäftigung mit sich selbst hervorzugehen.

101   So betrachtet ist es nicht mehr erstaunlich, wie ein grosser Teil der westlichen Welt auf die Corona-Pandemie reagiert hat. Bei allem Verständnis einerseits für entstandene Ängste wie auch für die Sehnsucht von Behörden und Regierungen, die Entwicklungen «in den Griff» zu bekommen, kann man sagen: Indem sich viele Menschen bereitwillig in verfügte Massnahmen geschickt haben oder sogar laut nach weiteren Massnahmen und Beschränkungen von Freiheit gerufen haben, haben sie vielleicht, ohne sich das einzugestehen, bereitwillig in eine Beschränkung einer Freiheit eingewilligt, die ihnen selbst Angst macht und mit der sie nicht umgehen können. «Die Leute wissen nicht, wie dumm sie sich aufführen sollen» – in einer solchen kleinbürgerlichen Reaktion (wie sie eine ältere Dame produziert) und ihrem seltsamen moralischen Gewand mag die Hilflosigkeit eines Menschen zur Sprache kommen, die auf alle Formen von Freiheit mit Misstrauen reagiert.

102   Selbstverständlich geht es bei einer solchen Bemerkung nicht um wirkliche Opfer von Machtmissbrauch, sondern um Erschleichungen des Opferstatus.

103   An dieser Stelle ist es wohl auch angebracht, auf das im Zusammenhang mit der Corona-Krise (in Leserbriefen, Reaktionen in den sozialen Medien und im allgemeinen Gerede) aufwallende *Strafbedürfnis* (gegenüber einem immer weiter «lieb» genannten Gott) hinzuweisen, das ja in einer modernen Gesellschaft seltsam berühren muss. Hinter der Sehnsucht nach Strafe durch eine Instanz ist (abgesehen von der Strafe) aber natürlich mitgegeben, dass man von einer strafenden Instanz *gesehen* wird und es zusätzlich einen wie immer gearteten *festen* Kanon von angeblich Verbotenem zu geben scheint. Man mag Angst vor der Strafe haben, als Bestrafter ist man – und das scheint das grössere Bedürfnis zu sein – aber verortet bzw. scheint in einem Bezugsverhältnis zu stehen. Indem man von einem Gott gestraft wird, wird man wenigstens wahrgenommen und hat einen Ort in der Welt.

104   Leere Formen der Machtausübung, die sich allein in «Umstrukturierungen» oder Änderungen von Logos erschöpfen, können da nicht gelten.

105   Wer sich von einem Moment auf den anderen mitten in der Wüste wiederfinden würde (wie man mit einem Gedankenexperiment argumentieren könnte), begegnete in dieser Situation der Freiheit nach allen Seiten hin. Das wäre freilich bedrängend. Wer sich dagegen mitten in der Wüste befände und ein Kamel zähmen könnte, fände in einer solchen Zähmung ein festes Ziel.

106   Vgl. Franz Kafka, *Der Proceß*, S. 229–231.

107   Einen Schein von Bedeutung gewinnt ein solches Tun, weil der Mensch, auf den Macht ausgeübt wird, leidet – also dem, was ihm widerfährt, selbst Bedeutung zuschreibt. Ohne das Weiden an den Qualen und Hoffnungen der Opfer wäre die Machtausübung leer.

108   Es ist unter diesen Umständen eigentlich erstaunlich, dass solche Positionierungen im Rahmen etwa von «Wirtschaftsnachrichten» Bedeutung zugeschrieben wird. Irgendjemand ist doch immer Nummer eins – was soll daran bedeutungsvoll sein?

109   So schöne Worte mögen sich in Präambeln von Lehrplänen finden – freilich muss man sich auch gleich die scheinbar flapsige Bemerkung von Holden Caulfield im Roman *The Catcher in the Rye* vor Augen halten, aus der hervorgeht, wie dann ein Schüler urteilen mag: ‹*Since 1888 we have been moulding boys into splendid, clear-thinking young men.*› *Strictly for the birds. They don't do any damn more moulding at Pencey than they do at any other school. And I didn't know anybody there that was splendid and clear-thinking and all.*

110   Wie man weiss, wird das sich aus solchen Gedanken entwickelnde Bildungsideal in der Moderne unterdessen durchwegs lächerlich gemacht; von Menschen freilich, die ent-

weder Humboldt nie wirklich gelesen oder dann nicht verstanden haben. – Vgl. Wilhelm von Humboldt, *Theorie der Bildung des Menschen*, S. 6.

111 Eben als Folge davon, dass Humboldt nicht verstanden wird. – Indem die Gesellschaft und – in letzter Zeit – die «Wirtschaft» Bildungsziele formulieren, geht genau jene Öffnung verloren, die Humboldt als Inbegriff der Bildung ansieht. Mit jenem grenzenlosen Hochmut, der mit Beschränkung verbunden ist, mag man sich dann eben über die Offenheit der humboldtschen Idee lustig machen – dass man damit zwar «effektiv» und «nützlich» sein mag, dabei aber immer nur auf die Vorstellungen, die jetzt gerade gelten, beschränkt ist, ist modernen Kritikern nicht bewusst. Sie sollen nur «effektiv» sein, und wenn sie dann spüren, dass in ihrer Effektivität Neues untergehen muss, kann man ja immer noch ein «Kreativitäts»-Seminar abhalten …

112 Der erste Eindruck, den am Abend das Schulhaus verlassende Schüler und Schülerinnen erwecken, besteht gewiss nicht darin, dass sie nun glücklich erscheinen, einen weiteren Schritt auf ihre Autonomie zu genommen zu haben (nicht einmal müde sind sie immer).

113 So mag man dann etwa andere Opfer des gleichen Täters finden und mit ihnen gemeinsam ein Leben lang die Hinterhältigkeit eines überstandenen Lehrers Revue passieren lassen; und die innere Überwindung einer solchen Lehrkraft bildet dann gerade umgekehrt die Grundlage für ein Erwachen zu sich selbst (aber eben: nur wenn sie gelingt). – Eine wunderbare, das kindliche Erleben einer «bösen» Lehrerin gut abbildende Schilderung dieser Situation findet sich im Kinderbuch *Matilda* von Roald Dahl.

114 Natürlich steht ausser Zweifel, dass man Menschen auf vielfältige Weise zugrunde richten kann. Indessen geht es hier um etwas anderes: um Vorstellungen, die entweder nicht wirklich aufnehmen können, was Autonomie wirklich sein muss, oder die dann unter der Vorspiegelung, zu Autonomie zu führen, gerade das Gegenteil tun oder die am Ende die Furcht vor Autonomie so bedienen, dass sie behaupten, etwas zu bieten, was einem die Sorge, seine Autonomie zu finden und dann auf sich zu nehmen, was damit verbunden ist, abnehmen kann.

115 Unter der Voraussetzung freilich, dass einen die Eltern haben einfach leben lassen, was freilich in einer auf «Frühförderung» ausgerichteten Gesellschaft nicht mehr selbstverständlich ist.

116 Das hat zunächst nichts mit einer wie immer gearteten Grausamkeit von Lehrpersonen zu tun, wie behütende Eltern schnell geltend machen mögen, sondern mit der Situation als Ganzem. Etwas zu lernen heisst auch allenfalls, etwas nicht oder nicht gut zu können. So wie man als Sportler im Grund vor allem lernt zu verlieren, lernt man, überspitzt gesagt, im Rahmen der Ausbildung neben dem, was man sich an Wissen und Fähigkeiten erwirbt, auch, was man alles nicht kann. Auch eine scheinbar ganz dem Kind zugewandte Pädagogik kann das nicht verhindern; und eine Haltung, die Schule gar mit dem Argument ablehnt, dass Kinder besser allein ihrer eigenen Neugier folgen sollten, vernebelt diesen Umstand ganz. Wer etwas lernt, tritt in einen *Raum der Bestimmtheit* ein und

kann sich ebendeswegen in Bezug auf eine solche Bestimmtheit auch verfehlen. – An der beschriebenen Situation leiden nur Kinder nicht, welche Schule und Ausbildung nicht wirklich ernst nehmen bzw. einfach so durch die Schule durchschlüpfen. So mag ihr Leben leichter sein, aber sie «bewältigen» die Herausforderung, in der sie nun stehen, nicht wirklich. Sie nehmen einfach nicht wahr, dass sie besteht.

117 Im Herzen seiner Eltern.

118 Dass dabei (wie es bei Goethe heisst) nicht «alle Blütenträume» «reifen» mögen, wie sie die Eltern und vielleicht auch nach und nach das Kind selbst hegen, wird nun damit wettgemacht, dass an die Stelle von Potentialität *bestimmte Wirklichkeit* tritt.

119 So ist ja auch die wachsende Begeisterung für Vergleiche mit anderen Jugendlichen, für Rivalität und dann Sport und für die eigene Vervollkommnung in Bezug auf selbstgewählte Ziele zu begreifen, die Jugendliche in wachsendem Masse entwickeln.

120 Bekanntlich lebt die relative Ausrichtung und Bewertung seiner selbst auf dem Pausenhof bzw. unter den Peers weiter; darin, dass nun hier bewertet wird, wer von den Peers in Schlägereien der Stärkere ist, wer andere anzuführen weiss, wer mehr Brutalos und Pornos gesehen hat, wer mehr sexuelle Erfahrung gewonnen hat, wer die «richtigen» Klamotten am Leibe hat, später wer mehr Likes erzielen kann etc. – Die Massstäbe mögen dabei sinnlos oder gar widerwärtig sein – in jedem Falle kann aber der Einzelne immer in einem sichtbaren Kampf mit den anderen erkennen, ob er den anderen voraus ist oder nicht; und dieses (relative) Vorausein mag ihm dann als Besonderheit und Überlegenheit erscheinen und so auf falsche Weise den Eindruck, er sei im Besitz seiner selbst, erwecken. Was scheint es dann noch wert, von Lehrkräften als «guter Lateiner» bezeichnet zu werden oder in einem Diktat jeweils null Fehler zu machen.

121 Aus diesem Grunde sollten Lehrkräfte alles dazu beitragen, ihre Schüler und Schülerinnen davon abzuhalten, sich zu «Strebern» zu entwickeln; so befriedigend ihnen auch erscheinen mag, dass sich endlich einmal ein junger Mensch ihren Forderungen ganz überschreibt.

122 Wie sich das abspielen mag, zeigt in grossartiger Weise der Dokumentarfilm *Tableau Noir* (Yves Yersin 2013).

123 In Analogie zur kohutschen Forderung nach «kontrollierter Versagung» soll sich Unterricht dadurch auszeichnen, dass er gewissermassen einem Prinzip der «kontrollierten Ermunterung» folgt; damit, dass er immer junge Menschen auf das «lüpft», was ihnen je zu bewältigen oder aufzunehmen möglich ist; während ungeübte Eltern ihr Kind, abstrakte Ziele vor Augen, oft überfordern.

124 Das von einer modernen Pädagogik favorisierte «eigene» Entdecken des Lernstoffes ist nicht nur epistemisch unsinnig, sondern auch entwicklungspsychologisch verfehlt, weil es eine Offenheit vorspiegelt, die das Unterrichten auf der Grundstufe gar nicht aufweisen kann und die überdies von Kindern bis zu einem gewissen Alter auch gar nicht gewünscht wird; weswegen die Kinder in Tat und Wahrheit dann einfach mit Kinderschlauheit zu ergründen versuchen, was die Lehrperson will, das man frei entdecken soll. – Und jenes Diskutieren von allem und jedem, dem Kinder in der Familiensituation ausgesetzt sind, führt sie allein in eine Ratlosigkeit hinein, der sie dann damit Herr zu werden versuchen, dass sie versuchen zu erraten, was die Eltern von ihnen als originelle Antwort erwarten.

125 Diese Vorstellung ist natürlich direkt im Wort «Bildung» enthalten – die Idee, dass junge Menschen in einer gewissen Weise geformt werden müssten, so wie man etwa aus Lehmklümpchen Menschen bilden mag. Das Wort selbst wird aber gewissermassen nicht mehr so «gehört». Das französische Wort «formation» bringt diese Vorstellung dann aber ganz deutlich zur Geltung.

126 In uferlosen Diskussionen, etwa im Zusammenhang mit Lehrplanarbeit oder mit Weiterbildungen, mag man dann hin und her argumentieren, was zur Bildung gehöre und was nicht – niemandem scheint dabei einzufallen, dass vielleicht dem Wort gar keine umgrenzte Vorstellung zugeordnet sein könnte. Wenn das so wäre, stünde nicht in Frage, ob man in eine schon feststehende Schublade Gegenstände einordnen könne oder nicht, sondern ob man die Vorstellung erst entstehen liesse, indem man einmal auf Zusehen hin dies und das für wichtig erachten würde. – Ein seinerzeit bekannter Verfasser kann allen Ernstes dann ein Buch veröffentlichen, in dem er endgültig festzuhalten behauptet, was seiner Meinung nach Bildung ausmache. Vgl. Dietrich Schwanitz, *Bildung, Alles, was man wissen muss*. (Das Buch ist zwar ohne Zweifel lesenswert, aber in seinem Ansinnen durch und durch verfehlt, wenn nicht anmassend – ganz abgesehen davon, dass es in alter deutscher Bildungstradition geistesgeschichtliches Wissen und Verstehen über Naturwissenschaft und Mathematik stellt. Und anzufügen ist: Eigentlich hätte man jemandem, der ein solches Projekt verfolgt, zugetraut, dass man «Bildung» nicht mit Dingen, die man *wissen* muss, gleichstellen kann.)

127 Eine jugendliche Geigenschülerin mag sich zum Beispiel immer «unfähig» vorkommen, wenn sie ein Werk nicht so gut spielen kann wie ihre international bekannte Lehrerin. Der Hinweis, dass sie als Lernende zu solchen Leistungen *erst auf dem Wege* sei, kann ihr in ihrer Perfektheitsversessenheit nicht helfen: Was sie spielt, entspricht dem «Ideal» nicht und ist deswegen ungenügend. – Schon an einem solchen Beispiel mag deutlich werden, wie zerstörerisch «Ideale» wirken können. Sie stehen dann vor allem *Lernen* entgegen.

128 Wie ja ihre – in Kleinstädten immer noch beeindruckende – Titel und ihr abgeschlossenes Universitätsstudium oder ihre Stellung etwa als «Gymnasialprofessor» oder «Oberstudienrat» zu bezeugen scheinen.

129 Ebenjene Lehrkräfte, die am grossmundigsten von Bildung reden, sind ja gewöhnlich die, welche nichts zu bieten haben, manchmal über Jahre hinweg kaum mehr etwas seriös vorbereiten oder nichts an junge Menschen herantragen, das sie formen würde. In diesem Zusammenhang muss man darauf hinweisen, dass der sprichwörtliche Lehrer dieses Zuschnittes, Professor Unrat (aus dem gleichnamigen Roman von Heinrich Mann), wenn man genau hinschaut, wie all seine Nachfahren, die dauernd von Bildung und was sie ausmache reden, nicht wirklich etwas wie immer geartetes Grosses an seine Schüler heranträgt – er redet zwar dauernd vom «Ziel der Klasse», kann aber nicht namhaft machen, worin ein solches Ziel bestehen könne – , sondern sein pädagogisches Wirken allein darin Gestalt annehmen lässt, seinen Schülern anzudrohen, ihr Fortkommen zu verhindern. (Dass ihn dann die Beschäftigung mit der *Jungfrau von Orleans* von Friedrich Schiller nicht dazu befähigt, mit einer durchtriebenen Frau zu Rande zu kommen, spricht nicht, wie dies der Autor suggeriert, gegen «Bildung» an sich, sondern zeigt einfach, dass Professor Raats Bildung erstens hohl ist und dass es neben «Bildung» noch etwas anderes gibt …, die Welt also viel vielfältiger ist, als er meint.) – Ältere Leser und Leserinnen können sich vielleicht noch an Lehrkräfte erinnern, welche Menschen, die in der Schule kein Latein hatten, offen herabwürdigten (obwohl sie selbst vielleicht mathematisch unfähig waren!), und umgekehrt daran, wie mathematisch oder naturwissenschaftlich hochbegabte Berufsleute sich gegenüber Lehrkräften beeilten darauf hinzuweisen, dass sie auch Latein und Griechisch erlernt hätten.

130 So etwas kann nur einem Lehrer in den Sinn kommen, mag man anfügen – und selbstverständlich würde er den strukturell gleichen Satz: «So gut, dass er den Spitzenlohn verdienen würde, kann kein Lehrer unterrichten!», mit Entrüstung von sich weisen. – Und freilich müsste man die Fragen anfügen, *wie* der Lehrer *wissen* kann, was er behauptet, und wie es zu erklären ist, dass die Notenskala bis zur Note sechs reicht.

131 Ein Professor des Verfassers machte jeweils seine Studenten darauf aufmerksam, dass sie ja nicht meinen sollten, eine Seminararbeit sei etwas Grossartiges und sie seien (schon) grosse Forscher, wenn sie eine solche erarbeiteten. Das mag im Allgemeinen stimmen – indem er mit seiner Bemerkung aber allein schon die Möglichkeit dazu ausschloss, dass ein Student oder eine Studentin etwas Grossartiges produzieren könne, verhielt er sich im Grunde genommen menschenverachtend, weil er sich anmasste, im Namen eines Guten die Menschen vor sich gewissermassen auf Vorrat entwerten zu dürfen.

132 Aus diesem Grunde wenden sich viele Schüler und Schülerinnen ja auch von der Schule ab und anderen Interessen zu; und die heutige Welt bietet ihnen zum Glück auch eine breite Palette von Erfüllungsmöglichkeiten neben der Schule an. In einem gewissen Sinne aus einem gesunden Urteil heraus befreien sie sich damit aus der unsinnigen Umklammerung der Schule und sitzen manchmal ihre Zeit bis zur Übergabe eines abschätzig «Papier» genannten Schlusszeugnisses einfach ab. Freilich verlieren sie damit möglicherweise auch die Erkenntnis, dass sich hohen Forderungen zu stellen und sein Tun mit Ernst zu verfolgen wertvoll sein kann, weil sie nicht sinnvoll dazu ausgebildet werden.

133 So sind in einer Schulklasse paradoxerweise immer diejenigen Schüler und Schülerinnen, die auf der Kippe stehen, und die Allerbesten gleich gestresst: Die nächste Prüfung könnte die endgültige Verdammnis bringen.

134 Der Verfasser liess einmal anlässlich einer Weiterbildung eine Gruppe von Lehrern und Lehrerinnen die Geschichte *Zur Frage der Gesetze* von Franz Kafka lesen und machte dann geltend, dass sich ihre Schüler und Schülerinnen zuweilen so fühlen müssten wie die

Menschen in der Geschichte, wenn sie nicht daran arbeiteten, in all ihrem Auftreten transparent zu sein. Kaum eine der anwesenden Lehrkräfte konnte glauben, was der Verfasser vorbrachte. – Zum Verständnis des Verhaltens – nicht zu dessen Entschuldigung – von Lehrkräften muss vorgebracht werden, dass sie sich ja selbst in einem absurden Platonismus verfangen, dem auch sie nicht Genüge tun können. Sie bewerten ihre Schüler und Schülerinnen zwar immerzu im Hinblick auf eine seltsame Vorstellung von Perfektheit, müssen sich aber dauernd selbst fragen – und sich die Frage gefallen lassen –, ob sie ihren Idealen genügten.

135 Dem entspricht ja auch die Tatsache, dass jene jungen Menschen, die an Abschlussfeiern wegen ihrer Höchstnoten hervorgehoben oder gar mit Preisen überhäuft werden, (fast) immer einen seltsam unpersönlichen Eindruck machen und mit dem, was sie angeblich auszeichnet, in der Folge ja auch oft nichts anzufangen wissen.

136 Die Quantität seines Ausgreifens in die Welt kann nicht dessen Qualität garantieren. *Zwar weiss ich viel, doch möcht' ich alles wissen,* sagt bekanntlich Wagner im *Faust,* aber selbst ein Alleswisser ist noch kein autonomer Mensch.

137 Die Nicht-Unterscheidung von Reife als Befreiung *von* und Reife *zu* liegt, wie man nun erkennt, den genannten Typen von Maturreden zugrunde: Sie unterstellen, dass man Reife als Befreiung *von* immer weitertreiben müsse und dann irgendwann Reife *zu* gewinne. Das ist aber natürlich Unsinn.

138 Bezeichnenderweise fassen die Absolventen und Absolventinnen von höheren Schulen ihren Abgang auch nicht so auf. Die meisten von ihnen sind einfach froh, dass sie nun (nach dem Absitzen einer Maturrede) in die Freiheit entlassen werden; in die Freiheit *von* ihren Lehrkräften und *von* den Zwängen des Schullebens: Dass sie gleichzeitig auch Freiheit *zu* gewonnen haben, wird ihnen erst nach und nach bewusst (wenn sie sich nicht sofort in ein Studium stürzen, das sie abermals zu abhängigen Schülern und Schülerinnen macht – leider haben unterdessen fast alle bologna-normierten Studiengänge diesen Charakter).

139 Photographien von schönen Menschen kann man zum Beispiel so retuschieren, dass ihre Schönheit gewissermassen reiner zum Vorschein kommt.

140 Vgl. dazu etwa Platon, *Das Gastmahl,* 210a–212c.

141 *Ein Gymnasiast guckt kein Fernsehen,* heisst es beim Kabarettisten Hanns Dieter Hüsch irgendwo, im Rahmen einer satirischen Aufnahme von Kleinbürgerideen in Bezug auf das Wesen höherer Bildung.

142 Zum Beispiel ist Frauen über Jahrhunderte das Recht zur politischen Mitbestimmung verwehrt worden, und noch vor einem halben Jahrhundert ist in der Schweiz geltend gemacht worden, dass politische Tätigkeit «wahrer» Weiblichkeit Abbruch tue. So hat vor einem halben Jahrhundert ein bekannter Schweizer Gynäkologe (und hoher Offizier der Schweizer Armee, also, wie es schien, eine «Respektsperson») geltend gemacht, er als Gynäkologe wisse, wie Frauen empfinden würden: Sie wollten gar kein Stimmrecht. – Und eine Form von Wissenschaft führt dann, via sogenannte «Genforschung», ein verblasenes Weltbild in modernem Gewande fort, weil sich Naturwissenschaftler kaum je Rechenschaft über ihre philosophischen Grundannahmen geben. So mögen sie dann ein Gen beispielsweise für «Intelligenz» oder ein Gen für «Homosexualität» suchen, ohne sich auch nur einen Augenblick lang zu überlegen, dass es «Intelligenz» oder «Homosexualität» im Sinn einer Wesensaussage nicht geben kann, weil es kein «Wesen» an sich gibt, sich «Intelligenz» zum Beispiel durch eine Vielzahl von Teilfähigkeiten auszeichnet und die Suche nach solchen Genen als angebliche Träger einer «wesentlichen» Eigenschaft dann in die Irre gehen muss. – Vgl. zur verblasenen Vorstellung eines «Wesens» und zu dem von ihm stattdessen ins Spiel gebrachten Begriff der «Familienähnlichkeit» Ludwig Wittgenstein, *Philosophische Untersuchungen*, Nr. 66–72.

143 So muss jeder Mathematiklehrer, der ein «ideales Dreieck» an die Tafel zeichnen will, verzweifeln, weil jedes Dreieck, das er zeichnen mag, bestimmte einzelne Eigenschaften hat, also gerade nicht «ideal» ist.

144 Bis zum Überdruss wiederholt ein Pfarrer gegenüber den ihm anvertrauten Konfirmanden die Aussage, der Begriff *Sünde* stamme vom Wort «Absondern» ab. Abgesehen davon, dass eine solche Etymologie mit grösster Sicherheit in die Irre geht, kehrt in einem solchen erschwindelten Beweis nur erneut die Vorstellung wieder, dass etwas «Besonderes» zu sein schon an sich eine Verfehlung sei. – Dass auch ein Nationalsozialist oder ein sowjetischer Kommunist so argumentiert hat, hätte den Pfarrer freilich stutzig machen müssen …

145 Nicht einmal mehr *Mut* – als die Bereitschaft, sich etwas Neuem, noch nicht Berechenbarem zu stellen – scheint mehr möglich, denn auch Mut kann sich ja nicht begründen: Er ist einfach Mut. Feigheit dagegen scheint immer *beweisen* zu können, dass sie zu Recht besteht; es könnte ja wirklich furchtbar herauskommen. – So gesehen hat die sogenannte Corona-Krise auch in einem kollektiven Ausbruch von Feigheit bestanden …

146 Und Maturredner und Maturrednerinnen.

147 Oder sich als «Experten» ausgibt.

148 Im musikalischen Sinn.

149 Vgl. Jean-Paul Sartre, *Der Existenzialismus ist ein Humanismus*.

150 Man kann es nie oft genug sagen: «Befreiung» stellt allein die notwendige Bedingung dafür dar, dass man mit seinem Leben etwas Eigenes anfangen kann, nicht die hinreichende Bedingung dafür, dass das dann tatsächlich der Fall ist.

151 Ausser man würde gegen jede Einsicht unterstellen, dass die vorgefundene Welt in einem platonischen Sinne an sich geordnet sei und man sich mit freiem Verstandesgebrauch zu einer solchen Ordnung wenden oder zurückwenden könne – im Rahmen einer solchen Annahme bliebe dann aber freilich die Vorstellung von Autonomie auf der Strecke, weil man sich in eine solche Welt nur *einfügen* könnte, und auch der freie Verstandesgebrauch würde sich dann allein darin erschöpfen, wie etwa im Rahmen der Mathematik, fehlerlos nachzuvollziehen, was *an sich* der Fall ist. Indessen kann der Mensch die empirische Welt, in welcher er lebt, nur auf Zusehen hin erkennen – seine Hypothesen darüber, was der Fall ist, können jederzeit falsifiziert werden (und sollen sogar der Möglichkeit nach falsifiziert werden können). Vgl. auch Martin Mosimann, *Das Paradox der Ordnung.*

152 Daher rührt die Beklemmung, die von utopischen Entwürfen ausgeht: Alles scheint nun gut geordnet und zu Ende gut geordnet; mit dem Ergebnis freilich, dass dem einzelnen Menschen darin paradoxerweise gar keine Bedeutung mehr zukommt und er sich einfach wie ein Zahnrädchen in ein bestehendes starres Uhrwerk einfügen könnte.

153 Genau das funktioniert ja bekanntlich oft nicht …

154 So muss sich jeder Mensch von seinem Elternhaus emanzipieren und irgendwann seiner Wege gehen, aber das kann bekanntlich auch in Nöte hineinführen oder gar schiefgehen.

155 So mag etwa eine gute Freundin oder gar ein Therapeut eine Frau dazu auffordern, sich von einem sie nicht achtenden Partner zu trennen – selbstverständlich können sie aber nicht garantieren, dass daraus nun ein neues Glück erwachse. Das ist möglich, muss aber nicht der Fall sein. Auch hier gilt: Die Trennung wäre dabei nur die notwendige Bedingung für ein neues Glück. Und wegen der Offenheit dessen, was sich nun einstellen kann, mag ein Mensch am Ende den unverständlichen Entschluss fassen, in den alten Verhältnissen zu verharren: Sie sind nämlich wenigstens *bekannt.*

156 Darum fällt es besorgten Eltern ja so schwer, Kindern Freiheit zu gewähren. Dass sie sich in einer freien Welt, auf sich gestellt, zurechtfinden, kann immer nur Gegenstand der Hoffnung sein – es gibt keine Methode, mit der man verhindern könnte, dass Freiheit missbraucht würde oder gar in Unsinn führen würde –, und gäbe es eine solche *Methode,* wäre sie, als Methode, unfrei. Umgekehrt geht etwa die geradezu höhnische Feststellung von Eltern oder Lehrkräften, Jugendliche könnten mit Freiheit gar nicht umgehen, sondern würden sie auf der Stelle missbrauchen, insofern in die Irre, als ein solcher Effekt nicht irgendwelchen charakterlosen Jugendlichen geschuldet ist, sondern der Tatsache, dass Freiheit zunächst von Sicherheit in Offenheit wegführt.

157 Bezeichnenderweise werden Einzelne, zum Beispiel Jugendliche, die ihr eigenes Leben wählen und in irgendeiner Weise «weggehen» wollen, immer gleich dazu aufgefordert, klarzumachen, was sie einerseits an dem, von dem sie sich emanzipieren wollen, störe und worin andererseits das Bessere bestehe, das sie anstrebten. Wie man weiss, genügt diese Frage oft, sie an ihrem Aufbruch zu hindern. Wenn sie solche Fragen nicht beantworten können, scheint ihr Aufbruch willkürlich oder verantwortungslos. Diese Frage zu stellen ist aber natürlich unfair, weil sie unbeantwortbar ist.

158 Vgl. Martin Mosimann, *Das Paradox der Ordnung.*

159 Anlässlich der Konfirmation der zukünftigen Königin von Norwegen, Prinzessin Ingrid, machte König Harald geltend, sie müsse immer «sie selbst bleiben». Das tönt schön und ist gewiss schön und gütig gemeint, und jedermann mag wünschen, dass das Prinzessin Ingrid gelinge. Was aber hat der König damit wirklich gesagt, und woran soll sich Prinzessin Ingrid nun halten? Vgl. *Kongen forteller,* S. 123f.

160 Wie man weiss, werden im Rahmen von Befreiungsbewegungen immer auch verbrecherische Bewegungen frei.

161 Freier Verstandesgebrauch zum Beispiel produziert ja auch allerlei Spinnereien, ungereimte Vorstellungen und am Ende absurde Verschwörungstheorien. – Diesem Umstand wird dann auf sehr fragwürdige Weise damit abgeholfen, dass man versucht, gewisse Vorstellungen und Ansichten zu «verbieten» oder daran zu hindern, sich zu Worte zu melden. So verständlich zum Beispiel der Wunsch ist, gewisse Ansichten (etwa die Leugnung des Holocausts) mit einem Bann zu belegen, so problematisch – und der Vorstellung der Freiheit dann ja ins Gesicht schlagend – ist der Versuch als Ganzes, nur angeblich «richtige» Vorstellungen gelten zu lassen, weil ja nicht endgültig und absolut bestimmt werden kann, was richtig und falsch ist. Freiheit hat (wie übrigens die Idee der Toleranz, die ja mit der Idee der Freiheit verschwistert ist) eben die unangenehme Eigenschaft, dass sie offen ist und damit eben auch zum Beispiel Dummköpfen Raum gewährt. Wie Toleranz darf man auch Freiheit nicht einfach vorschnell beschränken, wenn sie Dinge hervorbringt, die einem nicht gefallen mögen, weil man ja nie weiss, ob auch sie Gehalt haben. Wie bei Toleranz besteht ein Abbruchkriterium darin zu verbieten, dass sich jemand mittels des Gebrauchs der Freiheit gegen andere Personen wendet. Den Holocaust zu leugnen hat zur Folge, dass man Millionen von Menschen, die ihm zum Opfer gefallen sind, und weitere Millionen von Angehörigen um die Würde bringt, sich als Opfer eines Verbrechens zu sehen. Wer aber Bedenken gegen einen schnell auf den Markt geworfenen Impfstoff hat, mag damit Unrecht haben – solange aber nicht gewiss ist, dass diese Bedenken in die Irre gehen, muss er das Recht haben, seine Auffassung zu vertreten. – Wie man sieht, bewegt man sich hier schnell in einen Bereich der Unklarheit hinein – dass das so ist, ist aber nicht irgendwelchen angeblichen Wirrköpfen geschuldet, sondern der Tatsache, dass Freiheit so funktioniert, wie sie funktioniert. – Die Diskussionen (und seltsamen Handlungen) im Umkreis der Corona-Pandemie haben nicht gezeigt, dass das von allen Menschen begriffen worden ist. Und da helfen auch nicht «Fakten-Checks» weiter, weil solche in einer empirischen Welt in die Irre gehen müssen: Der Mensch kann nun einmal nicht endgültig bestimmen, was *an sich* der Fall ist, also kann er auch nicht endgültig und irrtumslos sagen, was der Fall ist und was nicht. Vielmehr muss der Mensch mit einer solchen Grundunsicherheit (im Bereich der *materiellen* Welt) leben. Er kann die Welt (ausserhalb von *formalen* Ordnungen) nicht ganz verstehen – das gehört dazu, dass er sich in einer *materiellen* Welt vorfindet.

162 So heisst es etwa in der Unabhängigkeitserklärung der USA von 1776 bezeichnenderweise: *We hold these truths to be self-evident, that all men are created equal, that they are endowed by their Creator with certain unalienable Rights, that among these are Life, Liberty and the pursuit of Happiness.*

163 In Form etwa davon, das zu tun, was die «anderen» tun, in Form einer Sehnsucht, in anderen aufzugehen, sich ganz einer Ideologie zu widmen, gar zu Gott «zurückzufinden», sich in einem wenig achtenswerten Konsumentendasein oder am Ende in allerlei

Machtgelüsten zu ergehen. Oder dann darin, dass sich ein Mensch selbst vorwirft, nicht zu genügen, und, mangels der Möglichkeit einer Letztbegründung seines Wesens und Daseins, als nichtswürdig bezeichnet.

164   Vgl. dazu Martin Mosimann, *Das Paradox der Ordnung.*

165   Vgl. Martin Mosimann, *Das Paradox der Ordnung.*

166   Im Moment erscheint sie wieder im Gewande der Vorstellung, dass eines Tages «künstliche Intelligenz» den Weg zu sicherem Wissen weise – aber auch in dieser Forderung erscheinen auf der einen Seite nur wieder die – infantile – Sehnsucht nach einer Instanz, die über alles erdenkliche Wissen verfüge, und auf der anderen Seite Technokraten, die nicht in Ansätzen verstehen, was sie tun, und so in einen ebenso unangebrachten unreflektierten, naiven versteckten Platonismus verfallen. Vgl. dazu Martin Mosimann, *Das Paradox der Ordnung, Kapitel 11.*

167   Das ist der Grund, weswegen Kant Akte der Liebe allein nicht gelten lässt: nicht weil er sie ablehnte, sondern weil sie immer noch problematisch bleiben. – Aus der genannten Tatsache folgt im Übrigen, dass es ja gar nicht so leicht ist, ein guter Mensch zu sein: Man mag zum Beispiel in einer biblischen Aufwallung sein Vermögen mit den Armen in seiner Umgebung teilen – damit berücksichtigt man die anderen Armen nicht; und die Portionen, die ihnen zugutekommen, mögen dann so klein sein, dass sie nicht wirklich Armut abhelfen. Etc.

168   Vgl. dazu die diesbezüglichen heideggerschen Ausführungen, etwa in *Sein und Zeit.* – Nicht vergessen werden soll aber die Warnung Nietzsches: *Eine Religion, die von allen Stunden eines Menschenlebens die letzte für die wichtigste hält, die einen Schluss des Erdenlebens überhaupt voraussagt und alle Lebenden verurteilt, im fünften Akte der Tragödie zu leben, regt gewiss die tiefsten und edelsten Kräfte auf, aber sie ist feindlich gegen alles Neu-Anpflanzen, Kühn-Versuchen, Frei-Begehren, sie widerstrebt jedem Fluge in's Unbekannte, weil sie dort nicht liebt, nicht hofft: sie lässt das Werdende sich nur wider Willen aufdrängen, um es zur rechten Zeit, als einen Verführer zum Dasein, als einen Lügner über den Werth des Daseins, bei Seite zu drängen oder hinzuopfern.* Vgl. *Vom Nutzen und Nachtheil der Historie für das Leben,* 8.

169   Nicht nur das, was der je Einzelne in seinem Leben als bedeutungsvoll zum Gegenstand seines Lebens macht, sondern zum Beispiel auch all jene Werke der Kunst, welche Einzelne hervorbringen und hervorgebracht haben, wären dann ja ohne Wert und Sinn – und das zu behaupten wäre dann eine ungeheure philosophische Anmassung!

170   Es ist wohl kaum ein Zufall, dass jener Denker, der sich dieser Macht ausgeliefert hat wie keiner sonst (in der Gegenwart), dann auch, in einer berüchtigten Rektoratsrede, einer politischen Macht das Wort geredet hat, die auf (verbrecherische) Weise alles mit Beschlag belegt und letzte Antworten auf alles zu geben versprochen hat. Es handelt sich dabei nicht einfach um eine «Entgleisung», sondern um die Haltung eines Philosophen, der nicht in die Leere hinaus zu philosophieren vermag, sondern irgendwo nach einem festen, unbedingten Bezugspunkt Ausschau hält; gleichgültig, welcher Natur er dann sei, wenn er nur fest sei. – In diesem Zusammenhang muss man wohl auch die im Rahmen der Corona-Pandemie der Jahre 2020/21 zu Tage getretene seltsame Bereitschaft freier Gesellschaften sehen, ohne Bedenken Macht sprechen zu lassen. Auf der einen Seite haben Behörden nicht gezögert, Massnahmen über Massnahmen zu «verfügen» (oft auch auf ungesetzlichem Wege und unter Umgehung von Verfassungsrechten); auf der anderen Seite hat sich eine offenbar ihrer Freiheit überdrüssige Bevölkerung zum Teil in erschreckendem Masse dazu bereit erklärt, nachzuvollziehen, was immer als «Massnahme» über sie verfügt wurde. Endlich schien jene Offenheit, die mit Freiheit verbunden ist, ein Ende gefunden zu haben: Man konnte sich Angeordnetem fügen (und umgekehrt alle Kritik daran als verbrecherisch diskreditieren). Endlich schien es angesichts des lauernden Todes keine Zweifel und Abgrenzungen mehr zu geben. Und über allem thronte eine (Natur-)Wissenschaft – in Tat und Wahrheit einzelne Menschen, die ihre Grenzen nicht kannten –, die sich gegen alle Einsicht in ihr Funktionieren, über die sie verfügen müsste, absolut zu setzen versuchte – und je mehr Gefolgschaft fand, je absoluter sie ihre Behauptungen in die Welt setzte, obwohl man doch wissen kann, dass es kein absolutes und unbezweifelbares empirisches Wissen geben kann. Immer waren es der Tod und die Angst vor dem Tod aber, die als Bezugspunkte so mächtig erschienen, dass andere Gesichtspunkte ganz zu verblassen schienen.

171 Vgl. Hannah Arendt, *Vita activa, 24, Die Enthüllung der Person im Handeln und Sprechen.*

172 Vgl. Hannah Arendt, *Vita activa, 25, Das Bezugsgewebe menschlicher Angelegenheiten.*

173 Das ist freilich ein Fehlschluss, weil ja nicht ausgeschlossen sein kann, dass, auch wenn die Bedingungen gleich sind, sich etwas anderes hätte durchsetzen können: eine andere (unbekannte) Tierart, ein anderes (unbekanntes) Produkt. – Faktisches Sosein kann nicht beweisen, dass es nur ein bestimmtes Sosein geben kann, nur, dass ein bestimmtes Sosein besteht. – Eine Spielart des Darwinismus behilft sich dann mit allerlei nachgeschobenen Begründungen; à la: Giraffen hätten sich «durchgesetzt», weil sie die und die Herausforderung besonders gut gemeistert hätten. Das mag stimmen, kann aber nicht begründen, dass dieselbe Herausforderung *nur* von Giraffen hätte gemeistert werden können. Mit anderen Worten: Aus der Tatsache, dass etwas faktisch besteht, kann nicht geschlossen werden, dass es so sein muss, wie es ist, also seine eigene hinreichende Bedingung ist.

174 Es ist in diesem Zusammenhang interessant, wie sich Menschen zur Evolution einstellen: Nur zu schnell sehen sie diese als einen Prozess an, der zu dem geführt hat, was nun der Fall ist; der sich sofort einstellende Gedanke, dass die Evolution weitergehen könnte (etwa mit dem Ergebnis, dass sich der Mensch zurückbilden könnte), wird nicht bedacht. Und das Gleiche ist mit wirtschaftlich Erfolgreichen der Fall: Sie stellen sich immer als grundsätzlich erfolgreich, nicht einfach jetzt gerade erfolgreich dar (und oft versuchen sie ja dann auf der Stelle, weiteren Wettbewerb auszuschliessen, indem sie sich auf die eine oder andere Weise unangreifbar machen). Recht betrachtet müsste sich sogar der Sieger eines sportlichen Wettbewerbs im Moment seines Sieges gleich wieder darauf vorbereiten, sich in einem neuen wieder ungewissen Wettbewerb zu bewähren zu versuchen, statt sich auf einem Podest stehend feiern zu lassen und in langweiligen Interviews zum Besten zu geben, dass er seinen Erfolg noch gar nicht fassen könne etc. etc. Er müsste sagen: Jaja, jetzt gerade habe ich gewonnen, aber der Wettbewerb geht doch weiter – wie kann mich jemand zum Sieger an sich ausrufen?

175 So wird durch eine endlose Kette von sportlichen Wettbewerben auf der einen Seite, von Wirtschaftsnachrichten und den in ihnen in den Vordergrund gestellten Erfolgen von Firmen auf der anderen Seite immer die Vorstellung transportiert, dass es in einer wechselvollen Welt wenigstens immer Sieger gebe und so jedenfalls das, was in ihnen Gestalt annimmt, unbezweifelbar gelte. «And the winner takes it all», wird dann noch gerne hinzugefügt: Der Sieger ist das Mass aller Dinge (und der Ethik).

176 Dabei handelt es sich aber natürlich um Tatsachen verschiedener Natur: Das Matterhorn erscheint als feste Tatsache nur einem Wesen mit einem beschränkten Zeithorizont; die binomischen Formeln dagegen gelten an sich. Die erste Tatsache stellt eine empirische Tatsache dar, die zweite eine formale.

177 Zum Vergleich: Dieses Buch ist nicht «Sieger» gegen andere Bücher, sondern tritt zu ihnen hinzu.

178 In diesem Zusammenhang erklärt sich ja auch die seltsame Tatsache, dass auch dann, wenn bei einem sportlichen Wettbewerb das Teilnehmerfeld aus irgendwelchen Gründen (Krankheit einzelner Akteure, Boykottmassnahmen oder Zufälle) reduziert ist, ein Sieger ausgerufen wird. Ein Sieg mag unter solchen Umständen wenig wert sein – nicht aber auf seinen Wert im Sinn der geforderten Leistung kommt es an, sondern wichtig ist, dass ein Sieg hergestellt wird.

179 Es geht dabei nicht um eine absolute Wertschätzung (auch wenn man Beethoven interessanter und reichhaltiger finden mag als ABBA und DJ Bobo) – alle die genannten Musiker und Stilarten mögen je in Bezug auf bestimmte Ansprüche je ihre Funktion und ihren Wert haben. Unsinnig ist aber, sie via Quoten miteinander in Verbindung zu bringen und dann gegeneinander auszuspielen.

180 So kann freilich nur absolute Phantasielosigkeit denken. In der empirischen Welt ist nichts absolut gültig, also könnten sich auch andere Verläufe ergeben.

181 Vgl. dazu: Martin Mosimann, *Ich und der Andere.*

182 Und oft sind solche Wettbewerbe – etwa Ausleseprozesse im Zusammenhang mit Stellenbewerbungen – offensichtlich unfair. Vgl. Martin Mosimann, *Richtiges Scheitern und falscher Erfolg.* – Um das obige Beispiel noch einmal aufzunehmen: Wenn man den Erfolg eines Musikers daran misst, ob seine «Lieder» erfolgreich seien, verfälscht man, was herauskommen mag, ja schon: Beethoven hat ja nicht einfach «Lieder» komponiert, sondern Musikstücke von grossem Umfang, und er kann schon deswegen nicht einfach in Konkurrenz zu ABBA und DJ Bobo gesetzt werden. – Und wenn dann John Lennon, wie es heisst, behauptet haben mag, dass man ihn dereinst als den grösseren Komponisten als Beethoven ansehen werde, dann zeigt sich daran zweierlei: Auf der einen Seite unterstellt er mit einer solchen Aussage (abgesehen vom Grössenwahn, der sich darin ausspricht), dass man seine Leistung als Pop-Komponist und -Sänger mit der Beethovens grundsätzlich vergleichen könne (man kann ja auch nicht etwa das Telefonbuch mit der goetheschen *Iphigenie* vergleichen) – vor allem aber behauptet er, dass alles einem Wettbewerb unterliege, in dem es nur *einen* Sieger geben könne. Das ist aber natürlich unsinnig. Es gibt eben Beethoven und Lennon – und die Frage, wer der *grössere* Komponist sei, stellt sich gar nicht. Man muss aushalten, dass es beide Personen und beide Formen von Musik gibt, so wie man aushalten muss, dass es Giraffen und Grasmücken gibt. Und dass es beide gibt, ist dabei auf seine Weise schön.

183   Jedes Fussballspiel endet ja bekanntlich darin, dass sich die Zuschauer und Zuschauerinnen noch stundenlang Gedanken darüber machen, ob das Resultat «gerecht» sei und wirklich dem Gezeigten entspreche oder ob es einen ganz anderen Ausgang hätte nehmen können, wenn nicht das und das der Fall gewesen wäre …

184   Eine üble Rolle spielen dabei utilitaristische Überlegungen; etwa bei Entlassungen. Man «rettet» die Firma und eine gewisse Zahl von Angestellten angeblich damit, dass man eine gewisse andere Menge von Angestellten entlässt – verblasener Idealismus (wird dann gesagt) habe dagegen nur den Untergang aller zur Folge.

185   Die empirische Wissenschaft kann nur überprüfen, ob sich Hypothesen bewähren oder nicht; nicht, ob die vorgefundene Welt so und so ist.

186   Bezeichnenderweise haben ja während der Corona-Pandemie die sogenannten «Experten» genauso gehandelt: Sie selbst haben sich die Freiheit genommen, aus ihrem Nichtwissen beliebig Theorien zu schmieden; sie haben sich aber umgekehrt nicht gescheut, andere Menschen um ihre physische und um ihre wirtschaftliche Freiheit zu bringen. Sie haben zu grossen Teilen nicht einmal erspürt, was sie da getan haben. Es besteht, notabene, ein grosser Unterschied zwischen einer Einsicht, die man als «Experte» haben mag, dass man sich unter dem Druck der Dinge irgendwie einschränken muss, und dem Befehl, mittels immer weiterer «Massnahmen» Menschen Freiheiten einfach mal auf unbestimmte Zeit zu rauben, ohne sich Rechenschaft darüber zu geben, dass man ihnen damit ihr eigentliches Menschsein raubt.

187   Und es stellt sich dann die Frage, wieso etwa der CEO einer grossen Firma ein Millionengehalt bezieht, wenn er doch nur nachvollzieht, was man angeblich nachvollziehen *muss* – das ist dann doch keine wie immer geartete schöpferische Leistung, die eine solche Entlohnung verdienen würde!

188   Wie immer bei solchen Behauptungen handelt es sich nicht wirklich um Wissen – wie könnte man wissen, dass das Behauptete der Fall sei? –, sondern um eine moralische Konstruktion. Es soll so sein, weil es so sein soll.

189 Diese Redeweise ist freilich verräterisch: Sie zeigt die Auffassung, dass wie beim Konsum die äussere Welt für alles Glücken verantwortlich gemacht wird, nicht die eigene Einstellung.

190 Es ist einigermassen erstaunlich, dass sich viele Menschen so «Philosophie» vorstellen: als ein Sich-Beugen gegenüber Notwendigkeiten und die dazugehörige Aufgabe der Persönlichkeit statt als Emanzipation. – Die Corona-Pandemie der Jahre 2020/21 hat schlechten Schriftstellern, gescheiterten Bankdirektoren und allgemein Dampfplauderern aller Art den Nährboden für solche Überlegungen geboten.

191 Eine gehaltvolle Auseinandersetzung mit diesem Klischee findet sich zum Beispiel in Bernard Williams, *Der Begriff der Ethik*, S. 15 f.

192 Aus der Ballade *Denn wovon lebt der Mensch?* (Zweites Dreigroschen-Finale) aus Bertolt Brechts Werk *Die Dreigroschenoper*.

193 Das hat er auch mit vielen anderen *reduzierenden* Aussagen (die Schönes oder Grosses auf Banales und Gemeines zurückführen wollen) gemeinsam. Der Mensch wird zwischen *faeces et urinam* geboren, die Kathedrale ist aus ganz ordinären Backsteinen gebaut, Männer wollen nur das eine, Altruismus ist «in Wirklichkeit» verborgener Egoismus etc. etc. – In Tat und Wahrheit handelt es sich dabei um etwas, was man umgedrehten Kitsch nennen könnte. Über Jahrhunderte hinweg hat das Gegenteil gegolten: Auch Schreckliches ist entgegen allen tatsächlichen Befunden als verstecktes Schönes dargestellt worden. Nun verläuft der Weg umgekehrt pauschal: Alles Schöne erscheint erst dann erkannt, wenn es auf schreckliche Wurzeln zurückgeführt worden ist.

194 «*Hol dir das neue xy!*», sagt die Werbung und reduziert damit den Menschen auf seine primären Wünsche; «Du sollst deinem Vorgesetzten unter allen Umständen gehorchen», mag auf der anderen Seite die Moral sagen. Der einzelne Mensch hat aber auch die Möglichkeit, das «neue xy» *nicht* zu «holen», weil er sich zu seinen primären Wünschen einstellt und ihnen allenfalls nicht folgen will; er kann sich aus Kadavergehorsam befreien, indem er absolute Forderungen, welche die Moral angeblich an ihn stellt, nicht erfüllt.

195 Wie es im Zusammenhang mit der Corona-Krise der Fall gewesen ist.

196 Indem man etwa um der Gerechtigkeit willen einen Ausgleich der Einkommen via Steuergesetze hinnehmen würde!

197 Man kennt diese Form von Unredlichkeit auch vom Konzept der Skepsis her: Alles soll (angeblich) fragwürdig und relativ sein, es soll keine Wahrheit an sich geben – aber ausgerechnet eine solche Feststellung soll über allen Zweifeln stehen; mit dem Ergebnis, dass alle *anderen* in die Leere geschickt werden und nur der Skeptiker weiss, was wahr ist.

198 Bekannt auch unter der beliebten Politiker-Formulierung *There is no alternative*.

199 Eine solche Sehweise könnte er nur in Bezug auf rein *formale* Zusammenhänge, wie sie etwa Mathematik oder Logik erschliessen, einnehmen, weil diese in allen Welten gelten und unabhängig von allen empirischen Befunden sind. Im Zusammenhang aber mit empirischen *materiellen* Befunden ist ein solches Ausklinken nicht möglich: hier ist der Mensch als selbst empirische Tatsache in seine Befunde miteingeschlossen. – Tatsächlich haben sich aber etwa in der Corona-Krise sogenannte Fachleute so verhalten: Kaum je haben sie als Mitbetroffene agiert, sondern als Personen, die, scheinbar jenseits der Gefahr stehend, die «Bevölkerung» nach Belieben massregeln durften. Dabei haben nicht nur mangelnde Empathie oder Eitelkeit eine Rolle gespielt, sondern wohl vor allem auch eine ihnen via ihre naturwissenschaftliche Erziehung (zu Unrecht) eingeimpfte Vorstellung, dass sie als Naturwissenschaftler ausserhalb des Bereichs des Menschlichen stünden; in der Meinung also, sie äusserten sich zu Tatsachen *an sich,* wo sie doch immer im Bereich empirischer *materieller* Befunde bleiben mussten; der empirischen Welt, über die sie Aussagen machten, gehörten sie auch selbst an. – John Rawls hat bekanntlich geltend gemacht, dass alle Entscheidungen von Menschen unter dem «Schleier des Unwissens» erfolgen sollten – man muss diesen Gedanken aber noch in dem Sinne ausweiten, als kein Mensch sich aus der Tatsache, dass er immer in menschlichen Situationen steckt, ausklinken kann.

200 Noch einmal sei klargemacht, dass ein Unterschied zwischen der Einsicht in eine *formale* Ordnung der Dinge und *materiellen* Ordnungen besteht. Wer etwa die binomischen Formeln oder die Syllogismen richtig anwendet, kann meinen, dass er als Einsichtiger nicht fehlgehen kann. Es kann ihm gewissermassen «nichts passieren», wenn er seine Einsichten richtig anwendet. Für Einsichten in die empirische und damit *materielle* Welt gilt das aber nicht mehr. Der Mensch, der etwa zu der *materiellen* Erkenntnis kommt, verlässt damit die empirische Welt mit einer solchen Einsicht nicht. Er kann wissen, dass jemand des Todes ist, wenn er von einem vergifteten Pfeil mitten ins Herz getroffen wird – ein solches Wissen schützt ihn aber nicht davor, selbst von einem Pfeil getroffen zu werden!

201 Einen solchen Konflikt zeigt bekanntlich das *Buch Hiob* aus dem AT. Und bezeichnenderweise treten in ihm «Freunde» auf, die sich demütig bzw. «vernünftig» dem ergeben, was passiert; mit dem ewig falschen Umkehrschluss: Etwas passiert, also *muss* es passieren bzw. passiert zu Recht, und sich dagegen zu wehren ist zwecklos. Der Leser des Buches Hiob weiss aber, dass sie mit ihrem Urteil in die Irre gehen, weil Gott in ihm eine seltsame Prüfung veranstaltet – und Gottergebenheit höchstens in die Aufgabe gegenüber einer unüberwindlichen Macht, nicht aber in der Anerkennung, dass recht sei, was die Macht tue, münden muss.

202 Natürlich ist eine aus seltsamen Quellen gespeiste Moral immer schnell zur Stelle und argumentiert dann etwa so: Angesichts des Matterhorns oder angesichts von Stürmen muss der Mensch erkennen, dass er klein, ja allenfalls machtlos ist. Das ist aber eine moralische Konstruktion (und bedient sich im Übrigen des Sein-Sollen-Fehlschlusses). Man könnte umgekehrt aber auch sagen: Die Schlauheit des Menschen zeige dem Matterhorn, dass es sich nicht gegen Besteigungen wehren könne; Stürme müssten erleben, dass sich der Mensch vor ihnen verstecken könne.

203 Auch das soll noch einmal klargemacht werden: Natürlich mag es unter gewissen Umständen wohl angezeigt sein, sich pragmatisch zu verhalten. Festhalten muss man aber, dass sich pragmatisch zu verhalten das Ergebnis einer *Entscheidung* ist; es ist nicht absolut geboten bzw. folgt nicht aus den Tatsachen, und folglich kann man auch nicht behaupten, ein solches Verhalten sei «vernünftig». Und manchmal ist ja angebliche Unvernunft am Ende erst noch sinnvoll. Vgl. dazu etwa die Novelle *Der Taifun* von Joseph Conrad, in der ein Kapitän gegen alle Vernunft mitten in einen Sturm fährt und am Ende mit seiner Unvernunft Schiff, Besatzung und Passagiere in einem gewissen Sinne rettet.

204 Das gilt auch für die Behauptung, dass man gegenüber dem, was «komme», Demut zeigen müsse, weil es «komme». Auch eine solche – scheinbar grossartig einsichtige – Haltung ist nicht aus den Tatsachen allein rechtfertigbar. Man mag – wenn man an einen Gott glaubt – meinen, er fordere mit Tatsachen, dass sich der Mensch kleinmache (das ist freilich eine fragwürdige Interpretation, weil ja das Wollen Gottes angeblich «unerforschlich» ist); allgemein aber zu unterstellen, dass Tatsachen wie etwa ein Hochwasser oder ein Sturm Demut forderten, ist ebenfalls verfehlt. Tatsachen fordern keine Haltungen.

205 Dabei wird der Unterschied zwischen *formalen* und *materiellen* Ordnungen verwischt. Vgl. dazu Martin Mosimann, *Das Paradox der Ordnung*.

206 Der eichsche Satz *Sei Sand im Getriebe der Zeit!* ist in seiner Eindimensionalität natürlich unsinnig. Der Mensch soll sich nicht grundsätzlich allen Entwicklungen entgegenstellen, sondern er soll es dann tun, wenn er es nach bestem Wissen und Gewissen für richtig hält, was etwas ganz anderes ist.

207 Machthaber jeglicher Art haben das erkannt. Sie versuchen ja nicht nur, faktische Macht über Menschen zu gewinnen, sondern diese auch zu zwingen, bestimmte Einstellungen zu haben; auf dass es nur noch das gebe, was in ihnen Gestalt annimmt. So erweisen sich der Satz *Es kommt, ob man will oder nicht* und die Einsicht, zu der er angeblich führt: dass es ein Gebot der «Vernunft» sei, sich in das, was «komme», zu schicken, am Ende als durch und durch totalitär. In beidem tritt eine Haltung zu Tage, die nicht nur faktische Macht gewinnen, sondern auch Zugriff auf Einstellungen nehmen will. Und wie alle totalitären Haltungen nimmt in ihr umgekehrt gleichzeitig die Angst vor der möglichen Vielfalt Gestalt an. Macht hasst Vielfalt ja, weil sie diese nicht kontrollieren kann.

208 «Identifikation mit dem Aggressor» hat das die Tiefenpsychologie genannt: in der Löschung der Differenz zwischen dem, was man als Einzelner wünscht, und der Tatsache, dass einem das nicht gewährt wird, indem man es einfach nicht mehr wünscht. Im Rahmen einer solchen Selbstverstümmelung mag man sich dann sogar noch grossartig vorkommen.

209 Etwa im Rahmen einer Redefigur, die geltend mache, die «wahre» Freiheit (was immer das sei) bestehe darin, dass man sich etwas (zum Beispiel Gott) ganz unterwerfe.

210 Die in diesem Zusammenhang gerne zitierte Aussage Galileis, dass die Sprache der Physik Mathematik sei, hat in diesem Zusammenhang nichts zu bedeuten, weil aus ihr ja nicht hervorgeht, dass die vorgefundene Welt (oder jedenfalls ein Teil davon) mathematisch geordnet sei, sondern dass sie, so wie sie ist, am besten mathematisch *beschrieben* werden kann, was etwas ganz anderes ist.

211 Dem widerspricht nicht, dass es Gesetze der Physik gibt, die in der vorgefundenen Welt an sich gelten. Sie bilden aber nur den Rahmen der notwendigen Bedingungen, in den der Mensch eintritt. Er kann zum Beispiel nicht fliegen. Dazu kann er sich aber *einstellen,* indem er eine solche Einschränkung akzeptiert und andere Dinge tut, oder er kann eine Einschränkung mittels einer Erfindung überwinden. Er würde, wenn er sich über die Brüstung eines Turms lehnen würde, zu Boden stürzen, aber er tut das allenfalls gar nicht … Etc.

212 Natürlich wird im Namen der Freiheit immer gleich gemogelt: mit der immer schnellen Unterstellung, dass «richtige» Freiheit die und die Inhalte haben müsse. Das ist aber unsinnig und die Frucht davon, dass man mit der Unwägbarkeit dessen, was die Freiheit bringen mag, nicht zu Rande kommt. – Ein kollektives Beispiel haben im Jahre 2020 die Aufrufe der Schweizer Regierung gebildet, im Zusammenhang mit der Corona-Pandemie «Eigenverantwortung» zu zeigen. Immer hat sie gleich selbst definiert, was diese «Eigenverantwortung» beinhalte; und sie hat eine so geartete zum Voraus definierte «Eigenverantwortung» gleichzeitig von einer «Bevölkerung» verlangt, die nie im Besitze aller Tatsachen war, weil die Regierung selbst, ihre wissenschaftliche Begleitung und die Massenmedien nur gelten liessen, was sie gelten lassen wollten. Man mag unterstellen, dass das alles nur gut gemeint gewesen sei – sicher aber war, dass der Begriff der Freiheit abermals missbraucht worden war.

213 So schlimm mag es um das durchschnittliche Freiheitsgefühl bestimmt sein, dass sich schon an dieser Stelle wieder Warnungen vor allerlei Auswüchsen, die Freiheit nehmen kann, melden; auf der Basis jenes zweiwertigen Denkens, das für faule Philosophie typisch ist und in so vielen Bereichen eine so unheilvolle Rolle spielt: Als ob es nur absolute Freiheit auf der einen und «Chaos» auf der anderen Seite gebe – und es zwischen diesen Extrempositionen nicht jene Fülle von Gedanken und Handlungen gebe, die aus Freiheit heraus Gestalt annehmen würden.

214 Im amerikanischen Original ist immer von «to care for» die Rede. Frankfurt verwendet also einen Ausdruck, der kaum direkt ins Deutsche übersetzt werden kann, wenn man falsche Eindeutigkeiten vermeiden will.

215 Davon strikte zu unterscheiden ist jene behördliche «Kulturpolitik», die bekannten Künstlern, «sicheren Werten» sozusagen, Werkjahre um Werkjahre und Preise um Preise nachwirft. – Wie unredlich eine solche Förderung ist, wird nicht zuletzt daran ersichtlich, dass die, in deren Namen solche Preise vergeben werden (Büchner, Kleist zum Beispiel), diese Preise oder die Wettbewerbe, die in ihrem Namen veranstaltet werden (Bachmann-Wettbewerb!), selbst gewiss nie zugesprochen bekommen oder gewonnen hätten.

216 Wieder gilt: Herkömmliche Institutionen sind gerade dazu meistens ungeeignet: Der Wissenschaftsbetrieb etwa fordert eine jahrelange Unterordnung und fördert am Ende oft eher die Menschen, welche sich unterordnen können, statt jene, die originell

sind (und fördert dabei nebenbei oft (langweilige) Männer, die genau das gut können – Frauen können es oft nicht). Förderungsgelder werden nur dem ausbezahlt, der belegen kann, dass seine Forschungen «Erfolg» haben werden usw. – Es kann keine Frage sein, dass solche Organisationsformen allein (wie es Thomas Kuhn nennt) «Normalwissenschaft» stützen, nicht aber echte Produktivität, und erst recht nicht Phantasie.

217 In diesem Zusammenhang muss auch an die schönen Zeilen aus der Ballade *Legende von der Entstehung des Buches Taoteking auf dem Weg des Laotse in die Emigration* erinnert werden, in denen es in Bezug auf den Zöllner, der Laotse zur Niederschrift seines Buches bringt, heisst: *Darum sei der Zöllner auch bedankt: / Er hat sie [die Weisheit] ihm abverlangt.* – Übrigens sollten auch Lehrer und Lehrerinnen ebendiese Fähigkeit haben: Sie sollten ihren Schülerinnen und Schülern dabei helfen, sie selbst zu werden, indem sie ihnen dabei helfen, die bestehenden Erkenntnisse und das vorliegende Wissen für ihre Ziele nutzbar zu machen – statt sie auf das abzurichten, was angeblich an sich richtig ist.

218 Die beschriebene Haltung erscheint – hoffentlich – immer in der Haltung von Eltern gegenüber ihren Kindern. Eltern warten ja mit ihrem Lieben – hoffentlich – nicht ab, ob sich das Kind «durchsetzt» bzw. irgendwie «erfolgreich» ist, sondern sie lieben es einfach so, wie es ist, und verfolgen neugierig, was aus ihm wird.

219 Es ist, also *muss* es sein, sagt diese Form von Phantasielosigkeit – und gibt sich gleichzeitig als eine ungeheuerliche Form von Anmassung zu erkennen. Tatsächlich mag etwas *sein* – alle weiterführenden Aussagen sind aber bloss angemasste Behauptungen. Wie könnte man aus dem, was *ist,* schliessen, was sein *soll?* Das ist unsinnig, ausser man würde sich einem Gott unterstellen wollen, der mit dem Faktischen identisch wäre. Dann aber hätte man als Subjekt überhaupt keine Bedeutung. So mag das Weltbild von Supermaterialisten, etwa Physikern, Chemikern, aussehen. Aber auch eine solche scheinbare Einsicht bricht sich immer weiter an der Tatsache, dass sich der Mensch zu dem einstellt, was er vorfindet. (Das tun selbst die Physiker und Chemiker etc. selbst, wenn sie geltend machen, ihre Einsichten seien die (einzig) richtigen.) In diesem Zusammenhang behelfen sich dann die Supermaterialisten mit allerlei Formen von Zwang, indem sie behaupten, man *dürfe* nicht anders denken oder – subtiler – es sei «unvernünftig», anders zu denken – oder eben: so seien die «Tatsachen» (als ob man nicht auch «Tatsachen» verschieden beurteilen könnte und als ob nicht «Tatsachen» zu Tatsachen würden, weil sie gewissen Massstäben unterworfen würden, die sie zu Tatsachen machen). (Es ist unzweifelhaft eine Tatsache, dass Pinocchio eine lange Nase hat – aber nur so lange, als man auf die Länge von gewissen Körperteilen fokussiert –, wie steht es mit seinen Ohrläppchen oder kleinen Zehen und zum Beispiel seinem räumlichen Vorstellungsvermögen – davon erfahren wir nichts, weil diese «Tatsachen» nicht interessieren und so gar nicht in Betracht kommen.) Aber man kann ihre Einsichten immer weiter abstossend, unvollständig, gar unreif finden …, und selbst, wenn man nicht recht hätte damit, könnte man es doch immer weiter «finden», weil man ein Mensch ist, der sich zu dem, was ihm widerfährt, einstellen kann; allenfalls selbst in zweifelhafter Weise. So wie man den Physiker vor einem, etwa ein Idealbild von einem Schwiegersohntyp eines Mannes, allenfalls nicht liebt oder schön findet, sondern sich lieber einem hässlichen Zwerg zuwendet, kann man sich als Mensch einem einem aufgezwungenen Weltbild (und sei es scheinbar auch noch so «vernünftig») entziehen.

220   Eine solche Ordnung der Dinge erträumen sich aber Kirchen, Staatsideologien und neuerdings auch geltungssüchtige Wissenschaftler (mittels der Behauptung, sie seien «Experten» und man habe ihnen zu folgen, weil nur sie Einsicht in die wahre Natur der Dinge hätten).

221   Im Zusammenhang mit der sogenannten Corona-Krise ist man einem solchen Zustand aber gefährlich nahe gekommen, mit Denkverboten, mit der Anmassung von Naturwissenschaftlern und vor allem Ratgebern von Regierungen, die alleinige Wahrheit zu repräsentieren, mit der Weigerung, mit anderen Wissenschaftlern in eine Diskussion einzutreten, mit der Weigerung, zur Kenntnis zu nehmen, was nicht in die eigene Darstellung passte, mit undurchsichtigen «Berechnungen» von Kennzahlen, mit Ausgrenzungen und regelrechten Verteufelungen von in eine andere Richtung gehenden Ergebnissen etc. – als ob alles, was einerseits in Bezug auf wissenschaftliche Ethik, andererseits in Bezug auf Toleranz erkannt worden ist, in den Wind gesprochen worden sei.

222   Das schliesst nicht aus, dass Machtversuche sowohl einzelner Wissenschaftler wie auch einer auf ein Paradigma eingeschworenen Wissenschaftsgemeinschaft als Ganzes zu verhindern versuchen können, dass wirklich Neues Gestalt annehmen kann, indem sie weitere Sehweisen als angeblich verfehlt darstellen oder via etwa Einfluss auf die Karriere von Einzelpersonen, Verteilung von Fördergeldern oder Besetzung von einflussreichen Ratgeber- und «Experten»-Positionen einen Ausschliesslichkeitsanspruch durchsetzen können. – Im Grossen hat das Thomas Kuhn mit seiner Darlegung der Abwehr neuer Paradigmen durch die «Normalwissenschaft» dargestellt. Wie sich nun zu zeigen scheint, sind viele Menschen, die sich als «Wissenschaftler» an sich aufgespielt haben, in Tat und Wahrheit nie über «Normalwissenschaft» hinausgekommen (indem sie einfach schülerhaft nachvollziehen, wozu sie angelernt worden sind) und können nicht verstehen, dass Wissenschaft immer nur auf Zusehen hin zu einem vorläufigen Verständnis der vorgefundenen Welt gelangen kann – und ebendeswegen immer offen bleiben muss. Vgl. Thomas Kuhn, *Die Struktur wissenschaftlicher Revolutionen*. – Im Kleinen ist solchen Versuchen wohl jedermann begegnet, der mit dem, was in der akademischen Welt *de facto* der Fall ist, vertraut ist. Man mag sich in einer solchen Welt pragmatisch einrichten bzw. einrichten müssen – Tatsache aber bleibt, dass in solchen Versuchen das wissenschaftliche Ethos auf der Strecke bleibt. Im Übrigen muss man ja immer zwischen einer Methode und dem Menschen, der eine Methode anwendet, unterscheiden. Jemand wird nicht, indem er etwa die ETH betritt oder einen Computer anwirft, ein guter Mensch. Er muss sich die Methode wissenschaftlicher Erkenntnis (und die dazugehörige Unparteilichkeit) auch noch persönlich zu eigen machen, was leider nicht allen Naturwissenschaftlern und

Naturwissenschaftlerinnen gelingt; vor allem dann nicht, wenn sie von Geltungssucht und anderen Charaktermängeln bestimmt sind.

223 Sie nimmt zum Beispiel im kleinbürgerlichen Gestus, dass die «Jungen» etwas nicht mehr so gut könnten wie die ältere Generation, Gestalt an; einem Gestus, der den immer jungen Menschen das Gefühl einimpft, nicht zu genügen, wo doch eigentlich klar sein müsste, dass Neues alten Vorstellungen definitionsgemäss nicht genügen kann. – In diesem Zusammenhang spielt oft die Schule eine furchtbare Rolle; dann, wenn sie ausschliesslich kontrolliert, ob Menschen bestehenden Massstäben genügen, statt sie dazu anzuleiten, aus sich heraus, zusammen mit anerkannten Vorstellungen, das Gestalt annehmen zu lassen, was in ihnen beschlossen ist.

224 Das Beispiel ist insofern aussagekräftig, als die herkömmliche klassische Musik stattdessen immer weiter dem Ideal folgt, dereinst die «richtige» Sehweise bzw. Interpretation anzustreben. In den letzten Jahrzehnten scheint sie sich geöffnet zu haben, indem sie sich die Vorstellung einer historisch richtigen Aufführungspraxis, also die Vorstellung etwa einer Aufführungspraxis, die exakt den Vorstellungen etwa von barocken Komponisten entspricht, zu eigen gemacht hat. Das scheint zwar «neu» zu sein und hat ja, wie man weiss, auch tatsächlich zu ganz neuen Ausdrucks- und Hörerlebnissen geführt – die Bewegung als Ganzes will dann aber doch wieder allein auf neue Weise «richtig» sein.

225 Vgl. Martin Mosimann, *Richtiges Scheitern und falscher Erfolg,* Kapitel 2.

226 Und so nicht einfach nicht beachtet, sondern wie durchsichtige Luft behandelt. – Was dabei vor sich geht, ist kaum zu beschreiben. Wie könnte man ausdrücken, dass Menschen nicht nur das Recht zu existieren abgesprochen wird, sondern gar nicht wahrgenommen wird, *dass* sie existieren; sodass ihnen gewissermassen nicht einmal etwas genommen wird, weil sie für eine solche Haltung wie nicht zu existieren scheinen. – Zum Thema *Anerkennung* vgl. im Grossen die grossartige Studie von Axel Honneth, *Kampf um Anerkennung – Zur moralischen Grammatik sozialer Konflikte,* im Kleinen zum Beispiel den Aufsatz von Axel Honneth, *Unsichtbarkeit,* und eine Zusammenfassung der wesentlichen Gedanken in Martin Mosimann, *Das Ich und der Andere,* Kapitel 7.

227 Vgl. *Grundlegung zur Metaphysik der Sitten,* Zweiter Abschnitt.

228 Das Merkmal eines Gesprächs zwischen Menschen besteht darin, dass sich darin zwei Subjekte begegnen und es möglich sein muss, dass nach dem Gespräch jeder beteiligte Mensch ein anderer Mensch sein kann, weil er vom Gegenüber etwas aufgenommen hat. Das muss für jede Begegnung zwischen Menschen gelten: für Begegnungen zwischen Mann und Frau selbstverständlich, für Begegnungen zwischen Eltern und Kindern, zwischen Professoren und Studenten und Studentinnen, zwischen Lehrpersonen und ihren Schülern und Schülerinnen, zwischen Diskussionspartnern usw. usf.

229 Das ist über die Jahrhunderte hinweg auf widerlichste Weise mit Frauen geschehen.

230 Das ist zum Beispiel an der katholischen Kirche sichtbar. Da hat vor zweitausend Jahren ein religiöser Eiferer, ohne einen Grund dafür anzugeben, ausgesprochen, dass die Frau in der Kirche zu schweigen habe, und über Jahrtausende mögen sich Männer (behaglich) an diese Aufforderung gehalten haben – das Resultat ist aber eine Gemeinschaft, die sich so jeder Erneuerung entzogen hat und nun menschlich und inhaltlich verarmt dasteht. – Und das Gleiche ist bei allen Gedankensystemen und Ideologien der Fall, die von einem gewissen Punkt an weiterzudenken nicht erlauben, mögen sie jetzt auch scheinbar wohlgeordnet dastehen.

231 Alle nur erdenklichen Vorstellungen produzieren so je ihre «Kirchenväter» und «Bischöfe», die allein in Erscheinung treten dürften und vor denen die je Einzelnen angeblich zu schweigen haben.

232 Bei rechter Betrachtung stellt sich ohnehin heraus, dass wirklich echter Individualismus ja etwas ganz anderes darstellt als das, was allgemein als Individualismus erscheint. Falscher Individualismus möchte sich ja immer in Szene setzen. Dazu gehört paradoxerweise, dass sein Publikum mit dem, was er produziert, in den Grundzügen schon vertraut sein muss, wenn er wahrgenommen werden will – ein Mensch darf also ja nicht *zu* individuell sein. Ein solcher Pseudo-Individualist zeichnet sich dann dadurch aus, dass er nur ein bisschen von allgemeinen Vorstellungen abweicht, weil er anders überhaupt nicht gesehen würde. Vgl. dazu Martin Mosimann, *Ich und der Andere.*

233 Vgl. Martin Mosimann, *Ich und der Andere*, Kapitel 1.

234 Es besteht ein Unterschied etwa zwischen zum einen dem Schreiben eines Buches und der Übergabe der in diesem zu Tage tretenden Gedanken an die Öffentlichkeit und zum anderen der Behauptung, von nun an dürften nur noch die in diesem Buch geäusserten Gedanken gedacht werden!

235 Nicht zufälligerweise haben in einer modernen freien Zeit «Traditionen» eine so grosse Bedeutung. Natürlich geht es dabei oft weniger um die Wahrung von Traditionen als darum, im Rahmen von Vorstellungen, die, als angeblich uralte Traditionen, keiner Rechtfertigung zu bedürfen scheinen, Freiheit von sich zu weisen.

236 Eine grosse Rolle dabei spielen die Aufforderung zu Höflichkeit und natürlich das Rollenbild, das über Jahrhunderte hinweg Frauen aufgepfropft worden ist.

237 Wie anders wäre die bekannte Forderung Kants, dass man seinen Talenten nicht ausweichen darf, zu begründen? Es handelt sich dabei nicht einfach um eine Pflicht gegen sich selbst (wieso sollte eine solche bestehen?), sondern eine Pflicht für das Ganze. Vgl. Immanuel Kant, *Grundlegung zur Metaphysik der Sitten*, Zweiter Abschnitt.

238 Mit Harry Frankfurt könnte man eine solche Haltung auch *Selbstliebe* nennen: eine Haltung, mit der sich der Einzelne nicht einfach seinen Wünschen (und, besonders drastisch ausgedrückt, «Trieben») ergäbe, wie dies die übliche christlich-kleinbürgerliche Auffassung unterstellt, sondern eine Haltung, im Zusammenhang mit der der Einzelne das, was in ihm Gestalt annimmt, selbst achtet, selbst wertschätzt und selbst ernst nimmt (und auf diese Weise dann auch mit der Selbstliebe von anderen Menschen umgehen kann). Vgl. Harry Frankfurt, *Gründe der Liebe*, Drittes Kapitel, *Das liebe Selbst*. Wie liebende Eltern auch nicht alle Wünsche eines Kindes erfüllen, sondern immer dessen Gesamt-Interesse im Auge behalten müssen, solange es das nicht selbst tun kann, erfüllt sich ja auch ein sich selbst ernst nehmender Mensch nicht einfach alle Wünsche, sondern die, welche er im Lichte seiner Selbstauffassung zu erfüllen wünscht.

239   In nicht enden wollenden Aussagen darüber, was der Fall sein könnte, was noch der Fall sein könnte, wie sich alles verschlimmern könnte, auch wenn jetzt gerade alles nicht so schlecht aussieht, wie sich «Zahlen» zum Schlechten entwickeln könnten etc. etc. Modallogisch ist das nicht falsch – was passieren kann, kann passieren … Das ist tatsächlich der Fall. Solche Weiterrechnungen stellen aber nicht Phantasie dar. Das zu behaupten, was *möglich* ist, ist in einem gewissen Sinne leer, weil es keinen Erkenntnisgewinn bietet und nicht über das, was man sowieso schon weiss, hinauskommt.

240   Solche Weiterrechnungen zeichnen sich ja immer dadurch aus, dass die in ihnen angestellten Rechnungen nie auf ein menschliches Subjekt treffen, das sich irgendwie zu ihnen *einstellen* würde und so *verantworten* würde, was für Aussagen es macht, statt es beim (angeblich) reinen Beobachten von Tatsachen sein Bewenden haben zu lassen.

241   Darin liegen ja Elend und Anmassung alles dessen, was, als «Computersimulation» getarnt, vorgibt, Zugang zu sicherem Wissen zu verschaffen. Computersimulationen müssen ja immer von bestimmten Anfangssituationen ausgehen, variieren gewisse Parameter allenfalls ein bisschen, variieren (im Rahmen des Bekannten) allenfalls die Anfangssituationen ein wenig – bleiben aber dann immer phantasielos, weil sie ausserstande dazu sind, ganz neue Gesichtspunkte ins Spiel zu bringen. Furchtbar ist am Ende nicht nur, dass sie falsch sein können (wie das im Zusammenhang mit der Corona-Krise ja immer wieder der Fall gewesen ist), sondern dass diejenigen, die sie anstellen, nicht erkennen können, inwiefern sie immer fragwürdig sein müssen, weil sie den Möglichkeitsraum nicht in Ansätzen ausschöpfen können. – Leider beinhalten Curricula technischer Hochschulen keinen Grundkurs, der in die Tiefen der Modallogik und in die Vorgehensweise von produktiver Phantasie führte. – Die Grundsätze eines solchen Kurses wären: Der Möglichkeitsraum hat zwei Inhalte: Erstens könnten sich bestimmte Anfangsbedingungen, die man zu einem gewissen Zeitpunkt als gegeben annimmt, anders entwickeln, als sie das tun (bei Fortdauer der wesentlichen Elemente des Anfangszustandes). Zweitens aber: Der Möglichkeitsraum beinhaltet auch – das zeichnet ihn ja gerade aus – *ganz andere Möglichkeiten* als die, die in jetzt für richtig gehaltenen Anfangsbedingungen Gestalt annehmen, ja als die, die man sich jetzt gerade überhaupt vorstellen kann, und daraus könnten sich weitere mögliche Verläufe entwickeln. Auch wenn man jetzt vieles weiss, weiss man doch immer nicht alles.

242   Und *Mut*.

243   In der Terminologie von Thomas Kuhn handelt es sich dabei um *Paradigmata*.

244   Freilich mag sich Phantasie selbst gar nicht ihrer Bedeutung bewusst sein, sondern unter dem falschen Gegensatz zwischen «richtiger» Vernunft und angeblich ungezügelter Phantasie in Clownerien münden oder sich gar durch Clownerien selbst definieren. Phantasie besteht und erschöpft sich aber nicht in «99 bunten Luftballons» (in Clownerien wird ja oft bloss das Gegenteil des Geltenden inszeniert, womit auch sie sich als Gegenteil

von Phantasie zu erkennen geben), sondern in der zunächst immer ungesicherten Bereitstellung von neuen Seh- und Denkweisen. Phantasie zeichnet sich durch den gleichen Ernst aus wie die (angeblich unverbrüchliche) «Vernunft».

245 Es ist so gesehen selbstverständlich auch nicht erlaubt, alles, was sich die Menschen von der Welt jenseits der Vernunft ersehnen, erhoffen und erschaffen, ja zu ersehnen, zu erhoffen und zu erschaffen für bedeutsam halten, als «Unterhaltung» abzutun, auf die in Zeiten einer Krise verzichtet werden müsse (wie dies eine ehemalige deutsche Bundeskanzlerin – ihr Name tut nichts zur Sache – getan haben soll). Für die allgemein verbreitete verfehlte Auffassung, dass die «Vernunft» einen einzigartigen Zugang zu den Tatsachen habe, ist bezeichnend, dass die erwähnte Bundeskanzlerin sich selbst oder eine gewisse Öffentlichkeit ihr zugeschrieben hat, dass sie als ehemalige «Physikerin» eine irgendwie überlegene Einsicht gehabt habe. Aber eben: Wie sollte so etwas funktionieren?

246 Um unbedachten oder gar böswilligen Fehlinterpretationen gleich den Wind aus den Segeln zu nehmen, muss man (obwohl das ja an sich offensichtlich ist) noch einmal ausdrücklich betonen, dass damit nicht gesagt ist, dass *alle Produkte* von Phantasie bedeutsame Inhalte schaffen könnten. Es ist nur gesagt, dass man auf keine Weise *anders* als mittels Phantasie neue Inhalte schaffen kann. – Es sind ja im Übrigen auch nicht *alle* wissenschaftlichen Hypothesen fruchtbar (das Umgekehrte ist ja faktisch der Fall), es erweisen sich auch wissenschaftliche Annahmen bei näherer Prüfung als verfehlt. Aus einem Vergleich der Gültigkeit ist also kein Beweis zu führen. Aus der Tatsache, dass sich der Mensch so oder so irren kann, folgt ja auch nicht, dass er nichts dazu tun soll, die Welt zu ergründen; und umkehrt zeigt sich am Umstand, dass er sich, ob er die Methode der «Vernunft» oder die der Phantasie einsetzt, immer wieder irrt, dass das, was er ergründen will, eben gross und schwierig zu ergründen ist.

247 Vgl. dazu zum Beispiel Ian Kershaw, *Fateful Choices*.

248 Wie man weiss, haben Allwissen für sich beanspruchende «Experten» im Rahmen der Corona-Krise Fehlprognose um Fehlprognose geliefert, diese dann aber immer so abgefedert, dass sie geltend gemacht haben, alles hätte so sein *können*, wie sie es prognostiziert haben. Auf diese Weise haben sie sich mittels eines unkorrigierbaren Argumentes (von dem sie als Naturwissenschaftler doch hätten wissen müssen, dass es eben als unkorrigierbares Argument wissenschaftlich wertlos war) ihre angebliche Unfehlbarkeit erhalten. Ein wissenschaftlich brauchbares Argument macht aber umgekehrt eine *bestimmte* Aussage über die Welt, setzt sich also gerade einer Überprüfung aus. So kann es verifiziert oder falsifiziert werden. Aus der Tatsache, dass es allenfalls falsifiziert wird, kann in der Folge neues Wissen generiert werden: Man weiss nun, dass es so nicht geht …, und kann einen neuen Versuch zu wissen starten. (Das ist einfachste poppersche Wissenschaftstheorie.) Wenn aber eine Wissenschaftsgemeinde, indem sie nicht falsifizierbare Aussagen macht, nur recht haben will, kann dieser Prozess nicht stattfinden, und sie tritt auf der Stelle. Das Gleiche ist der Fall, wenn sie Resultate, die nicht zu ihren Behauptungen passen, verschweigt bzw. die Personen, die auf solche Resultate hinweisen, diskreditiert oder zum Verstummen zu bringen versucht. Das mag im Moment funktionieren; auf lange Sicht wird aber so der Fortgang der Erkenntnis verhindert, was irgendwann eben doch offenbar werden wird. Vgl. dazu auch Martin Mosimann, *Richtiges Scheitern und falscher Erfolg.*

249 Immer wieder muss man hier auf die goethesche Iphigenie hinweisen, die geltend macht: *Was nennt man gross? [...] / Als was mit unwahrscheinlichem Erfolg / Der Mutigste begann.* – Und genau so funktioniert ja die empirische Wissenschaft, wenn sie (zunächst immer ungesicherte) Hypothesen entwickelt und diese dann an der vorgefundenen Welt überprüft.

250 So hat die Corona-Krise nicht nur viel Fehlprognosen, Angst und schlechte Philosophie hervorgebracht, sondern vor allem auch Feigheit, ja mehr noch: Sie hat Feigheit als eine Haltung darzustellen begonnen, die angeblich «vernünftig» sei, statt dass man gewahr geworden wäre, wie schändlich Feigheit ist.

251 Zu diesem seltsamen Wunsch vgl. auch Martin Mosimann, *Ich und der Andere.*

252 Hierzu braucht es die Entschlossenheit, welche Kierkegaard vom Einzelnen fordert; aber nicht dazu, ein gewissermassen bereitstehendes «Selbst» zu gewinnen und dann in einem scheinbar sicheren Wissen zu verharren, dass man einen richtigen Schritt getan habe, sondern dazu, sich auf die Unsicherheit einzulassen, die damit, dass man eine bestimmte Person zu sein versucht, einhergeht.

253 Und bei Demut handelt es sich ja sowieso um die abstossendste aller mittelalterlichen Mönchstugenden, weil sie ja nur versteckten Grössenwahn darstellt: Ich bin so wunderbar demütig wie niemand ... Auch für die Demut gilt, was Mephistopheles für die Theologie als Ganzes sagt: *Es ist so schwer, den falschen Weg zu meiden, / Es liegt in ihr so viel verborgnes Gift, / Und von der Arzenei ist's kaum zu unterscheiden.* (Johann Wolfgang Goethe, *Faust I*, V. 1985–87.) – Dass ein solcher versteckter Grössenwahn des Unterwerfens nicht verschwunden ist, hat die Corona-Krise gezeigt. Auch in zwei Jahrhunderten der Freiheit haben sich Menschen nicht von einer solchen abstossenden Pseudo-Tugend entfernen können.

254 Die übliche Verwechslung des konträren mit dem kontradiktorischen Gegenteil. – Und man darf nie vergessen, dass aller Skepsis die überhaupt nicht begründbare Prämisse vorausgeht, dass der Mensch alles wissen könnte, ja dass es so etwas wie ein «Alles des Wissbaren» geben könnte. Erweist sich diese Prämisse als unhaltbar, fällt die ganze Argumentation der Skepsis in sich zusammen.

255 Wie Toleranz funktioniert, zeigt die umfassende Studie von Rainer Forst, *Toleranz im Konflikt.*

256 Im Bereich etwa religiöser Auffassungen nehmen viele Menschen, weil es verschiedene Sehweisen gibt, überhaupt nichts mehr wichtig und meinen, *das* sei tolerant. Das ist aber nicht Toleranz, sondern *Indifferenz.* Tolerant zu sein bedeutet den Gegensatz auszuhalten: Etwas selbst für wichtig zu halten und *dennoch* nicht anderen Menschen verwehren, das Ihre für richtig zu halten.

257 Freilich müsste man irgendwo lernen, eine Persönlichkeit zu werden. Hier versagen Schulen und Universitäten kläglich, wenn sie sich zum Ziele setzen, Menschen (die als Einzelne gar nicht interessieren) auf mögliche Verwendung in Wirtschaft und Gesellschaft abzurichten, und von ihnen fordern, sich bis weit in ihr Erwachsenenalter hinein geltenden Massstäben zu unterwerfen, statt ihnen beizubringen, wie man das vorgefundene Wissen (das immer weiter erworben werden soll) auf der einen Seite und das, was in einem «anfangen» will, auf der anderen Seite zu einem fruchtbaren Neuen verbinden kann. Jugendliche sollen dazu aufgefordert werden, eine solche Verbindung anzustreben, und erst diejenigen Menschen sollen «gebildet» genannt werden, denen das geglückt ist.

258 So gesehen ist zum Beispiel das Schachspiel – für viele Menschen seltsamerweise der Inbegriff eines Spiels – gerade kein Spiel. Indem ein guter Schachspieler Tausende von schon gespielten Partien im Kopf haben muss, Zugkombinationen als Ganzes übernimmt etc. etc. und dann allenfalls gewinnt, weil er um eine Variante weiss, die sein Kontrahent nicht kennt, oder im Laufe einer Partie höchstens einen Zug vollzieht, der originell oder wagemutig ist (und von allen folgenden Schachspielern dann sofort erlernt und angewendet werden wird), erweist sich das Schachspiel als Muster eines erschreckend phantasielosen und wenig spielerischen Spiels. Daher können ja auch Computer so gut Schach spielen: Es sind nicht die Computer, die gute Spieler sind, sondern sie sind erfolgreich, weil Schach so wenig Spielcharakter hat. – Das Gleiche gilt auch für Computerspiele. Im Rahmen von solchen findet ja allein ein in das Spiel eingebauter Wettbewerb darin, ein bestimmtes Ziel irgendwie möglichst effektiv zu erreichen, statt. – Einsicht in die Natur des Spiels – sowohl in seinen Ernst wie in den spielerischen Charakter des Spiels wie auch in den persönlichkeitsfördernden Gehalt des Spielens und Spielenkönnens – bietet die Studie *Die Spielregeln* von Jean Piaget.

259 Als Bespiel mag die bekannte Fragestellung dienen, wie viele Farben man dazu brauche, eine natürliche Landkarte so einzufärben, dass unter keinen Umständen zwei gleich eingefärbte Länder aufeinandertreffen.

260 Wie im bekannten «Eile mit Weile»-Spiel oder im «Malefiz»-Spiel oder in unzähligen anderen Brettspielen.

261 Auf einem der vielen Tiefpunkte der sogenannten Corona-Krise konnten «Experten» wie Politiker, indem sie sich den Ernst des Todes und die Angst vor dem Tod für ihre Zwecke zunutze machten, hemmungslos Bedeutung zu gewinnen versuchen. Ohne diesen Rückhalt wären sie im Zusammenhang mit ihren vielen Fehlprognosen, zum Teil unsinnigen Massnahmen, Anmassungen und Rechts- und Verfassungsbrüchen auf der Stelle kritisiert worden. Was für einen anderen Charakter hat dagegen (der Verfasser sagt das unter dem tiefen Eindruck eines Konzerts der Basel Sinfonietta unter widrigsten Bedingungen) der Ernst, mit dem sich Musiker und Musikerinnen der Aufgabe hingeben, in aller Innigkeit ein Werk einer Komponistin erklingen zu lassen; geleitet von der selbstgewählten Aufgabe, eine Partitur so zum Leben zu erwecken, wie sich die Komponistin ihr Werk vorgestellt haben mag! Das wäre eine Aufgabe, der die sich in Szene setzenden Experten und Politiker nie gewachsen gewesen wären, weil sie nicht einmal zu *erkennen* in der Lage gewesen wären, wie würdig ein solcher Ernst ist.

262 In Tat und Wahrheit ist natürlich alles viel komplizierter; insofern als Tatsachen bestimmen mögen, was für Interpretationen sinnvoll sind, aber Interpretationen auch umgekehrt bestimmen mögen, was eine Tatsache ist. – Ein einfaches Beispiel: Im Winter 2019/20 ist ein (angeblich) neuartiges Virus aufgetaucht. Zu Beginn und dann noch lange Zeit ist diese Tatsache in einer eher hollywoodartigen Weise zur Kenntnis genommen worden: als «Killervirus», wie es in einem der bekannten Katastrophenfilme aus Hollywood hätte erscheinen können. Nach und nach (aber lange verleugnet) hat sich die Interpretation durchgesetzt, dass das Virus Krankheiten im Umfang eines gefährlicheren Grippevirus erzeuge.

263 Solche Menschen sagen dann gerne, es gebe zu ihrem Trachten *keine Alternativen.* So etwas zu sagen ist aber nicht der Inbegriff überlegener Vernunft, sondern in Tat und Wahrheit ein Armutszeugnis.

264 *Lange Jaap,* Den Helder, Niederlande = vier weisse Blitze in 20 Sekunden.

Literatur

Arendt, Hannah: Vita activa oder Vom tätigen Leben, München 1981

Aristoteles: Nikomachische Ethik, hg. von Günther Bien, Hamburg 1985

Brecht, Bertolt: Die Dreigroschenoper, Frankfurt am Main 1968

Dostojewskij, Fjodor: Der Grossinquisitor, in: Die Brüder Karamasow, aus dem Russischen von Swetlana Geier, Zürich 2003, S. 397–424

Forst, Rainer: Toleranz im Konflikt, Geschichte, Gehalt und Gegenwart eines umstrittenen Begriffs, Frankfurt am Main 2003

Frankfurt, Harry G.: Gründe der Liebe, Frankfurt am Main 2005

Habermas, Jürgen: Auch eine Geschichte der Philosophie, Bd. 2, Vernünftige Freiheit, Spuren des Diskurses über Glauben und Wissen, Frankfurt am Main 2019

Honneth, Axel: Kampf um Anerkennung, Zur moralischen Grammatik sozialer Konflikte, Frankfurt am Main 1994

Honneth, Axel: Unsichtbarkeit, Über die moralische Epistemologie von «Anerkennung», in: Unsichtbarkeit, Stationen einer Theorie der Intersubjektivität, Frankfurt am Main 2003, S. 10–27

Humboldt, Wilhelm von: Theorie der Bildung des Menschen, in: Schriften zur Bildung, hg. von Gerhard Lauer, Stuttgart 2017, S. 5–12

Kafka, Franz: Der Proceß, In der Fassung der Handschrift, hg. von Malcolm Pasley, Frankfurt am Main 1993

Kant, Immanuel: Beantwortung der Frage: Was ist Aufklärung?, in: Werke in zehn Bänden, hg. von Wilhelm Weischedel, Bd. 9, Darmstadt 1983

Kant, Immanuel: Grundlegung zur Metaphysik der Sitten, in: Werke in zehn Bänden, hg. von Wilhelm Weischedel, Bd. 6, Darmstadt 1983

Kershaw, Ian: Fateful Choices, Ten Decisions that Changed the World, 1940–41, London 2008

Kierkegaard, Søren: Entweder – Oder, Unter Mitwirkung von Niels Thulstrup und der Kopenhagener Kierkegaard-Gesellschaft hg. von Hermann Diem und Walter Rest, München 1975

Kierkegaard, Søren: Die Krankheit zum Tode, Unter Mitwirkung von Niels Thulstrup und der Kopenhagener Kierkegaard-Gesellschaft hg. von Hermann Diem und Walter Rest, München 2007

Kierkegaard, Søren: Furcht und Zittern, Unter Mitwirkung von Niels Thulstrup und der Kopenhagener Kierkegaard-Gesellschaft hg. von Hermann Diem und Walter Rest, München 2007

Kuhn, Thomas S.: Die Struktur wissenschaftlicher Revolutionen, Frankfurt am Main 1976

Mosimann, Martin: Ich und der Andere, Für einen Individualismus der Vielfalt, Basel 2019

Mosimann, Martin: Richtiges Scheitern und falscher Erfolg, Wagemut – Ein Plädoyer, Basel 2020

Mosimann, Martin: Das Paradox der Ordnung, Überlegungen zu einem politischen Kampfbegriff, Basel 2021

Nietzsche, Friedrich: Unzeitgemässe Betrachtungen, Zweites Stück: Vom Nutzen und Nachtheil der Historie für das Leben, Kritische Studienausgabe, hg. von Giorgio Colli und Mazzino Montinari, Bd. 1, München 1999

Piaget, Jean: Die Spielregeln, in: Das moralische Urteil beim Kinde, Frankfurt am Main 1973, S. 7–118

Pieper, Annemarie: Denkanstösse zu unseren Sinnfragen, Basel 2021

Platon: Das Gastmahl, in: Werke in acht Bänden, Bd. 3, Darmstadt ³1990

Popper, (Sir) Karl: Von den Quellen unseres Wissens und unserer Unwissenheit, in: Vermutungen und Widerlegungen, Tübingen 2009, S. 2–46

Sartre, Jean-Paul: Der Existentialismus ist ein Humanismus, in: Der Existentialismus ist ein Humanismus und andere philosophische Essays 1943–48, Hamburg 2002, S. 145–192

Stanghelle, Harald: Kongen forteller, Oslo 2020

Taylor, Charles: Der Irrtum der negativen Freiheit, in: Negative Freiheit? Zur Kritik des neuzeitlichen Individualismus, Frankfurt am Main 1988

Williams, Bernard: Der Begriff der Moral, Eine Einführung in die Ethik, Stuttgart 1986

Wittgenstein, Ludwig: Philosophische Untersuchungen, Frankfurt am Main 1971

Das Signet des Schwabe Verlags
ist die Druckermarke der 1488 in
Basel gegründeten Offizin Petri,
des Ursprungs des heutigen Verlags-
hauses. Das Signet verweist auf
die Anfänge des Buchdrucks und
stammt aus dem Umkreis von
Hans Holbein. Es illustriert die
Bibelstelle Jeremia 23,29:
«Ist mein Wort nicht wie Feuer,
spricht der Herr, und wie ein
Hammer, der Felsen zerschmeisst?»